风雨飘摇

晚清名臣立身处世之道

十年砍柴 著

中国画报出版社·北京

图书在版编目（CIP）数据

风雨飘摇：晚清名臣立身处世之道 / 十年砍柴著.
北京：中国画报出版社，2025.3. -- ISBN 978-7-5146-2508-0

Ⅰ．K820.52

中国国家版本馆CIP数据核字第2024XE0104号

风雨飘摇：晚清名臣立身处世之道
十年砍柴 著

出 版 人：方允仲
责任编辑：郭翠青
特约编辑：郑英祖
封面设计：仙　境
责任印制：焦　洋

出版发行：中国画报出版社
地　　址：中国北京市海淀区车公庄西路33号　邮编：100048
发 行 部：010-88417418　010-68414683（传真）
总编室兼传真：010-88417359　版权部：010-88417359

开　　本：32开（880mm×1230mm）
印　　张：11
字　　数：210千字
版　　次：2025年3月第1版　2025年3月第1次印刷
印　　刷：三河市华润印刷有限公司
书　　号：ISBN 978-7-5146-2508-0
定　　价：58.00元

自 序

从草根到国士的大时代和小环境

这是一本向故乡近世先贤致敬的书,书中有我对近现代以来湖湘精英和国家命运升降沉浮之关系的思考,也不时流露出一个"小镇做题家"对一两百年前从江湖走向庙堂的同乡前辈的异代共情。

本书的大部分篇章,写于2010年至2018年之间,当时我离开生长地——湘中的一个山村已二十余载。记忆中的故园风景渐渐模糊,说起老家的方言也不再流畅,从时间和空间上来看,离湖湘之地很遥远。然而,当许多定居外地的游子融入所在地的社会生活后,却常常会有意识地思考人生原点的历史、地理环境对自己的影响,而如果一直生活在故乡,没有反差,没有对比,往往是习焉不察。我亦如此。

我18岁离乡北上,在大西北读完大学,尔后栖身于满城冠盖的京华至今。京华,乃各地人才之聚集地,在此生活、工作,最能体察到中华各地风俗民情的差异和文化的多样性。爱自己的故乡、对本省本县名人与有荣焉，乃人之常情。但我觉察到，以省籍而自豪者，无过于湖南人，湖南人中迷之自信者，比例似乎比外省份更高，以至于网上网下的"地域黑"，几乎对湖南人不构成伤害。这种心态之来由，我以为与近现代湖南涌现出的众多精英人物的作为关系甚大。

从晚清以来，湖南对中国历史走向之影响巨大，为世所公认，"一群湖南人，半部近代史"并非湘人的自夸。在年轻时刚刚走出故乡之际，我很为这种说法自豪。人到中年后，如果还停留在这类浅显的情感层面，那真是岁月虚度。随着阅历增加，作为一个历史爱好者，我开始反思吾乡吾土民情、风俗、群体性格有哪些不合时宜之处，也想进一步探究从十九世纪中叶到二十世纪中叶，一百来年的时间段里，何以能从三湘四水那些荒村和小镇走出众多的杰出人物，推动着中国乃至世界的运行车轮。这些观察、思考必须放在时代的大背景下和每一个人所成长的小环境下，才可能获得一点不人云亦云的看法。

清咸丰初年，太平天国的兵锋进入湖南，对这个经济不发达、交通较闭塞、民风趋保守的内陆省产生了巨大的冲击，从而开启了全省人才井喷的闸门。这是历史的因缘际会，在风雨飘摇的乱世中，那些原本要消磨在案牍间，或蹉跎在科举路，或困守于山野间的农家子弟，抓住了历史的机遇，使自己的人生大放异彩。太平军席卷广西，清廷庞大的经制之师——八旗、绿营莫能缨其锋,而自从进入湖南省境,就步步艰难,屡遭败绩。给这些太平军带来巨大杀伤的只是短时间内成军的"民兵"——地方团练。正是这支"民兵"出省作战,才扑灭了席卷十几个省的太平天国运动。当时湖南本地的财力远不如东南诸省,其精英人物的学问、见识也逊色于那些科举大省,何能至此?究其原因,我谈点一孔之见。

清中叶以后,中国传统文化失去创造力而变得僵化保守,湖湘以儒家价值观为核心的传统农耕文化却仍然有生命力,因而能有催生经世致用人才、整合社会资源的人文环境。比起关中、华北、中原、山东、江南乃至相邻的湖北、江西,湖南是后进省份。从明代开始,湖广省的南部地区(清康熙年间两湖分省)才开始被大规模开发,在中原、山东和江南、江西已经"烂熟"的儒家文化,开始从湘江流域一点点向西渗透,湖南省腹地和苗、侗、瑶等山地民族的野性豪放产生碰撞,相互影响,古老的儒家价值观因在这里获得本土的滋养而焕发生机,融合成一种新的文化。比如丧葬礼仪是儒家文化主导的社会重要标识,直到清末民初,湖湘广大农村地区的丧葬仍严格地遵守儒家传统所规定的程序,但在其过程中,又穿插着本土巫术颇具神秘色彩的仪轨,如师公驱鬼、作法;北方已经式微的宗族在湖湘成为重要的自组织,在社会动员、文化教育、乡村治理中扮演着重要的角色;约束人行为的礼法、规矩在这里得到了改造从而不那么生硬、死板……

原始与文明、狂野与雅致、反抗与顺从的剧烈冲撞，潜移默化地影响了这片土地上的一代代居民，包括读圣贤书的士子。这些经过严格儒家模式教化的读书人，身上有质朴、狂悍、坚韧的一面。在后来崛起的湘军将帅身上，能看到他们有着共同的气质：勇敢坚毅而不莽撞粗野，胸怀天下而能脚踏实地，讲究经世致用又受纲常伦理的约束。对儒家价值观，如"孝悌忠信礼义廉耻"那一套，无论是科场得意的曾国藩、胡林翼，还是前半生饱经困苦坎坷的左宗棠、罗泽南，这些儒生是真的服膺，进而养成为敢于担当的情怀和责任感，并将其化为行动的内驱力，而不是作为博取富贵的装饰。所以当遭遇到以"拜上帝教"动员民众反清的太平天国武装时，湖湘儒生的"卫道"之举是发自内心的认知而非仅仅是个口号。刚健而充满血性的地域文化又使这些在其他地区被讥讽为"手无缚鸡之力""坐而论道"的文弱书生有勇气站出来，投身于锋镝之中。

"贱日岂殊众，贵来方悟稀。"王维《西施咏》中的这两句诗，常被唐德刚用来评点中国近代史上的大人物。考察晚清到民初湖南那些声名显赫的大人物人生之路，亦是如此。咸丰、同治、光绪三朝的湘系军政大佬，大多生长在偏僻的乡村，家在县城就算是环境优越了，即使父亲是京官的胡林翼，童年和少年时代也在益阳老家度过。他们在年少时，比起同时代的大多数士子并没有太多过人之处，无非是更聪慧一点，而以中国之大，这类脑瓜子聪明的"小镇做题家"不知凡几。而他们囿于成长环境，见识比通衢大都和江南发达地区的士子要浅陋。因此，这些湘系大佬特别是曾、左的经历成了成功学和励志类读物经久不衰的题材，他们确实是草根逆袭的标本式人物。分析他们由卑微而至显贵、从草根成为国士的原因，除了运气好之外，有几点不容忽视：

其一是他们一直坚守年少时即确立的价值观不动摇，直到人生的终点。咸丰九年岁末，曾国藩领军驻扎在安徽宿松，其于一首唱和幕僚的诗中曰："山县寒儒守一经，出山姓字各芳馨。"[①]这两句解释了湘军将帅群体是在穷乡僻壤里多年苦读经史、修炼自我，然后出山得以扬名。"守一经"亦可引申为坚守儒家的价值观。这也是曾国藩的夫子自道，以他为代表的清末湖湘精英事功之根由便是守住植根于儒家文化的初心。

其二是他们生长在传统的乡村社会，是从底层走出来的。孔子说"吾少也贱，故多能鄙事"[②]，湘系军政大佬们大多有这样的青少年时代。曾国藩未进学时带着弟弟去集市上叫卖自家编织的竹篮和簸箕；左宗棠成婚后因家境贫困寄食于岳父之家；那些只是文童出身或者只读过几年私塾的将帅，早年的生涯更是备尝艰辛。这样的成长环境和生活经历使他们很了解中国社会的基本盘，特别是与广大内陆省份的乡村可以无障碍地对接，使他们带

---

① ［清］曾国藩：《次韵何廉昉太守感怀述事十六首》，《曾文正公全集》（第十册），北京：线装书局，2012年，第266页。
② 《论语·子罕》。

兵、治民有很强的适配性。

其三是他们具有终身学习、不断修炼的自觉和能力。从乡村走出的国士往往有坚韧刻苦的优点，然其短板多半是眼界不开阔，容易狭隘偏执。这些人走出大山的初期，确实多多少少表现出其成长环境导致的缺陷。如曾国藩刚当京官时交友、处事不无狂狷急躁的一面，左宗棠早期对洋人过于轻视，刘坤一出任巡抚之初讨厌办理洋务。没有哪位圣贤、英雄、豪杰是天生的，湘军系这些大人物皆是凡夫俗胎，人性的弱点他们也有，如虚荣、爱财、嫉妒心，等等，我这本书中多有述及。从此类细节中可看出这些国士，原来也是有血有肉有欲望有毛病的凡夫俗子。然而他们能对陌生事物抱有开放心理，能不断地学习，不断地修炼以克服昨日"旧我"的种种毛病。曾国藩无疑是典范，几十年如一日形成勤奋俭朴的生活习惯，时时反省、检讨自己言行的过失。如此坚持下去，粗坯亦可锻造成大器，在从江湖到庙堂的行进中，完成从麻雀到凤凰的蜕变。

若以世俗的标准来衡量，这些晚清名臣或名士无疑是成功的，他们享大名，得高位，被同时代和后世众人仰望、尊崇。然而将其置于时空的巨变之中来观察，他们却是失败者。

从时间维度来观察，这些人所处的清朝末年，中国延续两千余年的帝制已进入衰亡期；以空间维度来分析，列强恃其政治、经济、军事、教育科技等多方面优势，纷纷凌逼中国，侵夺利权，清廷已无法维持自成一体的天朝秩序，晚清时传统儒家文化在湖湘大地所呈现的生机不过是回光返照。他们凭借自身的才能和努力，平息了太平天国以及西北、西南等地少数民族武装起事的"内乱"，为王朝续命半个世纪。他们也顺应时局对外开放，企图通过学习列强的先进技术而富国强兵，扶大厦之将倾，然而他们无法改良已经严重板结化的帝国"土壤"，没有能力改造儒表法里的帝国制度构架，只能修修补补，换来苟延残喘。在他们集体谢幕后数年，帝国的大厦便呼啦啦地坍塌了，而积极参与拆除这幢破房子的，是他们的同乡晚辈——另一群湖南人。此后几十年内，这些晚清名臣所坚守、维护的伦理纲常如同敝屣被扫进垃圾堆里。

今日中国与这些人生活的时代已大不同，说翻天覆地毫不为过。然而，仍然是这块古老的土地，仍然生活着讲中国话用汉字的中国人，无论发生过多大的变化，文化的血脉并未完全切断，总是若隐若现地与过去续接着。因此，我认为重新审视这些同乡前辈的人生道路，思考他们与大时代、小环境的关系，仍有一些价值。或许，这是一个需要持久用功的课题。

本书曾在2020年出版，但遗憾的是，流布不广。诸多朋友向我问询过这本书，承蒙出版界不弃，再次将书稿策划、打磨、编辑和出版。因此可以说它是一部被打捞出来、重新擦拭的新书。但愿它仍有新意，祈各位朋友指正。

十年砍柴
2024年12月 于北京东城独树斋

目录

第一编 名士的修身与处世

曾国藩和他的家人们

娘亲舅大,从一篇牛气十足的寿序说起 / 002
曾老九的"土豪病",让曾国藩很头疼 / 008
曾家兄弟的"争食"乐趣 / 011
"学历"是九帅心中难言的痛 / 016
这个大舅哥不好当:曾纪泽的烦恼 / 024

为人处世是门大学问

以诚交友,地位差距不是问题 / 033
曾国荃详说人情大学问:哪些人送的赙仪可以收 / 038
左宗棠为何关照"老冤家"曾国藩的儿女 / 043
若论综合才能,此人应在曾、左二人之上 / 048
要记住"圣眷是靠不住的"这条铁律 / 052
和自尊心太强的人做朋友很难 / 057

第二编　动荡岁月里的奋起与坚守

初露锋芒:"靠边站"的湘人入局
谢振定:"糜烂王朝"下的硬骨头 / 070
乱世用重典,"曾剃头"的"安靖之道" / 077
战争过后,恢复乡试乃是第一位 / 079

平定新疆:左宗棠和他的后继者
林则徐的嘱托:西定新疆,舍君莫属 / 085
刘锦棠:上马杀贼、下马抚民的前敌总指挥 / 092
魏光焘:治理新疆二三事 / 100

沉痛的伤疤:难以言说的浪战与屈辱
爱国拼的不是谁的调门高,而是谁的见识高 / 110
"中国之患或在俄罗斯和日本" / 115
没有资本,拿什么抵抗外侮 / 119
一首《哀王孙》,满怀忧思絮 / 127

外交风云:炮口之下,没有容易
曾纪泽多活几年恐怕要背黑锅 / 132
被众人围攻的爱国外交家 / 137

戊戌变法:顶着磨盘跳舞,寸步难行
谭嗣同死后,曾广河为何自杀 / 145

变法失败后，大清即倒的命运已来 / 149
从解剖一只羊，看管学大臣的谨慎 / 154

最后的挣扎：末世枉费补天力

曾国荃：用荣禄的酒杯，浇自己的块垒 / 160
不该被忘记的夏瑚：末世守边一能吏 / 168
从熊希龄的一篇寿言可窥见当时的政治生态 / 187

第三编　埋藏在历史深处的逸闻

潜规则：台面下的真实游戏

"官牒牙牌书不尽"的传统 / 194
正二品大员被一个小吏勒索了 / 196
切莫得罪当地的官吏 / 202
板上钉钉的官位，临门一脚也必须花钱 / 206
性格决定命运 / 216

另类小事：大人物的小趣闻

你懂事了，我高升了，友谊就建起来了 / 225
胡林翼被抓之后的几种设想 / 232
别让恩师成为自己的下属 / 234

牢骚都不敢发还写什么诗 / 238
"庶出"的儿子早当家 / 242
身处历史旋涡,许多事都身不由己 / 247
当学霸的成绩成为负担:说说清代状元萧锦忠 / 254
钦差大臣出使前最担心的竟然是这件事 / 260
性情、境遇完全相反的两父子 / 264
李鸿章是拼命做官,俞樾是拼命著书 / 273

第四编 乡愁:离乡即望乡

文化的延续必须建立在生命延续的基础上 / 282
家乡味道,游子至死难忘 / 287
为家乡争利益,天经地义 / 293
一百多年前的"争路"往事 / 298
这个世界的繁华和喧嚣已与他无关 / 301
读《申报》的湘西少年 / 304
涟水源头,一只等待游子平安归来的石龟 / 308

附编:山水之助 / 317

后记 / 331

第一编

名士的修身与处世

曾国藩和他的家人们

娘亲舅大,从一篇牛气十足的寿序说起

"娘亲舅大",是我湘中老家的一句民谚。后来年岁渐长,阅历渐多,才知道中国各地都有此类说法。舅父具有崇高的地位,尊敬舅父,便是孝敬母亲。舅父的地位体现在哪里呢?到外甥家来,吃饭时一定要被请坐上席;兄弟分家析产,一般会请舅父做主,以保证公正与权威。

《诗经·秦风·渭阳》云:

我送舅氏,曰至渭阳。何以赠之?路车乘黄。
我送舅氏,悠悠我思。何以赠之?琼瑰玉佩。

学者历来认为,这首诗是秦康公还是太子时,送别舅父晋文公重耳时所吟唱的。晋献公因为宠幸骊姬,引起晋国内乱,太子

申生自杀，公子重耳、夷吾逃到他国避难。重耳辗转数国后，来到了秦国。此时，他的姐姐，也就是秦穆公的夫人、秦康公的母亲伯姬已死。晋国经过一番大乱，众臣准备迎立重耳回国做国君。重耳归国前，秦穆公派儿子康公护送重耳到渭河边。

诗的第一章实述外甥代表父亲送给舅父重礼：四匹黄色的马和一辆大车，嘱咐舅父快点回到晋国，执掌国政。如果说"路车乘黄"是代表父亲和秦国所送的礼物，第二章所言"琼瑰玉佩"，更像是外甥奉送舅父的私人礼物，因为"我送舅氏，悠悠我思"。孔颖达《毛诗正义》言："'悠悠我思'，念母也。因送舅氏而念母，为念母而作诗。"即将和舅父远别，不由得想起已经故去的母亲，此乃人之常情。

有一次，我在长沙一位书法家朋友那里看到一幅寿序，乃同治十三年（1874）九月，湖南湘乡第一家曾氏兄弟曾国潢、曾国荃为他们的亲舅父江于盛八十晋一寿辰所撰写的。文由曾国潢撰，曾国荃书写在八幅一人高的红色泥金纸条屏上。此时，寿星的另三位曾府外甥曾国藩、曾国华、曾国葆已故去，为江公祝寿只能由年长的曾国潢领衔了。在曾氏五兄弟中，曾国潢才具最为平庸。曾国藩曾这样评价三位已经长大成人的弟弟（当时曾国葆尚幼）："辰君平正午君奇，屈指老沅真白眉"[①]，他最欣

[①]［清］曾国藩：《曾国藩全集》（第十四册），长沙：岳麓书社，2011年，第42页。

赏的是九弟曾国荃即"老沅"的才华,而认为"辰君"即曾国潢"平"。因此,其他四兄弟都在外带兵打仗,建功立业,只有曾国潢留在湘乡老宅管家。但曾国潢毕竟是国子监监生,在北京长兄的家中受过曾国藩的教诲,写一篇寿序的基本功还是有的。

此时,他们的母亲已故去多年,曾府门第正盛,兄弟两人率领子侄为最小的舅舅(小他们母亲江氏十四岁)祝寿。曾氏兄弟的母亲江太夫人,勤劳淑德,精明能干,性格刚毅,嫁入曾府时,曾家经济尚不宽裕,江氏操持家务,克勤克俭,侍奉公婆十分周到。曾国藩的父亲常以"人众家贫为虑",而江氏对丈夫说:"某业读,某业耕,某业工贾。吾劳于内,诸儿劳于外,岂忧贫哉?"[①]可以说,曾国藩兄弟能取得那样大的成就,其母亲的养育教导是关键。

曾国潢兄弟念母恩而祝福舅父,出自一片诚心诚意,因此文章写得自然流畅,颇具感染力。在传统中国,士绅为尊长生写寿序,死撰祭文或墓志铭,总是不无溢美之词,赞扬其品德与功业。江于盛只是乡间一农夫,并无什么可以值得夸耀的,因此寿序从其生性纯良、勤于稼穑、和睦亲族等方面着笔,并夸赞舅父在乡间排难解忧、调解纠纷,其言其行,很令乡邻服气。曾国潢所言,或许是事实,但揆之中国人情,恐怕是因为他有几个威名

[①] [清]曾国藩:《曾国藩全集》(第十四册),长沙:岳麓书社,2011年,第366页。

赫赫、位高权重的外甥,做舅父的也随之沾光,由农夫而成为乡人尊重的乡绅。

曾国荃出身优贡,长于翰墨。其在年轻时,临池不辍,楷书尤其写得好。其兄曾国藩对其书法颇为欣赏。道光二十二年(1842)九月曾国藩在给诸弟书中言:"诸弟总须力图专业。如九弟志在习字,亦不必尽废他业。但每日习字工夫,断不可不提起精神,随时随事,皆可触悟。"[1] 在道光二十六年(1846)四月与诸弟书中写道:"子植(国荃早期的表字,笔者注)书法驾涤(国藩)、澄(国潢)、温(国华)而上之,可爱之至!可爱之至!"[2]

曾国荃写这篇寿序时,已年届五十,虽然壮岁戎马倥偬,但书法已到炉火纯青的地步,近七百字都是悬肘(写字时,臂肘空悬不着几案),用三寸见方的楷书写就,笔意有柳体骨力和欧字法度,落笔一丝不苟,几乎每一笔结束时皆回锋,提到"舅氏"时必抬上去两格,以示尊重。[3] 可见其对为舅父写寿序,是何等的恭恭敬敬,郑重其事。

寿序的末尾,是曾国潢、曾国荃率领七位弥甥(外甥的儿

---

[1] [清]曾国藩:《曾国藩全集》(第二十册),长沙:岳麓书社,2011年,第32页。
[2] 同上,第116页。
[3] 清光绪《大清会典》载,题本中凡遇尊敬之词,必须另起一行并抬格。据尊敬程度分别抬一格、二格或三格。

子）长长的落款（在书画、书信等上面题写姓名、称呼、年月等字样），每一个人都有官衔或功名——哪怕是年纪尚小，因为其父辈的功勋，朝廷也赐给相应的职位。

可以想见，在一百四十多年前的秋季的某一天，湘中某村江氏宅院是何等的热闹与喜庆。前来拜寿的客人络绎不绝，恭维声不绝于耳，而最让寿星感到荣耀的，一定是挂在堂屋的这八幅条屏组成的寿序。

附寿序全文：

恭介　江公于盛舅氏大人八十晋一荣寿序

扶舆坚凝刚劲之气，钟之于秀而文者，足以建伟绩而树丰功；钟之于朴而愿者，亦足以滋厚福而葆懿良。故有山林寂守之人，韬光匿采，不设城府，不存畛域，与世无争无求，天必报之以遐龄，锡之以寿考，理固然也。

我舅氏于盛先生，秉性肫笃，寄情恬和。其事父母也，志养陔兰；其待昆季也，荣滋庭树；而其处乡党朋友也，则泯夫欺诈猜疑之见，而群推为善人长者。少时治家人生产，不惮于勤，不荒于急，以力田为本务，终岁劳劳，罔或废离。性嗜饮，耕作之暇，引壶自酌，怡然快然。超六凿而冶七情，几不知人间有奔竞事，其高致如此。继复悯乡邻争端之繁，隙衅之开，而于排难解纷，尤加意焉。里中事之几于成讼者，得舅氏一言，如冰消雪释，皆悔其诞妄而归于和协，盖推舅氏之长厚为一乡所钦敬。又复细意调停，不徒逞其下坂走丸之词，用克化争心而培善气。宣尼云：仁者寿。荀子云：美意延年。其不以此欤！

舅氏少于先慈十有四龄，岁时伏腊，往来逾六十年。余兄及弟皆服劳王事，削平大难，其与舅氏周旋言笑之日最鲜，而潢赋闲守拙，强半家居。每见舅氏白发苍颜，精神矍铄，辄相与举杯豪饮以为娱乐，一岁之中未尝乖隔。

月之吉日，为舅氏弧辰，子若孙罗拜庭阶，其必有瑞霭祥云，引偓佺而下降者。潢以不文之辞，祝无量之寿，非敢云善颂善祷也。亦曰：五福之一，首以寿称，惟舅氏之厚德有以致之。且以知自耋而耄，自耄而期颐，皆操左券而测以右券云尔！

诰授通议大夫　盐运使衔　候选六部郎中　外甥曾国潢顿首拜撰

诰授光禄大夫　太子少保　头品顶戴　兵部侍郎兼都察院右副都御史　赏戴双眼花翎　赏穿黄马褂　前任浙江、山西、湖北巡抚　赐封一等威毅伯　外甥曾国荃顿首拜书

弥甥：承袭一等毅勇侯　户部员外郎曾纪泽　同知衔候选知县曾纪梁　内阁中书　特赏举人曾纪鸿　知府衔特赏直隶州知州曾纪渠　一品荫生曾纪瑞廪生曾纪官　世袭骑都尉曾纪寿同顿首拜祝

同治十三年岁在阏逢阉茂终元之月榖旦

曾老九的"土豪病",让曾国藩很头疼

今天,游客若去湖南省双峰县(原属湘乡县),多半会参观曾国藩的故居"富厚堂"。这座大宅子是曾国藩带兵在外与太平军鏖战时修建的,他本人至死也没有居住过。他的夫人和几位子女回故乡后在里面住过不短的年头。

那个时候,哪怕当到了两江总督、武英殿大学士这样的高官,曾国藩和家眷也是两地分居,把妻儿留在老家。有一次,他和秘书赵烈文谈起此事,大意是:我本来想早点辞官回家,好好过几年轻松的日子,而你总劝我将家眷接到金陵。现在看来真得接家眷了。因为据家书得知,老四和老九在老家太张扬,恐怕招祸,夫人和儿女们想来金陵城,远离湘乡是非之地。[①]

老四和老九,是曾国藩的四弟曾国潢和九弟曾国荃(堂兄弟大排行)。曾国潢一直在老家当大管家,九弟曾国荃是曾国藩最仰仗的猛将,带兵攻进了金陵城,被封为伯爵。因为慈禧太后不放心军权全都落在这兄弟俩手中,于是曾国藩把曾国荃的部队裁减了,曾国荃本人就回到湘乡老家当了土地主。在外发了财,衣锦荣归,当然要好好地在乡亲们面前炫耀一番。

九帅曾国荃几乎是患上了一种"土豪病"。

[①] [清]赵烈文:《能静居日记》(二册),长沙:岳麓书社,2013年,第1108页。

曾国藩告诉赵烈文，曾国荃在老家修建了一座很大的宅院，院子前面有一口大池塘，老九硬是在池塘上面架桥一座，远远看上去这宅子像庙宇。曾国藩评价道：

所起屋亦极拙陋，而费钱至多，并招邻里之怨。①

花钱为什么还招人怨恨，曾国藩转述原因是这样的：

吾乡中无大木，有必坟树，或屋舍旁多年之物，人借以为荫，多不愿卖，舍弟已必给重价为之，使令者则从而武断之。树皆松木，油多易蠹，非屋材，人间值一缗者，往往至二十缗，复载怨而归。其从湘潭购杉木，逆流三百余里，又有旱道须牵拽，厥价亦不啻数倍。买田价比寻常有增无减，然亦致恨。比如有田一区已买得，中杂他姓田数亩，必欲归之于己，其人或素封，或世产，不愿则又强之。故湘中宦成归者如李石湖、罗素溪辈买田何啻数倍舍弟，而人皆不以为言，舍弟则大遗口实，其巧拙盖有天壤者。②

九帅如此追求完美，是不是处女座的呢？盖房子必须用大木

---

① ［清］赵烈文：《能静居日记》（二册），长沙：岳麓书社，2013年，第1107页。
② 同上。

头,为此强买人家坟山上的风水树,买田一买就是一大片,如若其中还夹杂着别人家的小田,曾国荃必要把它归之于己,花大钱——估计也有仗势欺人的逼迫——一定要买到手。

曾国藩还说了一件事,足以印证曾国荃的"土豪做派"。

咸丰七年(1857),曾国藩正处在艰难时期,皇帝不给实权,朝廷大佬排挤他。他的父亲在那时去世,于是他借机回家守制,而曾国荃仍然带兵在外打仗。

曾国藩次子曾纪泽的第一任妻子是曾国藩的同乡前辈、善化人贺长龄的女儿,此妇多病,后来难产早逝。贺氏的母亲从长沙城来湘乡看女儿,临走前想买一些高丽参带走。曾府的家人惊讶地问,乡村偏僻,没什么好的药,老人家既然从省城来,怎么反而到下面的县买药?老太太回答说省城里的高丽参全部被九老爷(曾国荃)买干净了。①

后来,曾国藩一打听,果然如此。曾国荃到省城后一买高丽参就是几十斤,装进竹箱里让人挑回去。有将士受伤了,他就令人把高丽参嚼碎敷在伤口上。

曾国荃所盖的宅子叫"大夫第",比哥哥家的"富厚堂"规模大多了,也豪华得多。曾国荃患这种一根筋的土豪病也很正常,否则他哪能包围金陵城好几年,不攻下城池不撤兵。凡做大

---

① 〔清〕赵烈文:《能静居日记》(二册),长沙:岳麓书社,2013年,第1108页。

事者多半有这种劲头。

曾国藩对这个功成名就的老弟又能怎样？只能苦笑吧。但这种做派有人却喜欢，如左宗棠，他对曾国藩一直很不服气。光绪十年（1884），曾国藩已故去很久了，左宗棠奉旨赴福建督师，在金陵城与两江总督曾国荃会面。左宗棠问曾国荃："老九一生得力何处？"曾国荃回答："杀人如麻，挥金如土。"左宗棠听完大笑，说："吾固谓老九才气胜乃兄。"——我一直认为老九的才气胜过你大哥呀。

当然，有人分析曾国荃如此做派是学王翦那样自污避祸，曾国藩也乐意传播他弟弟的这个"毛病"。此说固然有一定的道理，但在咸丰七年（1857），曾氏兄弟能否大功告成还是未知数，曾九帅那样的土豪做派，只能说是性格使然了。

曾家兄弟的"争食"乐趣

昔我初去家，诸弟各弱小。
阿季髫两髦，觑人眸子瞭。
后园偷枣栗，猱升极木杪。
叔也从之求，揎我谓我矫。
分甘一不均，战争在毫秒。
余时轻别离，昂头信一掉。

老弟况童骏，乐多忧愁少。

瞥然成六秋，光阴如过鸟。①

这是曾国藩早年在京为官时写给几位弟弟的一首五言古风，兹节选的上半部分。诗以白描的手法回忆起离开故乡前，兄弟相处的场景，颇有白乐天诗的风韵，几位弟弟活泼生动的形态和长兄对诸弟的爱怜与思念跃然纸上。

此诗应作于道光二十三年（1843）岁末，曾国藩虚岁三十三（下文诸弟年纪皆以虚岁计），任从五品的翰林院侍讲。是时，他刚从四川任乡试主考官完差回京，有了一笔丰厚的收入。据张宏杰兄考证，曾国藩在四川一地所得的公项程仪加上私人所馈赠，计4751两，他将一千两寄回湘乡老家，并写了一封有些啰唆的长信，嘱咐家中将其中的四百两分给穷困或对曾家有恩的族戚。②这首诗很可能是随信与银一起寄出的。曾府本想用这笔钱还清积年欠账，因此诸弟对兄长以钱分给亲戚、族人的做法大为不满，并复信说只是"区区千两"而已，埋怨兄长"非有未经审量之处，即似稍有近名之心"，说他不是犯了糊涂，就是有沽名钓

---

① 〔清〕曾国藩：《曾国藩全集》（第十四册），长沙：岳麓书社，2011年，第4页。
② 张宏杰：《以曾国藩为视角观察清代京官的经济生活》，中国经济史研究，2011年，04期。

誉之嫌。这让曾国藩很是伤心。①

诗中所回忆的情形应是道光十七年（1837）深秋，曾国藩正四处告贷，筹备年末第三次去京师的盘缠，去参加第二年（1838）春天的会试。诗所言"昔我初去家"，前两次会试虽然也是离家远行，但落第后又回到了湘乡。这次会试得售，而且十分幸运地以殿试第三甲入翰林，用古代的话说是"释褐"（脱去平民衣服，形容始任官职）、"通籍"（做官），用现在的话来说就是成了国家干部，才是真正的"去家"。这一年，四个弟弟中，曾国潢十八岁，曾国华十六岁，曾国荃十四岁，曾国葆九岁。所以说"诸弟各弱小"，都还没有到弱冠（泛指男子二十岁）之年。

这首诗描述的场景十分写实。"昔我初去家，诸弟各弱小"，长兄又要远去奔前程了，而各位弟弟年龄还小，不谙世事。"阿季髧两髦，觑人眸子瞭"，阿季即亲兄弟中老四国荃，"两髦"是古代儿童的一种发式，头发分垂两边至眉。《诗经·柏舟》："髧彼两髦，实维我仪。"曾国荃睫毛长长的，看人时眼神明亮，是一个聪慧的美少年。曾国藩相人，首先看眼睛，从眼睛能看出一个人的正邪和聪明与否。早年时，曾国藩于诸弟中最看重曾国荃，曾说"屈指老沅（国荃）真白眉"。"后

---

① 钟叔河：《钟叔河评点曾国藩家书》（兄弟编·上卷），北京：中央编译出版社，2011年，第21页。

园偷枣栗,猱升极木杪",所谓的"偷",只是没禀告父母、擅作主张的采摘而已。曾国华、曾国荃已经是半大小子了,完全有能力爬上树自己摘果子了,但分析下文,爬树摘果是曾国藩本人所为。让大哥摘果子的主意就是老四曾国荃提出的。

做官前的曾国藩什么农活都干,而且如南方多数少年一样,爬树敏捷矫健。杜甫的《百忧集行》诗曰:"忆年十五心尚孩,健如黄犊走复来。庭前八月梨枣熟,一日上树能千回。"未及而立之年的曾国藩也还有一颗童心,特别是在几位还未成年的弟弟面前。

大哥答应老四(堂兄弟大排行第九)的请求,老三曾国华(大排行第六)也效法了,"叔也从之求,㧑我谓我矫",向大哥作㧑央求,他也要果子,并且拍马屁:大哥你可真厉害!大哥将摘下的果子给几位小弟弟分食,可是"分甘一不均,战争在毫秒"。这是兄弟多的农家常见的一幕,男孩子们争食物,也是家庭兴旺的一种表象。曾国华十六岁,曾国荃十四岁,正是爱打架的年龄,至于最小的弟弟曾国葆,才九岁,估计不能参战,只能旁观吧。"老弟况童骏,乐多忧愁少",此诗中的"老弟"即最小的弟弟,"童骏"的意思是年幼无知,也就是无忧无虑,整天快乐地玩耍。白乐天《观儿戏》云:"一看竹马戏,每忆童骏时。童骏饶戏乐,老大多忧悲。"

当时十八岁的仲弟曾国潢不在后园摘果争食的现场,已是一个小伙子的他,是否正下地干活,或者求学于外地?

在京师写这首诗的时候,曾国藩已离家六年,几位弟弟长大成人,各为自己的前程奔忙。而在京做官的大哥,是几位弟弟的依靠和整个家族的顶梁柱。虽然,曾国藩进翰林院后,其祖父星冈公曾说过,全家不靠宽一(曾的乳名)吃饭,但作为长房长孙,在那个时代是难辞对整个家族的扶助和对诸弟的引导之责任的。在外宦游六载,这六载正是几位弟弟最重要的成长时期。曾的这首诗,有对不能陪着弟弟成长、无法为父母分担责任的负疚感。所以说"余时轻别离,昂头信一掉",诗人那时候想到的只是即将参加的科考,关心的是自己的前程。

曾国藩所表达的这种长兄对诸弟的关爱与思念之情,鲁迅的旧体诗亦有体现,他曾写过《别诸弟三首》,其一曰:

谋生无奈日奔驰,有弟偏教各别离。
最是令人凄绝处,孤檠长夜雨来时。

只是成年后的鲁迅和其二弟骨肉成仇,不能不说是一大憾事。相比较而言,曾氏兄弟之间亲密的兄弟之情之所以能维持到最后,最重要的原因是曾国藩对诸弟多年的教导、爱护和对大家族的维护。

今日都市里的独生子女,怕是很难体会到"分甘一不均,战争在毫秒"的兄弟争食的乐趣吧。

"学历"是九帅心中难言的痛

同治二年（1863）三月，四十岁的曾国荃奉旨补授浙江巡抚，但仍令其在围攻天京城的前线指挥作战。"浙江巡抚"只是解决其级别的一个职位，官职和差使分离，在特殊时期很正常。

曾老九虽然人到中年，但毕竟没有像其长兄曾国藩那样早年中进士、入翰林，在中央机关历练过，通晓世故人情。曾老九是个犟脾气，动不动就和人顶牛，不管是兄长还是上司。他对这次朝廷任命有所不满，准备上奏要求改为武职。

从宋代开始，中国社会重文轻武，文官多是考出来的，公众普遍尊重，而武将即使级别很高，依然让人瞧不起。以清代为例，巡抚是文职从二品，而提督是武职为从一品，总兵是正二品，副将为从二品，但巡抚有兵部侍郎（文职京官）的头衔，可以节制提督，遑论总兵、副将了。所以左宗棠做湖南巡抚的师爷时，竟然敢对武职正二品的永州总兵樊燮爆粗口："王八蛋，滚出去！"樊总兵感觉受了奇耻大辱，延请名师督促儿子读书应科考，替父雪耻。后来，他的一个儿子樊增祥在光绪年间中进士，成为晚清著名诗人，担任过知县、道台、布政使，署理过两江总督，皆是文职。

在此种官场风气下，武职改为文职，可谓是殊荣，如湘军名将杨岳斌曾担任过水师提督，后改任文职陕甘总督，成为一时佳话。而曾国荃却想由文职的巡抚改武职，显然是向朝廷表达不满,好在他事前找长兄曾国藩商量,曾国藩去信规劝:"优贡出身,岂有改武之理?且过谦则近于伪,过让则近于矫。"[①]终于使曾老九打消了这个念头。

那么,曾国荃的出身"优贡"是个什么功名呢?

今人多知道明清两代考取进士必须授官,考取举人有资格授官。其实清代授官的途径十分复杂,除了用钱捐官外,还有各类考试、选拔的途径,"优贡"是其中一种。

清代的各类生员俗称秀才,可以参加举人考试。而其中又有贡生,比一般的生员地位更高,所谓"贡",即贡于皇帝,选拔生员中出类拔萃者入最高学府国子监读书,分岁贡(每一年或两三年由地方选送年资长久的廪生入国子监)、恩贡(凡遇皇室或国家庆典,据府、州、县学岁贡常例,除岁贡外,加选一次作为恩贡。特许"先贤"后裔入监者,亦称恩贡)、副贡(乡试落第,但成绩尚可,取入副榜直接送往国子监的贡生)、优贡(每三年各省学政在本省生员择优报送国子监的,称为优贡,每个省就几名而已)、拔贡(每十二年各省学政考选本省生员择优报送中央参加朝考合格的,称为拔贡)。

五贡中,拔贡和优贡最为荣耀。优贡参加朝廷考试合格的,可以授予教谕(一县教育长官)、知县等官职,湘军的创建人之

[①] 锺叔河:《锺叔河评点曾国藩家书》(兄弟编·下卷),北京:中央编译出版社,2011年,第28页。

一、湘乡县县令朱孙诒便是优贡出身。

清代的士子，考进士、举人固然相当艰难，成为优贡也很不容易。曾国荃对自己的优贡出身其实还是很看重的，且看他在《壬子科同年小录序》中所言：

> 凡由进士、举人出身登仕版者，皆谓之曰正途。尚恐其有遗贤也，诏督学使者于十二年中，选诸生文艺之尤卓著者，县各一人，拔而贡之京师，曰拔贡；又于三年中，择其学行之无亏者，大省或七八人、中省五六人、小省三四人，咨册于礼部，曰优贡。后有登仕版者，犹得与正途相埒。①

也就是说，优贡也是正途之一，完全可以挺起腰杆做官。据曾国荃此文中所述，他是在咸丰二年（1852）被湖南省学政刘琨录取为优贡的。曾国荃是一个读书的好苗子，十七岁至十九岁时，在北京住在长兄曾国藩家，由曾国藩亲自为其授课。回湘后，先后就读于城南书院、岳麓书院，二十四岁以府试案首（长沙府十二州县童生试第一名）入县学，次年科试一等，补廪膳生（可以享受官府补贴的生员）。本来他被选录优贡后，应该进京参加朝考，可当时太平军已经占领湖北大片土地，北上京师的路

---

① 〔清〕曾国荃：《曾国荃集》（第六册），长沙：岳麓书社，2008年，第223页。

被阻断了，曾国荃不得不在家乡开设私塾谋生，几年后募兵去江西，解救被太平军围困的长兄曾国藩，从此开始他的戎马生涯，屡建功勋而官至总督。

曾国荃写这篇序时是同治十三年（1874），他奉旨进京陛见皇帝和太后，到了北京后，同治帝因患梅毒驾崩了。此时他已名满天下，在壬子年优贡中是最有出息的一位，在京的壬子科优贡推他为首，编辑了这一册同年录。他在序中感叹优贡不被重视：

> 进士、举人、拔贡三途，萃行省之精英，而引汲之人数最多，前程甚懋。惟优贡落落数人，遇固晉而不敢望夫丰情，亦睽而未易强之合，往往自惭形秽，未便忝列于瑶枝琼树之林。而名在贤书，诸友恒引为同调，不忍独委于草莽荆榛之外，用是优贡团拜，亦得与于其列，齿录亦得备书其详。①

在此文中，曾国荃还讲述了他为什么不能继续在科考路上走下去的历史原因和自己的终生遗憾：

> 旋以道途梗阻，不得诣礼部复试，由是长提一旅之师，

---

① ［清］曾国荃：《曾国荃集》（第六册），长沙：岳麓书社，2008年，第223页。

日亲军旅之事,柳往雪来,盖亦有年。然居恒叹悔,不得守寻章摘句之业,以自豪于当时,迄今痛定思痛,梦魂中犹悼征战之苦,而不忍舍予文场之至乐也。①

这篇文章实则是曾国荃的自我表白:我老九本是读书人。这段文章还表达了曾国荃一种耿耿于怀的心结:他的科考记录止步于优贡,心有不甘。在"万般皆下品,唯有读书高"②的科举时代,人生取得再多的财富、再高的权威,亦不能弥补科考的缺憾。这一点,曾国荃和左宗棠相仿。

左宗棠之功勋和学问,他在世时已得到公认,而其终身只是一个举人,虽然他自言"比三次试礼部不第,遂绝意进取"(见《清史稿·左宗棠传》),可这终究是人生之大憾。左宗棠的"科举伤疤"人所共知。据传,在其任陕甘总督筹划西征时,上奏皇帝和太后,要求暂时卸下肩上这副重担,去京师参加同治十三年(1874)的会试。朝廷知道他的用意,于是特赏一个进士功名,使其死后得以谥"文"。

左宗棠任陕甘总督后,力主陕甘分闱,甘肃的生员跋山涉水地去西安考举人太辛苦了,兰州单设考场(贡院)。朝廷恩准,

---

① 〔清〕曾国荃:《曾国荃集》(第六册),长沙:岳麓书社,2008年,第224页。
② 〔宋〕汪洙:《神童诗》:"天子重英豪,文章教尔曹,万般皆下品,唯有读书高。"

光绪元年（1875）贡院盖好后，左宗棠写了一副楹联，其中有悠长的惆怅与遗憾。

共赏万余卷奇文，远撷紫芝，近搴朱草；
重寻五十年旧事，一攀丹桂，三趁黄槐。

上联描写近三千名考生在贡院考试的盛况，下联则回忆五十年前自己参加科举考试的情景。左宗棠第一次参加科举时，是一个穷儒生，经过了六年奋战，才考中乡试的举人，此后六年，左宗棠三次赴京参加会试，均落第而归。这不能不说是左宗棠的一大憾事。

曾国荃二十四岁时以府试案首（第一名）的成绩进县学，取得了秀才功名，二十六岁乡试落第，从此在家以教私塾为生，直到三十二岁（咸丰五年）才考取优贡生。清朝制度，每三年各省学政于府、州、县学生员中选拔文行俱优者，与督抚会考核定数名，贡入京师国子监，称为优贡生，经朝考合格后可任职。优贡与岁贡、恩贡、拔贡、副贡合称"五贡"。这也是做官的"正途"之一，比捐纳或议叙等"杂途"出身者的底气足。

作为一个读书人，曾国荃的科考情结难以割舍，哪怕在杀机四伏的战场上。

咸丰九年（1859）十月，曾九帅驻军湖北和安徽交界的巴河。他在给其兄曾国藩最看重的门生之一、参加是年乡试的许振祎的信中云：

> 棘闱（旧时在考场四周栽满荆棘，防止闲人闯入，代指科举考场，笔者注）日内当可揭晓，贤书捷报定在指顾间，快也何如。从此玉堂金马，云路高腾，视弟之久滞军旅者，相去奚啻天壤。①

这段话先预祝许振祎乡试及第，从此会接着会试、殿试报捷，成为翰林，青云直上。而反观自己，不得不长久地滞留在军营里，与敌人浴血奋战。两人境遇是天壤之别。

这当然是曾国荃的自谦，但作为书生领兵，难忘情于科考确实是真实心境的写照。许振祎当年中举，同治二年（1863）中进士，同治四年（1865）授翰林院编修，果然是"金堂玉马"。

光绪五年（1879），曾国荃在山西巡抚任上。当时，山西刚刚经历"丁戊奇荒"（1877—1878年发生的特大灾荒，主要影响范围有山西、陕西、山东等地），曾国荃赈灾颇为得力，活人无数，深得三晋父老的爱戴。这一年是乡试年，作为巡抚，曾国荃照惯例要任监临，对乡试考场的秩序和保障负有重大责任。乡试结束后放榜，一位官员告诉他，桂榜②是布政使司衙门里一位叫

---

① ［清］曾国荃：《曾国荃集》（第三册），长沙：岳麓书社，2008年，第10页。
② 乡试一般在农历八月举行，正值桂花飘香，所以乡试的榜单叫"桂榜"。

马威的书吏誊写的，此公已年近八旬，连续写山西乡试榜二十七科，犹精神矍铄。

乡试三年一科，其间逢朝廷喜庆之事会加恩科。一个人誊写了二十七科中举者的公示榜，起码写了六十年！——只要马翁还活着，还能握笔写字，这山西乡试榜估计会让他一直写下去，以示国运日隆。

这是难得的佳话韵事。巡抚曾老爷很高兴，口占十首七绝，其一云：

潮来八月逢仙侣，济贯洪河气味清。
愧我棘闱帘外坐，蒸湘射策一诸生。①

此诗前两句烘托太平景象，重点是后两句。惭愧自己身为巡抚在考场外监督，却只是蒸湘（蒸水在衡阳入湘江，蒸湘代指衡阳，曾氏祖上由衡阳迁湘乡）的一位应试的生员。射策，是汉代一种以经术为内容的考试，用以取士，后来代指应试。

你看看，做了一省之长，可以来监督乡试了，却因为自己连举人都不是而惭愧。

曾国荃因战功名满天下，尽管后来做到了巡抚、总督这样的

---

① ［清］曾国荃：《曾国荃集》（第六册），长沙：岳麓书社，2008年，第294页。

高级文官,但朝野中不少人仍把他看作一介赳赳武夫。这是让九帅很难堪的事,毕竟他是优贡生出身,是不折不扣的读书人。所以一有机会,他就会强调这一点。

这个大舅哥不好当:曾纪泽的烦恼

曾纪泽是曾国藩的次子,其兄长桢第两岁时夭亡,曾国藩去世后,曾纪泽承袭侯爵。

承袭了爵位,同时意味着也要挑起大家长的责任,可这大家长很不好当。曾国藩官至一品,位居封圻,不用说稍微利用手中权力就能给子孙后代积攒好几代也用不完的财富,光是自己的养廉银,也能使儿孙辈衣食无忧。但曾国藩为官律己甚严,到了晚年时期更是如此,那些养廉银也多半接济亲朋或捐给公益事业。生前又留下遗言,他死后不许儿子收赙金。古代这样的大臣办丧事是很费钱的,朝廷按最高标准补助也不过区区三千两,等丧事办完,曾家就没剩下多少财产了。弟弟曾纪鸿看病,曾纪泽还要向同乡刘锦棠借钱,左宗棠听说后感佩不已。

曾纪鸿的身体不好,在父亲逝世后蒙恩荫赏赐举人,充兵部武选司郎官,但他醉心于数学、天文、地理,对做官不感兴趣,那点薪水很难养一大家子。曾国藩的几个女儿中,除最小的满妹纪芬嫁给衡山聂缉椝(字仲芳)还算不错外,其他几个或遇人不淑，或丈夫早逝，或夫家家境中落。作为大哥的曾纪泽，有义务帮衬弟弟妹妹。

光绪三年（1877）七月，曾纪泽为父守丧期满，以承袭一等毅勇侯爵位入京。光绪四年（1878）秋，被委任为出使英国、法国的钦差大臣，他聘请办事还算扎实的二妹曾纪耀的丈夫陈远济（字松生）为二等参赞官，让妹妹全家跟着自己出洋，既解决了妹夫的饭碗问题，又让夫人和儿女有亲戚的照应，可谓公私两便。

曾纪泽知道慈禧太后很精明，这种聘至亲的事肯定会知道，于是在出国前陛见慈禧时，特意禀告：

> 现在携带之二等参赞官陈远济，系臣妹婿，臣敢援古人内举不避亲之例，带之出洋。缘事任较重，非臣亲信友朋素日深知底蕴者，不敢将就派之。陈远济系原任安徽池州府知府陈源兖之子。陈源兖随江忠源在安庆庐州殉节，乃耿介忠荩之臣，远济系其次子，操守廉洁，甚有父风。①

这段话分两层意思。第一层是援引"内举不避亲"的古训，强调出使英、法与洋人交涉，事情重大，必须请知根知底、信得

---

① ［清］曾纪泽：《曾纪泽日记》（第二册），北京：中华书局，2013年，第816页。

过的人为助手，这是对朝廷和太后负责。

第二层则明确告诉太后，这位妹婿是烈士的后代，其父亲在与"粤匪"（清朝统治阶级对太平天国起义的蔑称）作战中殉节。言外之意是于情于理陈远济应该得到照顾，何况此人品行不错。

陈源兖，字岱云，湖南茶陵人，与曾国藩既是长沙府的同乡，又是道光十八年（1838）中进士的同年。两人在京做官时，过从甚密，曾国藩当京官时的日记和家信中频频提到陈岱云。

慈禧太后是何等厉害的角色，其驾驭大臣的手段很高明。只要曾纪泽主动汇报，不欺君罔上，当然会顺水推舟给他这个面子。她只问了一句："你这个亲戚多大年纪？"曾纪泽答曰："三十六岁。"

聘请二妹婿为随行，曾纪泽也是满腹的烦恼。他于九月在天津为出洋做各种准备工作时，其《曾纪泽日记》中载：

> 写一函答妹婿聂仲芳，甚长，阻其出洋之请。同为妹婿，挈松生而阻仲芳，将来必招怨恨。然数万里远行，又非余之私事，势不能徇亲戚之情而苟且迁就也。松生德器学识，朋友中实罕其匹，同行必于使事有益。仲芳年轻，而纨绔习气太重，除应酬外，乃无一长，又性根未定，喜怒无

常,何可携以自累?是以毅然辞之。①

曾纪泽时年三十九岁,和陈远济算同龄人,也是郎舅兼好友,了解对方的为人与才学,所以敢带他出洋。而聂仲芳才二十三岁,和曾纪芬结婚不久,从年龄上说,他和大舅哥有代沟。曾纪泽对满妹婿的公子哥习气看不惯是正常的。提携亲戚是中国惯常的人情,大家都能理解。可前提是这位亲戚能给自己帮忙,而不是添麻烦。对曾纪泽来说,陈松生显然比聂仲芳合适。再说了,一个钦差大臣带两位妹婿出洋,必遭非议。

也许大舅哥的态度刺激了聂仲芳,此公后来很争气,在曾国藩的女婿中是最有出息的一位,其子孙也最为兴旺发达。聂仲芳历任江南机器制造总局会办、江南机器制造总局总办、苏松太道台(上海道台)、浙江按察使、江苏布政使、江苏巡抚、湖北巡抚、安徽巡抚、浙江巡抚。他一生重视实业,创办了上海恒丰纺织新局,著有《各种经验良方》。当然,他的成就离不开老泰山的余荫,左宗棠当两江总督时对聂仲芳特别关照,也和曾纪芬这位贤内助的辅佐关系甚大。可见,有纨绔习气的人,只要走上正道,亦能成就一番大事业。胡林翼年轻时亦是如此做派。

聂仲芳、曾纪芬夫妇对大哥的"偏心"想必心中颇有不平之

---

① [清]曾纪泽:《曾纪泽日记》(第二册),北京:中华书局,2013年,第831—832页。

感。曾纪芬所撰的《崇德老人自订年谱》中如此评价这位姐夫：

> 然姊婿松生性颇偏执，不听姊数数归宁也。……仲姊之嫁后生涯，有非人所堪者，而委曲顺从，卒无怨色。姊婿性峻急，患咯血时，扶持调护，真能视于无形听于无声。①

性格峻急、执拗，这是曾纪芬看到的陈松生的一面。曾纪泽看到的是其"德气学识"。横看成岭侧成峰，两人的评价大概都不错。

曾纪泽在日记中还记载他在天津时委托直隶总督兼北洋大臣李鸿章，行文天津海关道，"将余之俸银月扣百金，供弟都中之用"。可见，曾纪鸿需要大哥的补贴才能在北京维持起码的家用。

湖南双峰县曾国藩研究会办公室主任刘建海以曾纪泽出使英、法时一封家信的照片见示，更能直观地感受冢子于大家族的责任。这封信写给三妹纪琛、四妹纪纯、满妹纪芬（二妹纪耀随夫在欧洲），其文如下：

---

① 黎庶昌，聂其杰：《曾文正公年谱，崇德老人纪念册［附］聂曾纪芬自订年谱》（影印），台北：文海出版社，1966年，第318页。

三、四、季妹左右：

季妹腊八日手书，二月二日即抵伦敦，复由伦敦寄来巴黎。兄于初三上午收览矣。道途虽远而音问易通，聊以为慰。惟四妹病患太多，愈病则体气愈弱矣，深以为念。总以节饮食、远药饵为第一要义，切不可轻信庸医也。

兄于新正初四日赶往伦敦接印，十四日自英回法，十八日谒见新伯理玺

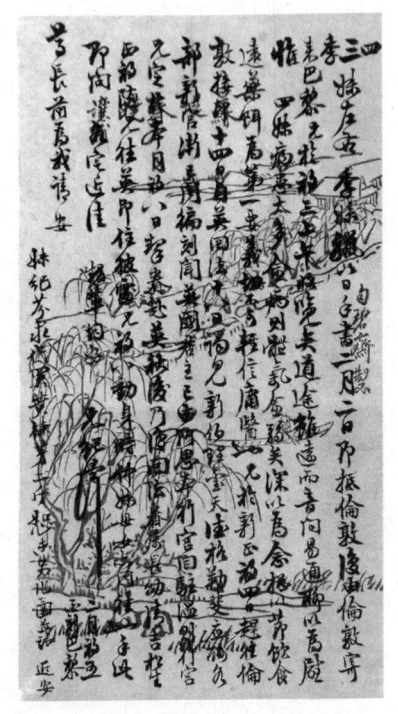

天德（按：总统音译）格勒斐，应酬各部新官渐已周遍。刻闻英国君主已由阿思本行宫（按：Osborne House，今译奥斯本）回驻温则行宫（按：Windsor Castle，今译温莎），兄定于本月初八日挈眷赴英，秋后乃复回法。眷属长幼清吉。松生正初随兄往英，即住彼处，兄初八动身时，仲妹母女亦同往也。

手此即问　各宅近佳，甥辈均好。

兄　纪泽

尊长前为我请安。妹纪芬求代购黄栋芳两斤，恕未另作函。近安。

查《使西日记》，光绪五年（1879）正月，曾纪泽"十八日未正，偕兰亭、仁山、春卿，诣勒立舍宫，谒新伯理玺天德格勒斐"，与信中所写吻合。勒立舍宫即爱丽舍宫（Elysée Palace），格勒斐即弗朗索瓦·保罗·儒勒·格雷维（Francois Paul Jules Grévy），法兰西第三共和国总统。

与这封家信粘连在一起的有多年后曾纪芬手书的题记：

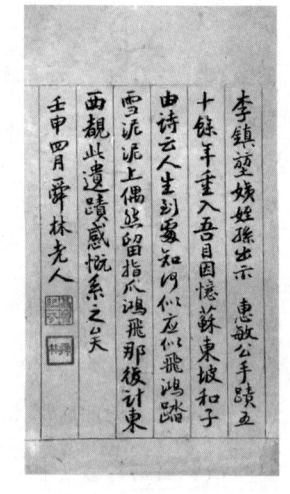

李镇堃姨侄孙出示惠敏公（按：曾纪泽的谥号）手迹，五十余年重入吾目，因忆苏东坡和子由诗云："人生到处知何似，应似飞鸿踏雪泥。泥上偶尔留指爪，鸿飞那复计东西。"睹此遗迹感慨系之矣。

壬申四月　舜林老人

曾纪芬号崇德老人，晚年居沪上，1942年以九十一岁高龄辞世，可谓福寿双全。壬申年为1932年。此笺落款"舜林老人"，应该典出《山海经·大荒北经》："东北海之外，大荒之中，河水之间，附禺之山，帝颛顼与九嫔葬焉。……皆出卫于山，丘方圆三百里，丘南，帝俊竹林在焉，大可为舟。"郭璞注："言舜林中竹，一节则可以为船也。"郭璞认为,"'俊'亦'舜'字假借音也"。

李镇堃应是曾纪芬的三姐纪琛的外孙。长兄来信,按照常理,应由三位姊妹中年长的纪琛保管。曾纪琛嫁给湘军创始人之一罗泽南的儿子罗允吉(字兆升),婚姻很不幸,碰上了一个虐待儿媳的恶婆婆,丈夫又是个喜欢寻花问柳的浪荡子,两人生了个儿子夭亡(被外公曾国藩部队的大炮吓死)。据湘乡桥头(今属涟源)李氏族谱记载,罗兆升和曾纪琛的女儿罗德仪,嫁给湘军大将李续宜的孙子李前泮,生四子进鏊、进峨、进崇、进崧。读此帖时,我认定"镇堃"是四兄弟中某位的表字。

李进鏊,字琦伯,是第一批庚子赔款赴美留学生,可以排除。我揣测"镇堃"当是李进崧的字,崧同嵩,高隆之山,"镇堃"是其引申义。可惜,搜索他的资料中,无其表字。李进崧,1906年出生,与平江李锐是中学同学,娶曾广铨(由纪鸿所生,过继给纪泽为抚子)的女儿曾宝荀为妻。1931年,李进崧清华大学毕业,1932年担任河北省府秘书处教育股科员,干了两年,很不适应,遂辞职返湘,1934年,应聘担任湖南华洋义赈会合作办事处文书。曾纪芬的儿子聂其杰(字云台),是上海华商领袖,曾在1929年参与创办湖南急赈会(湖南华洋义赈会前身),为三位名誉会长之一(其他二人为谭延闿、熊希龄)。

我进一步推测,李进崧在大学毕业后、工作之前的空当,拿着母亲从罗家带过来的传家宝——舅姥爷曾纪泽写给外婆曾纪琛三人的信,来上海找姨姥姥曾纪芬,或者是求表叔聂云台给找个工作？两年后在河北工作不适，聂云台便将其介绍给湖南华洋义赈会？后通过涟源的朋友向李续宜的后人了解，并查看族谱，证实了我的推测不错，李镇崧就是李进崧。

曾纪芬在上海看到长兄的这封手泽时，清朝已覆亡多年。但中国传统的家族文化、人情规则尚在。八旬老人睹物思人，该是何等的感慨，当年对大哥没带自己的丈夫出洋的一点埋怨（如果有的话），早就烟消云散了吧。

为人处世是门大学问

以诚交友,地位差距不是问题

> 两派交流,好向此间寻活水;
> 双峰对峙,更从何处仰高山。

这是湘中名校双峰一中的前身双峰书院里一副很有名的楹联。20世纪50年代初从超级大县湘乡析分出西部数乡镇,成立新的双峰县,亦是因为"双峰对峙"而得名。

此联的撰写者是清代咸丰、同治年间的湘乡县大儒朱尧阶。这位朱先生除了短时间里做过一个县训导的小官——从八品,大概相当于现在的县教育局副局长——大部分时间是一位布衣秀才,但他的学术和人品在湘中深孚众望,他于经史诗赋外,麻衣相术、天文地理无一不通。他有一个位极人臣的至交曾国藩,还有两位学生：封一等伯、官至两江总督的曾国荃和做过陕西巡抚的刘蓉。

朱尧阶生于嘉庆七年（1802），今双峰县杏子铺人，比曾国藩年长九岁，他于曾国藩而言，亦师亦友。曾国藩早年表现并不突出，天分一般，只是一位以勤补拙的苦书生，考了七次才中了一个秀才。中秀才后考运一下子就来了，次年中举人，再四年后中进士、入翰林。

曾国藩在早年求学的生涯中结识了朱尧阶，从此把他当作一位可以托付一切的兄长。曾这个人，清介自许，一般不愿意麻烦别人，却对朱尧阶例外，事无巨细，都愿意找朱尧阶商量，让他帮忙拿主意。朱尧阶的家境比曾家富裕，于是他一直接济曾家。曾国藩点翰林做了京官以后，留在湘乡老家的朱尧阶每年要给曾家送四十石稻谷，因为曾家祖父母、父母都在堂，家中兄弟姊妹众多，而一个小京官的俸禄很低，朱尧阶的资助为曾国藩免了很大的后顾之忧。

朱尧阶和曾国藩的关系好到什么地步？从两件小事中就可以看出。道光二十二年（1842）正月初七，曾国藩在致父母的信中说：

此间现熏有腊肉、猪舌、猪心、腊鱼之类，与家中无异。如有便附物来京，望附茶叶、大布而已，茶叶须托朱尧阶清明时在永丰买，则其价亦廉，茶叶亦好。①

在北京做官的曾国藩要喝家乡的茶叶，也托朱尧阶购买。道光二十七年（1847）六月，曾国藩在给家乡诸位弟弟的另一封信中写道：

祖母大人葬后，家中诸事顺遂，祖父之病已好，予之癣疾亦愈，且骤升至二品，则风水之好可知，万万不可改葬……予意欲仍求尧阶相一吉地，为祖父大人将来寿藏。②

那个时代的湘中人家笃信风水，余风至今仍在，曾国藩亦不免俗。从这封信中可看出，曾国藩祖母去世后的坟地，是请朱尧阶看风水寻觅到的。当时，曾国藩公务繁忙，又因为交通不便，没有回湘奔祖母之丧（当时其父亲仍在，长孙可不必回乡），这等大事便委托朱尧阶办理。而且祖母葬后，家中运气更好了，于是他还想请朱尧阶再给年迈的祖父找一处吉壤预备为坟地。

因为对朱尧阶的尊重和信任，曾国藩在家信中屡次要求诸弟向朱先生问学请益，曾国藩的四个弟弟曾国潢、曾国华、曾国

---

① ［清］曾国藩：《曾国藩全集》（第二十册），长沙：岳麓书社，2011年，第17页。
② ［清］曾国藩：《曾国藩全集》（第二十册），长沙：岳麓书社，2011年，第133页。

荃、曾国葆（贞干）都先后拜朱尧阶为师。

太平军起事后，湘乡的罗泽南和几位弟子首先在乡操练团勇，在家守制的曾国藩以"前兵部侍郎"的身份被皇帝任命为团练大臣，总揽湖南特别是湘中地区的练勇。后来的故事大家都很熟悉，这支湘军代替了腐朽的八旗、绿营，成为敉平太平军的主力，曾国藩也成为清代同治年间"中兴大臣"之首，包括朱尧阶的弟子曾国荃、刘蓉在内，湘乡县许多人跟随曾国藩外出打仗，有些战死在沙场，有些被保举为文武官员。即使留在老家的人，也攀附曾氏兄弟唯恐不及。曾氏兄弟也想报答朱先生的大恩，数次写信邀请他出山，而朱尧阶以年迈体衰推辞，仍然"蔵影林泉，课徒娱亲，怡然自得"。①当湘军势大时，湘乡子弟以当兵打仗作为博取人生前途的捷径，许多年轻人因之轻视了学业，朱尧阶仍然在家乡教导子弟，扮演乡土文化守护者的角色。

朱尧阶不愿意受曾氏兄弟的保举出去做官，显示出他和曾国藩是君子之交的本色——当年接济曾家，乃是对朋友无私的帮助，并不图回报。他的这种态度也是相当明智的。早年曾国藩在他面前是小老弟，曾国荃是他的学生，曾家感他的大恩。等到曾氏兄弟功成名就、位高爵显时，他这位昔日的兄长、老师兼恩人，如果仰食于曾氏兄弟，那等于早年的关系倒了过来，彼此都

---

① 胡如庄：《朱尧阶纪念馆建成开馆》，娄底新闻网，https://www.ldnews.cn/wtyy/meishanculture/201711/544636.shtml

会尴尬，不受曾家回报，仍然可以用平等的心态来对待曾国藩。

事实上，曾国藩也不会因地位变易而改变对朱尧阶的尊敬与信任。同治六年（1867）八月，身任两江总督的曾国藩在给朱尧阶的信中坦露心曲：

> 弟忝窃非分，位极人臣，不特少时念不到此，即咸丰七、八年与阁下相聚，亦不料晚节侥幸若是。惟东南民困，捻患方炽，军务一日未平，则一日常在殃咎之中；此身一日未死，则一日难弛战兢之怀。阁下若闻鄙人有失德堕行，尚望惠书规诫，无少讳贷。即寒门子弟，或有怨尤，亦望随时启迪。
>
> 哥老会一案，弟有告示，但问其有罪无罪，不问其是会非会，严禁株累诬扳之风，以靖民气。而舍弟澄侯不以为然，必欲搜剔根株。窃恐愈剔愈多，愈搜愈乱，祸无了日。求阁下劝诫澄弟，不再搜寻，静以俟之。①

这封信表达了三层意思：其一是自己身为大臣，而天下仍不太平，只有鞠躬尽瘁，死而后已；其二是希望朱尧阶不因本人位高望隆而放弃了诤友的身份，并强调朱在家乡的"精神导师"的

---

① ［清］曾国藩：《曾国藩全集》（第三十册），长沙：岳麓书社，2011年，第210—211页。

地位和责任；其三就是托朱尧阶劝诫曾国潢不要大肆株连。"但问其有罪无罪，不问其是会非会"近乎现代法治理念，即一个人是否应受到惩罚只能凭其行为是否违法犯罪来判断，而不能因为他加入哥老会就问罪。曾国潢是兄弟中唯一留在老家做大管家的，因为兄弟的权势，他在湘乡自然是一言九鼎，力主对哥老会会徒严加追究。但曾国藩看得更远，知道要有所为也有所不为。他让朱尧阶出面来劝曾国潢，不仅因为朱的威望高，还因为朱的一个女儿嫁给了曾国潢的儿子，两人是亲家公。

曾国潢的儿子娶朱尧阶的女儿，是曾国藩力主促成的。对朱尧阶的大恩，曾家无以回报，只能用结亲家的方式，将两家的亲密关系固定下来。

写这封信的五年后即1872年，曾国藩和朱尧阶先后去世。只不过一人在江宁两江总督衙门中逝去，一人在湘乡老家寿终。布衣结交的一对朋友，后来功业、地位相差甚大，两人的友谊能保持终身，殊为不易。

曾国荃详说人情大学问：哪些人送的赙仪可以收

清同治十一年（1872）二月初四，一等毅勇侯、两江总督曾国藩死在江宁（南京）总督衙门的书房里。

曾国藩这位统率过千军万马的大儒之死，也富有传奇色彩。

十五年前的同一天，他的父亲曾麟书在老家湘乡去世，他和几位兄弟正带兵在东南与太平军鏖战。那天上午，他拜过父亲的牌位，让儿子纪泽扶他去花园散步，一路告诫儿子，打仗是造孽的事情，希望曾家后代不要再出带兵打仗的人。说着说着觉得脚麻，被儿子搀扶着回到书房已不能说话了，端坐三刻溘然而逝。

曾国藩去世前，过继给叔父的三弟曾国华（族内排行第六）在咸丰八年（1858）的安徽"三河之战"中被太平军骁将陈玉成部杀死；其五弟曾国葆（贞干）则在同治元年（1862）病殁在围困天京的军营中。湘乡老家还剩下二弟曾国潢（族内排行第四）和四弟曾国荃（族内排行第九，故称"九帅"）。

曾国荃是曾国藩率领湘军战胜太平军最为倚重的大将。曾国荃围困天京城数年之久并最终破城，收复天京城后，曾国荃被封为一等威毅伯。或许是为了免遭清廷尤其是慈禧太后的猜忌——如果练就"湘军"的两兄弟同为封疆大吏，太后是睡不着觉的。因此，在曾国藩统管东南膏腴之地时，曾国荃以养病为名开缺回到老家。

曾国藩去世的讣告发到湘乡老家后，曾府上下之悲伤可想而知。当即合族作出决定：曾国潢赶赴金陵城协助两位侄子曾纪泽、曾纪鸿办理这一举世瞩目的大丧事；曾国荃则留在湖南老家，筹办迎接曾国藩灵柩回乡、寻找墓地等事项。

曾国潢长年在家管事，和他的四位兄弟相比，才具平平，就是个乡村地主。因此，曾国藩的丧事如何办，自然"九帅"曾国荃要拿大主意。于是在同治十一年（1872）内，曾国荃不断地给两位侄子写信，商量如何办丧事。

儒家讲究孝养厚葬，但曾国藩临死前留下了类似"丧事从简"的遗嘱。在那个时代，这样一位门生故吏遍天下的第一名臣去世，正常情况下，丧事一定是耗时费钱、场面浩大的。清朝对高官死后的财政补贴，根据级别、功勋而有所差别，像曾国藩这样的总督级别，则是赐银三千两。这当然也是笔巨款，可像曾国藩这样人物的丧事，至少要花一万两银子，这钱得自己掏。高官去世，当然会有很多人送赙金。亲友送赙金就是众筹办丧事的意思，像曾府这种豪门，如果放开收赙金，除支付丧事用度外肯定还会有富余。而曾国藩的后人根据其生前遗愿不收赙金，只散发讣告。

曾国藩是想当千古完人的，但他的弟弟曾国荃却不这么想。他在接到长兄讣告后，写给两位侄子的第一封信就是谈赙金事宜。哪些钱能收，哪些钱不能收。他在信中说：

> （长兄）仕宦三十余年，囊橐萧然，薄海妇孺莫不共见而共信之。此次大事，所费不訾（赀），受赙与否，知吾侄必有至当之衡。交谊非至厚者，自以固却为是，然如少泉中堂、筱泉制府、昌岐军门之类，似亦可以酌受。外此如恩情

有似此三人者，亦当以类推之。①

如果曾府放开收赙金，等于借丧事发财，严重违背曾国藩的遗愿，会遭到天下士林的议论。曾国荃当然不建议这样做，但是不是所有人的钱都不能收呢？曾国荃认为，与曾国藩的关系类似这三个人的官员，可以酌情收取。哪三位呢？

第一人是李鸿章，字少荃，有时也写作"少泉"，当时已是内阁大学士、直隶总督兼北洋大臣，大学士大致相当于过去的宰相，因此雅称"中堂"；第二人是李瀚章，是李鸿章的同胞兄弟，字筱泉，做过湖广总督，总督雅称"制台"；第三人是黄翼升，字昌岐，长江水师提督，相当于舰队司令，"军门"是提督的雅称。

这三人是受过曾国藩深恩的，可以说没有曾国藩不遗余力的栽培与提携，就不可能有他们的飞黄腾达。

李鸿章是曾国藩的政治接班人，也是曾的第一大门生，他在给曾国藩的挽联中毫不自谦地说"筑室忝为门生长"。李鸿章的父亲李文安和曾国藩同年中进士，在古代官场，同年的关系格外亲密。从辈分上说，李瀚章、李鸿章是曾国藩的年侄。李鸿章二十岁的时候跟着父亲进京，拜年伯曾国藩为师，曾手把手

---

① ［清］曾国荃：《曾国荃集》（第五册），长沙：岳麓书社，2008年，第354页。

地教他学问。曾国藩指挥湘军在东南一带征剿太平军时，召李鸿章入幕做参谋长，又让他回老家合肥一带募兵，操练出一支"淮军"，该军成为李鸿章日后政坛上最大的本钱。后来，曾国藩保举李鸿章任江苏巡抚，李鸿章从此青云直上。李瀚章贡生出身，朝考优贡分发知县，那次考试的座师也恰好是曾国藩。曾国藩统率湘军时，召李瀚章给他做粮台——相当于后勤部长。黄翼升很小时父亲去世，跟着母亲改嫁邓氏，最初叫邓翼升，发达后复姓黄。他年轻时当兵，一直不得志，曾国藩创建水师时，调他过来做哨长，可以说他是湘军水师创办时的元老。

曾国藩生前的清廉是官场共知的，他任两江、直隶总督时，养廉银一年差不多两万两，如果积攒下来，全家根本用不完。可是他要资助的人太多，转手就把钱送了出去，自家特别节俭，本人和妻儿都穿粗布衣，当两江总督时，还让妻子、儿媳妇、女儿在家里纺线织布。时人称其为清朝开国二百多年来第一清廉总督。这三位深受曾国藩大恩的人，送赙金给曾府绝对是真心诚意的，而且他们不缺钱，所以曾国荃认为可以收他们的钱，以弥补亏空。

但是，最后曾纪泽、曾纪鸿兄弟还是遵照父亲的遗嘱，所有人的钱都不收。曾府为这场丧事几乎耗光家底。几年后，曾纪鸿生病，竟然要借钱治疗。和曾国藩生前多有扞格（互相抵触）的左宗棠大为感慨，佩服曾文正公的品德，在给人的信中说："吾辈待其（按：即曾国藩）后昆，不敢以此稍形轩轾。

上年弟在京寓，目睹栗诚（按：曾纪鸿的字）苦窘情状，不觉慨然，为谋药饵之资、殡敛衣棺及还丧乡里之费，亦未尝有所歧视也。"①

正因为曾纪泽、曾纪鸿兄弟遵照父亲的教导，不堕门风，一人成为著名的外交家，在与沙俄的谈判中收回伊犁；一人成为数学家，可惜英年早逝。

左宗棠为何关照"老冤家"曾国藩的儿女

同治十一年（1872）曾国藩在金陵去世，上至皇帝，下至他的学生和部属，送挽联的很多。而左宗棠的挽联最为人瞩目，成为后世传颂的名联：

> 谋国之忠，知人之明，自愧不如元辅；
> 同心若金，攻错若石，相期无负平生。②

左宗棠在挽联中高度评价了曾国藩的品德与功勋，当然也不

---

① ［清］左宗棠：《左宗棠全集》（第十二册），长沙：岳麓书社，2014年，第710页。
② ［清］左宗棠：《左宗棠全集》（第十三册），长沙：岳麓书社，2009年，第432页。

忘解释一下两人之间备受世人关注的复杂关系。元辅，可做重臣解，也可直接释为宰相。曾国藩生前是一等毅勇侯、武英殿大学士，死后赠太傅，说是宰相也一点不过分。

上联意思是左宗棠谦称为国家谋划之忠诚、识拔人才之英明，不如曾国藩；下联的意思是说两人同心同德做大事如金子那样坚固，而直言不讳挑对方的毛病就像扔石头（今天网上则是扔板砖）那样毫不留情，这样做才不辜负两人一生的交情。

左的挽联之所以引起强烈关注，是因为他俩关系很不融洽，在官场上早就是公开的秘密。特别是左宗棠地位和曾国藩相仿时，在军营中、衙门里当着幕僚和客人的面动不动就批评曾国藩，有时骂得还很难听。内容多是说曾国藩假道学、虚伪——用现在的话来说就是"装"。对曾国藩带兵打仗的才能，他的评价更低。两人年轻时的共同朋友郭嵩焘曾写信对曾国藩说："南屏云退庵言在营日两食，与左君同席，未尝一饭忘公，动至狂诟。"①

现在左宗棠逢人必骂的"老冤家"死了，他如此高的评价是不是因为遵循中国社会"死者为大"的人情文化呢？或许左宗棠在写挽联的时候受这样的因素影响。但随着时光的流逝，左宗棠越来越佩服曾国藩的人品，这从左宗棠善待曾国藩的子女就能看

---

① ［清］郭嵩焘：《郭嵩焘全集》（第十三册），长沙：岳麓书社，2012年，第207页。

出来。

1877年，曾国藩的次子曾纪鸿因病重无钱治病，向父亲的老部下、远在新疆的少年统帅刘锦棠借钱。刘锦棠和曾国藩是湘乡县同乡，他和其叔刘松山是曾的嫡系。后来为了平定西北，曾国藩慷慨地把这种战斗力最强的老湘营拨给了左宗棠。曾国藩后人向刘锦棠（字毅斋）借钱却不直接向左宗棠开口，还是显示出亲疏有别。左知道此事后大为感慨，于是送给了曾家三百两银子，并且就此事在给儿子左孝宽的信中说："毅斋光景非裕，劼刚（按：即曾纪泽）又出使外洋，栗诚（按：即曾纪鸿）景况之窘可知。吾以三百金赠之。本系故人之子，又同乡京官，应修馈岁之敬。吾与文正交谊非同泛常，所争者国家公事，而彼此性情相与，固无丝毫芥蒂，岂以死生而异乎？栗诚厚好学，素所爱重。以中兴元老之子而不免饥困，可以见文正之清节，足为后世法矣。"①

从这段话中可以看出，左宗棠知道曾国藩生前的清廉绝不是装出来的，而是实实在在的。但同样要撇清自己，他与曾国藩是为"国家公事"而争，不是为了个人恩怨。从此，他对待曾国藩的儿女就像对待自己的孩子一样好。

曾国藩最小的女儿曾纪芬（晚年号崇德老人）在《崇德老人自订年谱》中记述，光绪八年（1882），时任两江总督的左宗棠

---

① ［清］左宗棠：《左宗棠全集》（第十五册），长沙：岳麓书社，2009年，第418—419页。

委任曾纪芬的丈夫聂缉椝为上海制造局会办——这是当年最肥的差使。"文襄送客,而独留中丞公(聂官至巡抚,巡抚雅称中丞,笔者注)小坐,谓之曰:'君今日得无不快意耶?若辈皆为贫而仕;惟君可任大事,勉自为之也。'故中丞公一生感激文襄(按:左宗棠的谥号)知遇最深。"①

多年后,年逾八十的曾纪芬动情地回忆道:

> 文襄督两江之日,待中丞公(按:曾纪芬的夫君聂缉椝)不啻子侄,亦时垂询及余,欲余往谒。余于先年冬曾一度至其行辕,在大堂下舆,越庭院数重,始至内室,文襄适又公出。余自壬申奉文正丧出署,别此地正十年,抚今追昔,百感交集,故其后文襄虽屡次询及,余终不愿往。继而文襄知余意,乃令特开中门,肩舆直至三堂,下舆相见,礼毕,文襄谓余曰:"文正是壬申生耶?"余曰:"辛未也。"文襄曰:"然则长吾一岁,宜以叔父视吾矣。"因令余周视署中,重寻十年前卧起之室,余敬诺之。嗣后忠襄公(按:曾纪芬的叔叔曾国荃)至宁,文襄语及之曰:"满小姐已认吾家为其外家矣。"湘俗谓小者曰满,故以称余也。②

---

① 黎庶昌,聂其杰:《曾文正公年谱,崇德老人纪念册[附]聂曾纪芬自订年谱》(影印),台北:文海出版社,1966年,第322页。
② 黎庶昌,聂其杰:《曾文正公年谱,崇德老人纪念册[附]聂曾纪芬自订年谱》(影印),台北:文海出版社,1966年,第323页。

也就是说，左宗棠认为自己家就是曾国藩满女的娘家了。

有了左宗棠及李鸿章等大佬的提携，连举人功名都没有的聂缉椝一步一个台阶往上升官，做过江南机器制造总局总办、苏松太道台（上海道台）、浙江按察使、江苏布政使、江苏巡抚、湖北巡抚、安徽巡抚、浙江巡抚。

左宗棠在曾国藩生前是一位专业"曾黑"，原因当然很复杂。不过究其根本，主要还是人性的弱点作祟。左宗棠比曾国藩小一岁，早年都是湖南有名的才俊。左一生最大的遗憾是出身（古代士人所谓出身是指科举功名）不如曾国藩，多次会试落第，终身只是一个举人。而曾国藩二十八岁中进士、进翰林院，三十七岁就做了二品大员礼部侍郎。

如果左宗棠一生不得志，老死于乡下也就罢了，可他以做湖南巡抚衙门的师爷为事业起点，做出了与曾国藩不相上下的功业。他这样性格的人，自然愿意以自己之长比曾国藩之短。如此，他的"瑜亮情结"或许得到某种程度的舒缓。而曾国藩的涵养比左宗棠好得多，对左的批评，一概不理，而在公事上，以大局为重，鼎力支持左宗棠。

曾国藩死后，盖棺论定，左宗棠对曾国藩的认识越来越深入，其感佩之情应是发自内心的。对于之前对曾国藩的指责，他有没有内疚过呢？或许从他善待曾国藩的子女的举动中，能窥一二。

左宗棠毕竟是左宗棠，到死改不了骡子脾气。晚年，尽管他一方面承认曾国藩"清节足为后世法",但仍然嘴里不饶人,时不时评论曾国藩某事做得不好,不如自己。估计他在收复新疆后,恨不得对曾国藩于九泉之下,大喊一声:"涤生兄,你看看我做的事业。"

对男人来说,他一生念念不忘而要与之比较高低的人,实际上是他最在乎的人。曾国藩对左宗棠而言即如此。

若论综合才能,此人应在曾、左二人之上

"不信书,信运气;公之言,告万世。"曾国藩晚年和同乡好友吴敏树、郭嵩焘闲聊时,说这句话可作为自己的墓志铭。(见朱克敏的《雨窗消夏录》)

曾经以为文正公此说有些矫情,有一次笔者去益阳拜谒"胡林翼陈列馆",方悟这是文正公功成名就、余生无多时的大实话。人生最大的运气,其实是寿数。胡林翼比起同辈的曾国藩、左宗棠,最大的差别是天不假寿,只活了四十九岁。

曾国藩生于1811年,殁于1872年。左宗棠和胡林翼都是1812年出生,比曾国藩小一岁。胡林翼殁于1861年9月30日,左宗棠殁于1885年。左公比曾公多活了十二年,比胡公多活了二十四年。这是上天对科场蹭蹬、出仕最晚的左宗棠的钟爱,使他在平定洪、杨后,仍有机会参与创建马尾船政学堂、收复新疆

诸事。

2018年12月1日一大早，我赶到益阳市区的茶叶市场内的胡林翼陈列馆。邵阳和益阳同属资江流域，我在资江上游长大，这是我第一次来益阳。这个陈列馆不是官方办的，而是一位景仰胡林翼的当地商人自己掏钱设立的，在一幢楼的第二层。我8:30来到门前，看到大门紧闭，门前不知道是哪位乡亲留下了一袋自家地里收获的萝卜和菜薹，馈赠给主人。于是下楼，一位正在晾晒萝卜条的嫉驰（对老年妇女的尊称，是湘地的方言）热情地请我坐到她的店子前等待。

等到9:30，陈列馆的管理者——一位青年人，前来打开大门，我尾随而进。只有我一个游客，他格外热情，陪着我边看边聊。他和我的看法一样："人还是要身体好，胡文忠公的寿数太短了，如果他再多活五年，那历史地位可会大不一样呀。"

不用多活五年，只要胡林翼再多活三年，活到1864年天京城陷落，清廷论功行赏，他笃定会封爵在伯以上（出山晚的左宗棠和晚辈李鸿章都是伯爵），他的职位也不会终止在巡抚——尽管他死后被追赠为总督，但这只是一种死后哀荣。

且不说曾国藩和左宗棠生前封侯，当过总督，晋位大学士（也就可尊称为爵相）了，比胡林翼小四岁的彭玉麟官至署两江总督兼南洋通商大臣、兵部尚书，封一等轻车都尉。说起清代中兴的湘系四大臣，有"曾左彭胡"之说，这种排列，应该依照的是生前的官爵。彭玉麟当然功勋卓著、品行高洁，但论起历史地位和对清廷的贡献，恐怕是比不上曾、左、胡三公的。

晚清湘系的政治、军事人物可谓群星闪耀，能称为湘军领袖的，应该只能是曾国藩、左宗棠、胡林翼三人。而胡在中道而逝，未目睹东南底定之全功。

如果以职业或日用物来做比拟的话，胡林翼是湘军的保姆，是湘军的蜡烛。他保护、举荐、识拔了众多湘军大佬；他燃烧了自己，照亮了别人。

与曾国藩、左宗棠出身于半耕半读的寒素之家不同，胡林翼是标准的"官二代"。其父胡达源是嘉庆二十四年（1819）殿试一甲第三名进士（俗称探花），仕途从授翰林院编修起步，官至四品京堂。在这样的家庭中长大，胡林翼少年时难免有些纨绔习气。也有人说因为他少年时频繁出入秦楼楚馆，使体质变得虚弱，没有左宗棠那样壮实得像牛犊的本钱。

胡林翼在道光十六年（1836）中进士，被选为翰林院庶吉士，散馆后授编修。父子翰林在江浙等文化发达的省份或许不算什么，但在清代的湖湘，可是全省少有的佳话了。步入仕途的前期，胡林翼的官运远不如十年内做到侍郎的曾国藩。道光二十年（1840），胡林翼任江南乡试副主考官，因为正考官、满蒙权贵文庆携带举人熊少牧入闱阅卷，而受到牵连，降一级调用。接着，因父丧回益阳守制，一待就是五年。眼看着起复无望，最后在亲友的资助下，捐了一笔巨款，胡林翼才被重新起用为知府，分发贵州。也就是说，胡林翼是用钱买来了后来的机会。他一上任就遇上了黄平、台拱、清江、天柱等地苗民起义,从此这位贵公子开始了血与火的战争生涯。

曾国藩带领湘军出省作战的前期,朝廷出于对汉族高官领兵的忌惮,不给他巡抚等实权的地方官职。曾国藩坐困江西,很是煎熬。当时,胡林翼在湖北巡抚任上,全力支援曾国藩。湘军有名的战将,如罗泽南、李续宾、李续宜、鲍超等人,曾经一度受胡林翼调度。

胡林翼举荐左宗棠,到了"到处逢人说项斯"①的地步。左宗棠因羞辱樊燮而触怒湖广总督官文,被告黑状,差点被咸丰帝要了性命,后来也是胡林翼和郭嵩焘多方斡旋,不但救了命,还让左宗棠得以自领一军,从此一飞冲天。这是人所共知的事。

一个出身优越、少年科第、才能出众的人,懂得官场,擅长用权术,却又能心地善良、厚道,立身正,这实在是太难得了。胡林翼就是这样的汉子。他对朝廷赤忠,对朋友仗义,对同僚则大度能容,且处事善于圆融变通。若论当大领导的综合才能,胡林翼超过了曾、左二人。曾国藩评价胡林翼"润芝之才胜我十倍",不完全是自谦。

胡林翼在咸丰帝驾崩一个多月后去世,曾国藩挽曰:

逋寇在吴中,是先帝与荩臣临终恨事;

---

① 〔唐〕杨敬之:《赠项斯》。意为到处为某人说好话,颂扬某人。

荐贤满天下，愿后人补我公未竟勋名。

胡的"未竟勋名"，最终由曾、左等人弥补，这是曾、左的机遇和人生荣耀。对胡林翼这位"湘军蜡烛"而言，却是永远无法补全的遗憾。

要记住"圣眷是靠不住的"这条铁律

谭延闿是清末民初湖南籍高官中的一个"异类"。

湖南人普遍脾气倔，即使做了大官也很难磨平身上的棱角。清代湖南各地的方志多有类似的记载，如《岳州府志》称"人性悍直"；《长沙县志》曰"劲直任气"；《永州府志》称"俗刚武而好劲"；《茶陵县志》称"性侠烈而劲直"；《醴陵县志》称"颇尚气、轻生、喜斗、好讼"；《安化县志》称"任性刚直"；《衡山县志》称"其民尤尚气力"；《宝庆府志》称"其俗好勇"。

茶陵人谭延闿在官场却得了"人中甘草""混世魔王""水晶球"的绰号。其处事圆融、见风使舵的本领，不但高过大多数湖南籍高官，就是其他省份的显宦，能赶上他的段位的人亦不多。有人把他的处世总结为一个"混"字，谭延闿对此坦然受之，并声称"混之用大矣哉"。

谭延闿,字祖庵,他这身"玻璃球"的本事,和他少年成长、早年仕宦的经历有关。

从小善于察言观色的谭延闿随着父亲谭钟麟宦游各处,对官场的利害与残酷明了在心,他和另一位湘籍谭公子——浏阳人谭嗣同的处事风格迥异,或曰几乎是相反。谭钟麟和谭嗣同的父亲谭继洵曾经同事过,谭钟麟任陕甘总督时,谭继洵为甘肃布政使,用今天的话来说两位谭公子的父亲在"一个班子"里为官,谭延闿的老爸是班长。戊戌变法失败时谭延闿十八岁。

清朝末年,谭延闿是湖南立宪派首领,任省"谘议局"议长。民国时期,他曾任湖南都督,后出任湖南督军、省长兼湘军总司令,授上将军衔、陆军大元帅,担任过南京国民政府主席、行政院院长。行政院院长若在帝制时代就是"宰辅",可谓官至极品。

虽以"混"的心态来做官,但谭延闿并不是庸吏。他格局大,见识广,才华出众,总能在重要的时刻趋利避害。关键之处还在于他把官场看透了。譬如说,谭延闿从来不对皇帝或委员长抱有任何幻想。

谭延闿的同乡好友朱德裳在《三十年闻见录》中记载：

> 吾友谭祖庵有言："圣眷是没有这们(么)一回事的。"

朱德裳引用谭延闿这句话是有感于杨度和袁项城的关系。袁

氏去世后,杨度的挽联云:

> 共和误民国,民国亦误共和,百世以后,再平是狱;
> 君宪负明公,明公实负君宪,九泉之下,三复斯言。

朱德裳就此评论道:

> 自表面观之,世凯之于皙子,鱼水交欢,俨然刘、葛。实则帷幕之中,必有深谋大计,言不用计不行者。所谓公实负君宪者,千古才人郁结牢骚一齐写出,所得不过国家一毛,而为人受过至于如此。①

从王闿运那儿学了满腹帝王之学的杨度,以为袁世凯是合适的主公,他若当了皇帝,自己便是拥戴首功之臣。于是组织"筹安会",不遗余力地鼓吹恢复帝制。袁世凯需要这位大才子的运作,表面上对杨度恩宠有加,亲自赐匾题字,称他为"旷代逸才",实际上只是把他作为一个称手的工具,即便帝制复辟成功,袁世凯也不会让杨度做宰相。袁氏称帝失败后,在愤恨交加中死去,临死前犹言"杨度误我"。黎元洪继任总统后,杨度成

---

① 〔清〕朱德裳:《三十年闻见录》,长沙:岳麓书社,1985年,第36页。

为第一号通缉犯。

世上没有真正的圣眷，是看明白中国历史的深刻领悟。对皇帝而言，某个时候重用某位臣子，是因为这位臣子有用，必须笼络其为己办事。一旦这人没有用，或者给自己带来麻烦了，十有八九会立刻抛弃他，甚至严惩之。

自古帝王皆薄恩，帝王不必有刻薄寡恩的道德负疚感。朱元璋就公开对大臣说："金杯共汝饮，白刃不相饶。"① 这句话很坦率地表明千古帝王对臣子的态度。有些皇帝不像朱元璋这么实话实说，但实际上是一样的。

清代最典型的两个例子是雍正和年羹尧、慈禧太后和恭亲王奕䜣。

年羹尧的妹妹在雍正帝还是皇子时嫁给其做侧福晋，年本人文武双全，是四爷的心腹。雍正帝能从众皇子中杀出重围夺得皇位，年羹尧做出了很大的贡献；雍正帝御极之初，年羹尧又为其平定边疆、安抚人心立下汗马功劳。雍正在给年羹尧的奏折批示中说了好多肉麻的话："朕实实想卿""彼此做个千古君臣知遇榜样"，等等。可是一旦认为年羹尧有"不臣之心"——其实年也就是骄纵一些，还真没想过造反，雍正帝便毫不留情地要了年羹尧的性命。

---

① 《明史·茹太素传》：太素抗直不屈，屡濒于罪，帝时宥之。一日，宴便殿，赐之酒曰："金杯同汝饮，白刃不相饶。"太素叩首，即续韵对曰："丹诚图报国，不避圣心焦。"

奕䜣以道光帝之子、咸丰帝亲弟之尊，在"辛酉政变"①中与嫂子慈禧联手，灭掉了以肃顺为首的顾命大臣团队。慈禧因之垂帘听政，掌握了最高权力。而在此后的日子里，恭亲王重用一帮能臣，内平洪、杨之乱，外则折冲于列强。可当慈禧太后觉得恭亲王对自己有些不敬时，便一夜之间剥夺了其权力。

北伐成功后，蒋介石登上最高权力宝座。谭延闿做行政院院长，面对蒋介石的独断专行，他抱定了"三不"主义：一不负责、二不谏言、三不得罪人。每次开会，他都闭目养神，不发表意见，甘做"伴食宰相"。

有些官员聪明却不读书，不明白圣眷是靠不住的这条铁律，只是为主公执政之初解决了几个难题，主公表扬几句，就以为深得圣眷了，在外招摇，在公开场合明言或暗示主公对自己的宠信。这是大忌呀！以年羹尧与雍正帝早年知遇之深，恭亲王作为皇子之血统尊贵，亦不免被卸磨杀驴之下场。一个出生草莽的新贵，如此作为焉能不败？

---

① 辛酉政变，咸丰十一年（1861）咸丰帝病死后，慈禧太后联合恭亲王奕䜣发动的一次宫廷政变。

和自尊心太强的人做朋友很难

孔子曰:"益者三友,损者三友。友直,友谅,友多闻,益矣。友便辟,友善柔,友便佞,损矣。"

此话两千多年来被中国人奉为交朋友的圭臬,个中道理没毛病,要和正直、诚信、知识广博的人做朋友,要远离那些表面奉承、善于花言巧语的人。父母也常用这句话来教导子女。

可是人性是有弱点的,在现实生活中,多数人未必能坚守这一标准。正直的朋友说话直来直去,看到朋友的错误严厉指出,常常不给朋友面子,和这样的畏友、诤友在一起,相处未必舒服。而那些善于调笑的酒肉朋友多半是好玩的人,在一起喝酒唱歌很快乐。想做畏友、诤友的人更得掂量掂量,你了解对方吗?他是否能容忍朋友的批评?如果对方的自尊心过强、太好面子,自己的诤言恐怕会轻则闹得场面尴尬,重则彻底得罪对方。

曾国藩和汤鹏(字海秋)的友谊小船说翻就翻,亦能佐证朋友相处之难,特别是和自尊心太强的人做朋友,更难。有些话说轻了不好,说重了也不好。曾国藩对汤鹏时常有这种纠结。

今人论曾国藩和汤鹏断交的原因,是爱写挽联的曾国藩拿活着的朋友练手,生挽汤鹏,被汤鹏发现而割席断袍。我以为这个说法超级不靠谱。这个说法出自清末小说家李伯元的《南亭笔记》:

曾与汤海秋称莫逆交，后忽割席。缘曾居翰林时，某年元旦汤诣其寓贺岁，见砚下压纸一张，汤欲抽阅之，曾不可。汤以强取。则曾无事举其平日之友，皆作一挽联，汤亦在其中。汤大怒，拂衣而去，自此遂与曾不通闻问。①

李伯元是讽刺小说《官场现形记》的作者，常州府青果巷的才子，他生于1867年，此时汤鹏已死去多年。曾国藩生挽汤鹏之说，多半是他道听途说而记载。考诸曾国藩给汤鹏写的祭文以及曾的日记、家信，两人没有在春节期间闹翻的可能。

曾国藩与汤鹏交往的时间不长，据其日记记载，道光二十二年（1842）、二十三年（1843）交往较多。道光二十三年（1843）正月、二月和三月，两人还常在一起喝酒、下围棋。是年，曾国藩被选任四川乡试主考官，七月初八即离开北京西行。差事办完，得了一笔程仪，曾国藩大约在这一年十一月底回到北京（日记载十一月十五，他正走到保定府）。回京后，好友们为曾国藩摆酒接风。酒席上，汤鹏大骂曾国藩，两人遂再不往来，直到第二年汤鹏吃错药而暴亡。曾氏在《祭汤海秋文》中用十六字记载断交的经过：

---

① ［清］李伯元：《南亭笔记》，太原：山西古籍出版社，山西教育出版社，1999年，第172页。

我行西川,来归君迓。一语不能,君乃狂骂。①

李伯元说曾国藩和汤鹏"称莫逆之交",亦是言过其实。道光二十二年(1842)、二十三年(1843)间,两人虽然来往较多,但曾国藩从心底里并未将汤鹏视为知心好友,而是处处流露出对汤鹏的不满,以及与汤鹏相处不易的烦恼,不得不对汤鹏说一些违心的场面话。这种关系怎么能称得上"莫逆"呢?

两人的性格、气质及三观之差异,早就决定了二人很难成为可以直言规过的"莫逆之交"。

汤鹏,字海秋,自号浮邱子,湖南益阳人,益阳和曾国藩的家乡湘乡县同属于长沙府。嘉庆五年(1800)出生,二十二岁中举,道光三年(1823)于二十三岁时连捷进士及第。

这样的大才子、大诗人难免眼高过顶,一般人他是瞧不起的。曾国藩比汤鹏小十一岁,晚十五年中进士,无论从年龄还是科场先后,曾国藩是不折不扣的晚辈。道光二十二年(1842)两人交往时,曾国藩才散馆两年,只是个从七品的翰林院检讨。在曾国藩面前,汤鹏是有足够的心理优势的,一起吃饭聊天,曾多数时间是听众。

道光二十二年(1842)十月初十,曾国藩日记载:

---

① [清]曾国藩:《曾国藩全集》(第十四册),长沙:岳麓书社,2011年,第273页。

饭后，办公礼送海秋家，烦琐。出门，谢寿数处，至海秋家赴饮。渠女子是日纳采。座间，闻人得别敬，心为之动。昨夜，梦人得利，甚觉艳美，醒后痛自惩责，谓好利之心至形诸梦寐，何以卑鄙若此！①

　　汤鹏的女儿许了人家，行纳采礼（"六礼"中的第一礼。男方欲与女方结亲，男家遣媒妁往女家提亲，送礼求婚。得到应允后，再请媒妁正式向女家纳"采择之礼"），曾国藩按官场规矩送礼给汤家并去赴宴。回家后在日记里还来了一段"灵魂深处闹革命"。

　　汤鹏此时已四十二岁，步入仕途亦二十年，但他性格太直，得罪的人多，当年被朝廷大佬看好的官场新秀，此时还只是个户部郎中（司局长），难免有点破罐子破摔，说话办事更不顾及别人的感受了。

　　一个月后的十一月初九，曾国藩在日记里记了一笔：

　　与海秋谈诗文，多夸诞语，更初散。②

---

① ［清］曾国藩：《曾国藩全集》（第十六册），长沙：岳麓书社，2011年，第116页。
② ［清］曾国藩：《曾国藩全集》（第十六册），长沙：岳麓书社，2011年，第126页。

不仅在日记里吐槽,曾国藩还在十一月十七日给四位胞弟的信中如此说:

> 汤海秋久与之处,其人诞言太多,十句之中仅一二句可信。①

诞言,即夸大虚构荒诞之词。汤鹏也未必真的想说谎,他身上浓浓的诗人气质,说起话来天马行空,只管自己过瘾,随意想象、杜撰,就像真的一样,可能是常态。曾国藩虽然也是位文艺青年,但此时立志做圣人,"诚"是他最看重的。在这封非议汤海秋的家信之前,他在十月二十六日与诸弟书中如此推介几位好友:

> 余之益友,如倭艮峰之瑟僩,令人对之肃然;吴竹如、窦兰泉之精义,一言一事,必求至是;吴子序、邵蕙西之谈经,深思明辨;何子贞之谈字,其精妙处,无一不合,其谈诗尤最符契……冯树堂、陈岱云之立志,汲汲不遑,亦良友也。②

---

① [清]曾国藩:《曾国藩全集》(第二十册),长沙:岳麓书社,2011年,第38页。
② [清]曾国藩:《曾国藩全集》(第二十册),长沙:岳麓书社,2011年,第36页。

曾国藩列举的这些益友中，何、冯、陈三位是湖南同乡，和汤鹏也交往较多。两相比较，这几位朋友是曾国藩希望四位弟弟效法的人生榜样，而拿汤海秋做了反面例子。

曾虽然在日记和家信中对汤鹏表示不满，但表面上不能流露，关系得维持下去。因此，汤鹏一开始没有觉察到，把曾国藩当成知心好友，而对汤鹏早有不好看法的曾国藩便觉得不大适应，不知如何对待海秋前辈的厚意。道光二十二年（1842）十一月二十日，两人又在一起聚会了，那天曾国藩的日记载：

> 翰城于是日生日，客两席。酒后，同海秋、岱云至樾乔前辈处久谈。归，海秋仍至寓久谈，去时已丑正矣。海秋欲予指渠短处，予与之言"虚"字之体用兼赅，陈义甚高，躬不逮千之一，丑甚！①

从这一段话中也能看出汤鹏是直率的人，但个性强，以自我为中心，不太在意别人的感受。喝完酒了，还要继续跟着曾国藩回家闲聊，一直到凌晨两点才走。一个"仍"字可流露出曾国藩的不痛快。汤鹏让曾国藩指出自己的缺点，大概趁着酒劲，曾国藩真的有什么说什么，直言其不足之处。

---

① 〔清〕曾国藩：《曾国藩全集》（第十六册），长沙：岳麓书社，2011年，第131页。

效果如何？从曾国藩后来的日记中分析，大约很不理想。一些自视甚高又特别自尊的人，有时候会谦虚地让朋友提意见，如果朋友真的实话实说，他又会不高兴，觉得朋友瞧不起自己。

此后不久的十二月初二，日记载：

> 海秋来，以所著《浮邱子》嘱为商订，久谈，有不忠语，有谄语。①

汤鹏把自己的诗集《浮邱子》交给曾国藩，请他提意见，曾国藩应该是吸取教训了，就敷衍了几句奉承夸奖的话，但事后又自省，认为自己的态度不诚实，对朋友非忠信之道。

十二月初五，曾国藩日记载：

> 早起，海秋以所撰《浮邱子》嘱予细阅一遍，而订是非。予向读海秋诗文，不无面谀之时，今阅全册，仍蹈前失，欺友自欺，罪恶大极。无论是否，总须直陈所见。自辰初看至申正，尽二卷。②

曾国藩不知如何对待汤鹏的矛盾心态，此文显露无遗。他知

---

① [清]曾国藩：《曾国藩全集》（第十六册），长沙：岳麓书社，2011年，第135页。
② 同上，第136页。

道汤鹏自尊心太强，所以当面夸他的诗文。此番汤鹏郑重其事地请他修订自己的稿子，那是要写书面意见的，且在诗稿上直接修改。如果直言己见，真的为这位名满士林的大诗人改稿，汤鹏很可能不高兴。但是信奉待人以诚的曾国藩告诫自己，不能"欺友自欺"，必须"直陈己见"。

在道光二十三年（1843）的年初，曾国藩有几条日记涉及汤鹏，亦可一窥两人的关系。

正月十二，"归，海秋来久谈，言围棋最耗心血，当戒"。①

二月初七，"海秋来寓，蕙西亦来。观人作应制诗，面谀之，不忠不信，何以为友！圣人所谓善柔便佞之损友，我之谓矣"。②曾氏一直以做人诤友而不是损友自勉，可这是很难的，人家未必领情。

二月二十三，"旋到湖广馆批杜诗半卷。海秋寻至馆中，久谈"。③

二月二十七，"同乡会课，予以不能深思，故不作文，仅作诗二首。题《宦途最重是文衡》。何子贞、汤海秋二君最为敏捷。与海秋围棋一局"。④

---

① ［清］曾国藩：《曾国藩全集》（第十六册），长沙：岳麓书社，2011年，第148页。
② 同上，第153页。
③ 同上，第157页。
④ 同上，第158页。

三月三十,"早起,读《山谷集》。饭后海秋来,王麓屏来,诉事苦久,未初始去。"①

可见汤鹏喜欢找曾国藩,把这位同乡晚辈当作倾诉对象,而曾国藩心底里对汤鹏并不看重,不是很乐意和汤鹏聊天,可汤鹏不自知,曾国藩不便公开拒绝。但无论如何,朋友之间如果不能坦诚相见,相处中有一方感觉到很累,因碍于面子来维持关系,这种关系很难持久。果然,这年十一月,从四川典试回京的曾国藩,和汤鹏掰了。

"一言不能"只是导火索。究竟是因为什么让汤鹏当着那么多朋友大骂曾国藩呢?曾氏《祭汤海秋文》中这段话隐晦地说出了原因:

> 一语不能,君乃狂骂。我实无辜,讵敢相下?骨肉寇仇,朋游所讶。见豕负涂,或张之弧。群疑之积,众痏生肤。君不能释,我不肯输。一日参商,万古长诀。吾实负心,其又何说?凡今之人,善调其舌;君则不然,喙刚如铁。锋棱所值,人谁女容?直者弃好,巧者兴戎。昔余痛谏,君嘉我忠。曾是不察,而丁我躬。伤心往事,泪堕如糜。②

---

① 〔清〕曾国藩:《曾国藩全集》(第十六册),长沙:岳麓书社,2011年,第164页。
② 〔清〕曾国藩:《曾国藩全集》(第十四册),长沙:岳麓书社,2011年,第273页。

这是曾国藩在汤鹏灵前为自己的辩解。"我实无辜,讵敢相卜?"应该是曾国藩在与朋友或同乡闲谈时,流露出对汤鹏的不满。曾国藩善于相面,我猜测他在无意中可能说出此类的话:汤海秋这个性格、面相呀,看来不是长寿之人。这话被人转述到汤鹏耳中,又添油加醋地搬弄一番,所以曾国藩说"凡今之人,善调其舌"。汤鹏心中很是气愤,大约认为曾国藩当面一套背后一套,只是隐忍未发。

"讵敢相卜"意思是说岂敢为你相面算命?我是无辜的呀。看来这一过节接近"曾涤生生挽汤海秋"一说。这次两人最后的聚会正值曾国藩春风得意,汤鹏因为此前别人传来的闲话,心里已对曾国藩有成见,几句话不对付,于是发飙。这种场合下,汤鹏的行为在曾国藩看来当然是不可原谅的,结果是"君不能释,我不肯输"。"而丁我躬"典出《诗·大雅·云汉》:"耗斁下土,宁丁我躬。"意即老兄你不察是非真假,而让我来遭受你的愤恨。

道光二十四年(1844年)九月初六,曾国藩日记中记载:

> 早起,至城外送汤海秋之灵柩南归,则已无及矣!①

---

① 〔清〕曾国藩:《曾国藩全集》(第十六册),长沙:岳麓书社,2011年,第209页。

两人的误会永远没有和解的机会了,曾国藩此时心中真是五味杂陈,万千感慨。

有一次,我驱车从安化走高速去长沙,经过浮邱山隧道,抬头望见"浮邱山"几个大字,立刻想起了汤鹏,他的诗集和自号便是为了纪念家乡这座高山。我也联想到了汤鹏和曾国藩的交恶,像汤鹏这种性格的人,只能保持适当的距离而尊重他,不宜成为过从甚密的朋友。

第二编

动荡岁月里的
奋起与坚守

初露锋芒:"靠边站"的湘人入局

谢振定:"糜烂王朝"下的硬骨头

因19世纪中叶太平天国崛起,湖南湘乡县(辖今湘乡、双峰、娄底市城区及涟源大部)成为扑灭起义、挽清室于即倒的湘军发源地。湘乡子弟从军者众,从咸丰至光绪,兵锋遍布十八省。因此,湘乡一县,在清末高官如云,将星璀璨。为今人熟悉的曾国藩、曾国荃兄弟自不必说,罗泽南、李续宾、李续宜、王鑫、蒋益澧、杨昌濬等名字,对许多人来说亦不陌生。

湘乡因为咸丰朝以后的辉煌,容易给人造成某种误解,似乎此前该县无达官,无名宦,事实上并非如此。只是在以官爵高低论成败的世人的观念里,此前一些杰出之士被人遗忘罢了。谢振定(其故乡今属涟源市金石镇)便是其中一位。

2016年7月,涟源市湘剧团的历史剧《烧车御史》进京演出,谢振定的名字进入了公众视野。谢振定的事迹没有湮没在历史的尘埃中，我认为最应该感谢的是吴敏树。吴敏树，号南屏，岳阳人，是曾国藩早年结识的文友，在曾的日记和家书中，吴南屏的名字出现过多次。此人是古文高手，在当时的湖南曾、吴并称。吴南屏一生仕途不得意，颇有豪侠不羁之气。他的《书谢御史》生动地记述了谢振定在乾隆六十年（1795年）火烧当朝第一权臣和珅的豪华车轿的事，《烧车御史》的故事梗概应当本于此文。

  谢御史者，吾楚湘乡谢芗泉先生也。当乾隆末，宰相和珅用事，权焰张，有宠奴常乘和车以出，人避之莫敢诘。先生为御史，巡城遇之，怒，命卒曳下奴，笞之。奴曰："汝敢笞我，我乘我主车，汝敢笞我？"先生益大怒，痛笞奴，遂焚烧其车，曰："此车岂复堪宰相坐耶？"九衢中人聚观欢呼曰："此真好御史矣。"和珅恨之，假他事削其籍以归。①

  一位铁骨铮铮的御史形象跃然纸上，今人读了很解气，我想当时围观烧车的老百姓也很解气，但仅仅是解气而已。

  这位坐着首长专车横行街衢的"宠奴"当然是很霸道的，俗话说"宰相家人七品官"，一些大官的随从，其威风何止"七

---

① ［清］吴敏树：《吴敏树集》，长沙：岳麓书社，2012年，第267页。

品"?也有史料记载,这位"宠奴"是和珅的一位小妾的哥哥,妹妹让老爷收了做小老婆,哥哥跟着老爷当奴才,这很符合封建社会时期的"人事安排"。清代的科道官(分管监察的给事中和御史)的影响力和地位远低于明代,谢振定这样不给宰相面子的行为,在明代的给事中、御史中,并不少见。但在清代,一个五品御史,敢这样做,确实需要勇气,这也从侧面看出湘中所出人物的刚烈霸蛮之性格。

谢振定为当众打狗欺主付出了沉重的代价,就是文中所说的"假他事削其籍以归"。好在当时乾隆帝春秋已高,就在这一年,他把皇位传给了儿子嘉庆,自己当了几年太上皇后宾天。满朝文武已经看出了即将新桃换旧符的趋势,和珅本人也不像以前那样跋扈,所以谢振定仅仅是被免官。乾隆一死,和珅的靠山没有了,便是人们熟知的"和珅跌倒,嘉庆吃饱",谢振定烧了和珅豪车的事当然会被士林津津乐道,而且让嘉庆、道光两任皇帝印象深刻。

谢家的科第之盛,在老湘乡至今都无人超越,包括曾国藩家族。谢家有"父子两翰林,祖孙三进士"的盛况。谢振定在乾隆四十五年(1780)中进士后被选为翰林院庶吉士;他的儿子谢兴峣于嘉庆二十四年(1819)中进士,亦被选为翰林院庶吉士。《书谢御史》一文中还记载了这么一段佳话:

及道光癸巳之岁,河南裕州知州谢兴峣,以卓异荐入都。裕州,御史之子,由翰林改官者也。引见时,唱陈名贯毕,皇上问曰:"汝湖南人,作京语,何也?"兴峣对言:"臣父谢振定,历官翰林御史,臣生长京师。"上忽悟曰:"尔乃烧和珅车谢御史之子耶?"因褒奖兴峣家世,勉以职事。明日,上语阁臣:"朕少时闻谢御史烧车事,心壮之,昨见其子来,甚喜。"未几,命擢兴峣叙州府知府。①

道光帝一看简历,此人是湖南人,可一问话,一口京腔,于是心生诧异——可见湖南人说不好普通话,是皇帝也很了解的常识。当道光帝知道眼前这位知州是烧车御史谢振定的儿子时,"甚喜"是真实心态的流露——你老子替我老子出了口恶气!道光帝的父亲嘉庆帝素来不喜欢和珅,所以等乾隆一咽气,就马上打死了和珅这只"大老虎"。

谢振定父子是曾国藩的同乡前辈,可以想见,少年曾国藩在家苦读时,谢氏父子的事迹不知听老人说过多少遍。无疑,谢振定父子也是曾国藩早年的偶像和人生榜样。

道光二十五年(1845),谢振定的孙子、谢兴峣的侄子谢邦鉴进京参加会试,此时曾国藩已是翰林侍读,并被钦命为会试同考官。谢邦鉴,字吉人,这次科考中第三甲,算得上是曾国藩的同乡晚辈和门生。曾对这位谢御史的孙子很是关照,在他于四月

---

① 〔清〕吴敏树:《吴敏树集》,长沙:岳麓书社,2012年,第267页。

十五日给诸弟的信中说:

> 我县谢吉人中进士后,因一切不便,故邀来在余寓住。①

举人中进士后,有一段等待分配工作的时间,不能长期住旅店,曾国藩干脆让谢邦鉴住在他家。②邦鉴没有他祖父和伯父的好运气,未能进翰林院,而被派到江苏,后分发高淳做知县。——如果讲实惠的话,一个江苏知县比一个穷京官好多了。临出京前,曾国藩为他写了一篇《送谢吉人之官江左序》,开篇便叙述谢吉人祖父"烧车御史"的壮举:

> 吾湘乡当乾隆时,人才殷盛。邓笔山为云南布政使,罗九峰为礼部侍郎,而谢芗泉先生为御史。三人者,皆起家翰林,而御史君名震天下。是时和珅柄国,声张势厉,家奴乘高车横行都市无所惮,御史君巡城遇焉,捽之出而鞭之,火其车于衢,世所称"烧车御史"者也。③

----

① 〔清〕曾国藩:《曾国藩全集》(第二十册),长沙:岳麓书社,2011年,第97页。
② 锺叔河:《锺叔河评点曾国藩家书》(兄弟编·上卷),北京:中央编译出版社,2011年,第37页。
③ 〔清〕曾国藩:《曾国藩全集》(第十四册),长沙:岳麓书社,2011年,第234—235页。

曾国藩在文中谆谆教导谢吉人要结交当地贤明之士,谦虚谨慎,勤政廉洁,不堕祖先的清名:

子今长人矣。四封之内,尊无与二。堂上颐指,堂下趋者百人。所识穷乏,仰而待命。设馆以延宾友,貌敬而情离。即有不善,彼所谓趋者,待命者,貌敬者,或知之而不谏,或谏焉而不力。吾以其身巍然处于众人之上,而聪明识量又诚越而倍之。前有唯,后有诺,于是予圣自雄之习,嚣然起矣。而左右之人,又多其术以恬我。内之傲者日胜,外之欺者日众,兹其所以舛也。①

曾国藩担心这位同乡晚辈当了一县之长,山高皇帝远,权力大,被一帮趋炎附势、阿谀奉承的小人包围,渐渐地放下惕厉之心而忘乎所以。

谢振定无疑是个好御史,这样的好御史在哪个时代都是稀缺品,吴南屏在《书谢御史》中感叹道:

孰知当芗泉先生罢官时,同朝行辈中必有相侮笑者,讥毁者,畏罪累而不敢附和者,其家人居室必不如在官之乐

---

① [清]曾国藩:《曾国藩全集》(第十四册),长沙:岳麓书社,2011年,第235页。

者。且使先生官不罢，其进取抑未可量，一遭斥逐，终以不振，独气节重江湖间耳。然则先生之烧车之时，亦可谓计虑之不详尽者耶？①

即便乾隆朝多一些谢振定这样的硬骨头御史，又有什么用？乾隆末年，清朝已是一个披着"盛世"外衣的"衰世"，帝国处处埋藏着隐忧。和珅被嘉庆帝清除掉，不是因为他贪腐得太厉害，也不是他民怨极大，而是新皇帝早就恨上他了，一旦亲政，必定会将其搞掉。而谢御史，只能是一种点缀，成为饭后的谈资。

"盛世"的谢御史，凭着勇气和责任感，无法阻挡一个帝国加速腐败糜烂，等到道光朝末年，一声霹雳响粤西，洪秀全、杨秀清带着教众从金田村出发北上，要与清帝争江山。而在湘乡老家丁忧守制的曾国藩迎来了他和他家族最大的机遇。

可以说，正是因为谢振定御史在"盛世"的无可奈何、无所作为，才有了他的同乡晚辈曾国藩等人在"乱世"中建立的功业。

---

① ［清］吴敏树：《吴敏树集》，长沙：岳麓书社，2012年，第268页。

乱世用重典，"曾剃头"的"安靖之道"

曾国藩因母丧回家守制时接到圣旨，墨绖从戎，操练团勇。当时，他未必想到自己能成为剿灭洪、杨的"中兴大臣"。

他出山练勇最初的目的是防御性的，旨在安靖地方，所以他在练勇早期以"维稳"为主，用所谓的霹雳手段来对付湖南各地的会众，以防这些人与洪、杨势力勾连，从而不可收拾。在此期间，他在长沙设立审案局，施行战时政策，以天子授予的专杀之权确实杀了一些人，其中难免有冤魂。由此他有了"曾剃头"之恶名，地方一些绅士对其不无非议。

按黎庶昌所编的《曾文正公年谱》，曾自咸丰三年（1853）正月赴长沙督办街团，设审案局，到八月二十七日，因与巡抚衙门、绿营等多有冲突，移驻衡州。在长沙一共待了不到九个月，"剃头"也主要在这期间。

他在这八个多月中，经审案局处决了多少人呢？在咸丰三年（1853）九月初六他写给会试座师、时任湖广总督吴文镕的信中有详细的交代：

> 今练或择人而举，团则宜遍地兴办。总以清查本境土匪，以绝勾引为先务。遂设一审案局，与乡人约：凡捆送会匪、教匪、抢犯来者，立予正法。前后杀戮二百余人，强半

皆绅耆擒拿。国藩因博武健之名，而地方颇收安静之效。①

算了一下，基本上是平均一天杀一个人，现在看来确实严酷。其中，冤杀者恐怕多是"绅耆擒拿"的，因为地方上的一些绅士善于利用朝廷的"严打运动"报复自己的仇人。我认为曾国藩这个数字是靠谱的，他不会对自己的恩师兼上司撒谎。"因博武健之名"似乎是一种自嘲，他应该知道别人给他起了个"曾剃头"的绰号。

对于为什么要搞此类"严打"运动，他在咸丰三年（1853）二月给宝庆知府魁联（荫亭）的信中做过解释：

> 国藩以前月下旬于寓中设审案局，十日内已戮五人。世风既薄，人人各挟不靖之志，平居造作谣言，幸四方有事而欲为乱，稍待之以宽仁，愈嚣然自肆，白昼劫掠都市，视官长蔑如也。不治以严刑峻法，则鼠子纷起，将来无复措手之处。是以壹意残忍，冀回颓风于万一。书生岂解好杀，要以时势所迫，非是则无以锄强暴而安我孱弱之民，盖与阁下为政夙心颇相符契也。②

---

① ［清］曾国藩：《曾国藩全集》（第二十二册），长沙：岳麓书社，2011年，第194页。
② ［清］曾国藩：《曾国藩全集》（第二十二册），长沙：岳麓书社，2011年，第124页。

曾国藩与魁联颇为投机，都主张乱世用重典。这魁联在宝庆当知府时，对湘军兵源输送有大贡献，湘军中的宝勇是骨干力量之一，即来自宝庆府所辖的邵阳、新化、新宁等县。而宝庆诸县和与宝庆交界的湘乡（包括今天的双峰）、安化等县，自古民风强悍，治安不靖，多有不安分的人。看来，魁联在宝庆当知府时，采取的也是严刑峻法——在邻境广西洪、杨起事并涌入湖南的大背景下，这种做法似乎可以理解。

战争过后，恢复乡试乃是第一位

清朝同治三年六月十六日（1864年7月19日），正是长江边的江宁（今南京）城最酷热的时候，这座六朝古都、金粉之地刚刚经历了一场血火之灾。

曾国荃率领的湘军进行几年的围城，终于在这天将太平天国的天京城攻陷了。此时，天王洪秀全已经死去了几个月，幼天王在众将士的掩护下突围出城，太平天国最后的柱石忠王李秀成被俘。

六月二十五日，清廷东南军政最高长官、两江总督曾国藩从安庆坐船来到了江宁。江宁一直是清廷两江总督衙门的所在地，自咸丰三年（1853）春天，洪秀全、杨秀清率太平军攻占江宁城，将其改名为天京，作为太平天国的首都，导致清廷两江总督的驻地一直漂泊不定。此番,曾国藩以胜利者的姿态,将两江总督衙门重新搬回了江宁城。

进城后的曾国藩,除了例行向太后和皇帝报捷、视察战场、抚恤伤亡将士外,考虑到的第一件大事竟然是:尽快恢复朝廷在江宁城的乡试!

清朝两江总督管辖地域包括今天的江苏、安徽、江西和上海四省市,是清朝的赋税重地,也是教育发达、人文荟萃、人才辈出之地。参加江宁乡试的士子来自江苏(包括今天的上海)、安徽两省,江南贡院是除在首都举行的顺天乡试之外,录取举人名额最多的考场,也是竞争最为激烈的考场。籍贯为安徽合肥的李鸿章,当年担心参加江南乡试考不上举人,其父李文安想了个"高考移民"的法子,为他捐了个国子监(清朝最高学府)监生的资格,来北京参加顺天乡试,一试便中。

此时,清朝在江宁城的乡试已经停了十一年,两省众多的生员在这十一年内不能参加乡试,自然也不能进京参加会试,也就无缘于仕途。此番曾国藩收复了江宁城,燃起了江苏、安徽两地读书人的梦想。

二十六年前,曾国藩便是通过会试、殿试考取进士,从湖南湘乡的农家子成为一名朝廷命官的,他深知恢复乡试对安定人心、笼络读书人的意义。

七月十七日,进城未及一个月,曾国藩视察了江南乡试的考场——位于秦淮河边的贡院。可他看到的却是一片荒芜:断砖残瓦，野草丛生。要举办乡试，必须马上修缮这个考场。于是，他委派得力官员率领一队人马，专门从事修复江南贡院的工作。

清代的乡试三年一科，逢子、午、卯、酉年举行（碰到国家庆典有时会加恩科，如皇帝大婚），乡试一般于八月举行，亦曰秋闱。乡试分三场进行。以初九、十二、十五日为正场，考生于每场正场前一日入场，后一日出场。也就是说，考生要在考场里待九天，吃喝拉撒睡都在里面，真是对智力和体力的双重考验。

同治三年（1864）为甲子年，正是乡试正科举行之年，可江宁乡试无论如何也不可能准时在八月举行呀，且不说重建贡院需要时间，即便让边远州县的生员得到消息并按时赶到江宁城，时间上也是来不及的。为了不耽误江南士子的前程，权宜之计就是把乡试时间推迟到十一月。

于是，曾国藩上书太后和皇帝，争取朝廷的支持。他在同治三年（1864）农历八月十三日上奏太后、皇帝的折子里禀报了江南贡院的残败：

> 臣曾至贡院履勘一次，至公堂、衡鉴堂、明远楼未经毁坏；号舍一万六千余间，亦多完好，惟号板全数毁失；监临、主考、房官、提调、监试各屋，誊录、对读、弥封、供给各所，片瓦无存，均须盖造。现经派员在鄂、皖等处采办木料，广集工匠，饬委记名臬司黄润昌赶紧兴修。拟于九月奏请简派主考衔命南来，于十一月举行乡试，庶冀士子云

集,商民亦可渐次来归矣。①

在曾国藩等人的大力督促下,只用了一个多月的时间,江南贡院就基本上修复好了。曾国藩于九月十一日专门上《江南贡院修复工竣拟即举行乡试请简放考官折》：

> 窃江南乡试,自咸丰九年在浙江借闱特开万寿恩榜,并补行乙卯正科后,尚有戊午、辛酉、壬戌及本届四科,历经奏请展缓办理。……约计九月二十日前,一律完竣,工坚料实,焕然一新。两江人士,闻风鼓舞,流亡旋归,商贾云集。现在已通饬各属,出示晓谕,定于十一月举行乡试。②

当时,朝廷认为,大战过后,百废待兴,而且两江地面上还有太平军的残余势力尚未肃清,在十一月举办江南乡试,还是不妥当,便下旨回复曾国藩"即缓至来岁补行乡试,亦无不可"。但曾国藩坚持要在当年举办乡试——因为如果乡试推迟到下一年,那么新及第的举人就来不及参加第二年春天去北京的会试。在他的坚持下,朝廷同意了。

---

① 〔清〕曾国藩：《曾国藩全集》（第七册）,长沙：岳麓书社,2011年,第397—398页。
② 〔清〕曾国藩：《曾国藩全集》（第七册）,长沙：岳麓书社,2011年,第450页。

对江南乡试的每一个细节，曾国藩都反复考虑，生怕某个环节出现问题。他在九月二十五日给自己的得意门生、时任江苏巡抚的李鸿章（驻苏州）去信，让他来江宁城帮忙：

> 举行乡试一疏，昨日已接奉批旨。虽允许简放主考，而圣意甚不放心，又虑及台旆不能前来入闱监临……今因圣意十分慎重，鄙人亦怀疑虑，特恐画虎不成，贻笑远近。敬求阁下速来相助，盼切！盼切！①

清廷当然知道此次江南乡试非同寻常的政治意义，因而任命德高望重、学问精粹的刘崑为主考官，绍兴才子、翰林院编修平步青为副主考，南下主考。曾国藩以一等毅勇侯、协办大学士（雅称中堂）、太子太保、两江总督之尊，亲自到码头迎接两位"星使"。

不知道是巧合还是为了讨口彩，那一科江南乡试的解元（第一名）叫江璧，字南春，扬州府所属的甘泉县人。"江璧"有江南之地完璧归赵的意思，"江南春"则寓意江南从此春意盎然。第六名是大学者吴大澂，"澂"就是"澄"，似乎寓示着吴地澄清，天下太平。

---

① ［清］曾国藩：《曾国藩全集》（第二十八册），长沙：岳麓书社，2011年，第171页。

历代明智的统治者都会把能否正常举行科举考试当作社会走向正轨、天下即将大治的晴雨表。如清朝，天下初定之后，他们最重视的事情便是开科取士，选拔天下人才，以此来传达一种强烈的信号：读书人能够通过考试做官了，天下已经平定，大家好好过日子吧。

这个道理，曾国藩自然明白，他在给皇帝的折子里讲道："士子云集，商民亦可渐次来归矣。"对中国这个特别注重考试的国家而言，读书人的"考运"如何，从来都是一种政治、社会、经济、文化的综合考察指标。

平定新疆：左宗棠和他的后继者

林则徐的嘱托：西定新疆，舍君莫属

后世人多数认为收复新疆是左宗棠一生最大的功勋。

尽管直到光绪六年（1880）五月，左宗棠才首次踏上新疆的土地。这一年，他为了给盘踞在伊犁的沙俄侵略者以压力，率领大军，从肃州出发，抬榇（空棺材）出嘉峪关，以示即使死在新疆也要收复伊犁的决心。其实，左宗棠早在青壮年时期，就瞩目新疆，那时候他还是一位几次会试落第的举人。

道光二十九年腊月（1850年1月），隆冬中的长沙城寒意袭人，远处的岳麓山青葱如黛。城外湘江的码头上停泊着一只官船。官船内，一位已是风烛残年的大官，正在接见一位布衣书生。

老人是刚刚卸任云贵总督的林则徐，书生则是已对科举失望、隐居在家乡半耕半读的左宗棠。①

两个年龄、地位相差悬殊的人怎么会走到一起?

道光二十二年(1842),林则徐成了清廷战败的替罪羊,被朝廷流配到伊犁惠远城。三年后被赦起复,先任陕甘总督,道光二十七年(1847)调任云贵总督。年迈的林则徐在昆明深感精力不济,希望找一个才干出众、年富力强的人做他的师爷,他的手下、时任贵州安顺知府的胡林翼推荐了湖南老乡左宗棠。胡林翼和左宗棠两家是世交,两人同一年出生,胡林翼大左宗棠四个月,而且两人的父亲是岳麓书院的同学,一起师事大儒罗典。只是,胡林翼科场的运气比左宗棠好得多,他二十四岁就高中进士,而左宗棠从道光十三年(1833)至十八年(1838)的六年中,三次入京会试,均落第。左宗棠从此绝意科场,专心研究经世致用之学。

胡林翼没有忘记老同学,极力向上司林则徐推荐左宗棠。他在推荐信中说:"湘阴左君有异才,品学为湘中士类第一。"林则徐很器重胡林翼,看到胡林翼称赞左宗棠品学是湖南第一,比他本人还杰出,而胡林翼向来不说虚言,于是写信召左宗棠入幕。可当时左宗棠家务事缠身,没法远走昆明,只能回信推辞说"西望滇池,孤怀怅结"。并回信对胡林翼表示感谢:"得执事

---

① [清]左宗棠:《左宗棠全集》(第十三册),长沙:岳麓书社,2014年,第243页。

岁秒急步所递手书，敬悉一切。少穆（按：林则徐表字）宫保爱士之盛心，执事推荐之雅谊，非复寻常所有。"①

虽然左宗棠未能成为林则徐的师爷，但林则徐深深地记住了这个名字。道光二十九年（1849）十月，林则徐因为夫人郑氏去世，十分哀伤，又加上贬谪在新疆期间身体受到损伤，以致疾病缠身，奏请开缺回乡养病。皇帝批准后，他携儿子护送亡妻的灵柩，坐船往东行进。船行进到长沙，深知来日无多的他决定无论如何要见一下左宗棠。于是派人到左宗棠隐居的老家湘阴柳庄，将其请来长沙会见。左宗棠自然非常高兴，立刻前来谒见这位威震天下的英雄。据罗正钧《清左文襄公宗棠年谱》载："（林）自云南引疾还闽，道湘上，遣人至柳庄招公，公谒之长沙舟中，一见诧为绝世奇才，宴谈达曙乃别。"②

林则徐贬谪伊犁期间，深感西北边防的空虚和沙俄对新疆的觊觎之心。此次和左宗棠彻夜会谈，林则徐把自己在新疆收集整理的军事、地理、文史等方面的资料，悉数交给了左宗棠，并说他已经老了，空有御俄之志，终无成就之日。数年来，他留心人才，欲将此重任托付。左宗棠正是他要寻找的人才，他对左宗棠

---

① ［清］左宗棠：《左宗棠全集》（第十册），长沙：岳麓书社，2009年，第63—64页。
② 罗正钧：《清左文襄公宗棠年谱》，台北：商务印书馆，1981年，第50页。

说:"他日竟某之志者,其惟君乎?"①

就在林则徐嘱托左宗棠的这年冬天,林则徐死于前往广西镇压天地会起事的途中。

左宗棠一日不敢忘林公对其的信任和期望。林、左湘江会晤后的第三年,起于广西金田的太平军一路北上,围攻长沙。左宗棠又在好友胡林翼等人的举荐下,出山做湖南巡抚张亮基的师爷,调兵遣将,迫使太平军主力离开湖南。紧接着又辅佐接任湖南巡抚的骆秉章,肃清湖南全境,援助远赴五省作战的湘军。后来,左宗棠自领一军,成为清廷平定太平军、捻军的重要功臣。

自1866年调任陕甘总督,到1880年入京陛见光绪帝和慈禧太后,左宗棠任中国西北最高军政长官已十五个年头。这十五年也是中国的多事之秋,步入晚年的左宗棠在西安、兰州等地建立了一系列军用、民用工厂,改善了西北的基础设施和民生。而其最伟大的事业则是收复新疆。

左宗棠刚刚来到西北时,新疆局势可以用混乱如麻来形容。1865年,一个占据了喀什噶尔(今喀什)的割据政权向中亚的浩罕汗国(今乌兹别克斯坦境内)求援。浩罕汗国派军事首领阿古柏带兵入侵新疆。阿古柏先后攻占天山以南的喀什噶尔、叶尔羌(今莎车县)、和阗(今和田县)等地。不久,阿古柏在喀什噶尔建立了所谓的"哲德沙尔汗国",自立为汗,占据了南疆。

---

① 徐珂:《清史稗钞》,北京:中华书局,1984年,第1429页。

1870年，阿古柏又向天山以北扩张，占领了乌鲁木齐等地。

对中国领土一向进行蚕食的俄国趁火打劫，1871年，出兵侵占伊犁，第二年，俄国派使团到喀什噶尔，和阿古柏签订条约，承认阿古柏政权，换取了在南疆通商的权益。老牌帝国主义英国自然不甘落后，派使节和阿古柏会面，向阿古柏提供武器，承认"哲德沙尔汗国"，以换取在新疆的各种特权。

此时，清廷刚刚经过一系列内乱，国库空虚，朝廷一些重臣主张"海防"优先，提议撤回西北的军队，节省军费。左宗棠在上奏皇帝和太后的折子中力主海防、塞防并重，驳斥了放弃新疆的论调。他在奏折中言：

> 窃维时事之宜筹、谟谋之宜定者，东则海防，西则塞防，二者并重。①
>
> ……
>
> 若此时即拟停兵节饷，自撤藩篱，则我退寸而寇进尺，不独陇右堪虞，即北路科布多、乌里雅苏台等处恐亦未能晏然。是停兵节饷，于海防未必有益，于塞防则大有所妨，利害攸分，亟宜熟思审处者也。②

---

① 〔清〕左宗棠：《左宗棠全集》（第六册），长沙：岳麓书社，2009年，第176页。
② 同上，第179页。

西太后和光绪帝接受了左宗棠等人的建议,指挥大军西征、收复新疆的重任历史性地落到了左宗棠的肩上。

针对新疆土地辽阔、戈壁沙漠纵横的地理特点,左宗棠订立了"先北后南,缓进急战"的战略,先后在西安设立粮台,在通往新疆的重要据点上建立粮库。通过几年的筹备和运输,军粮充足后,1876年4月,左宗棠抵达甘肃肃州大营,坐镇指挥,制定了类似"闪电战"的作战方案,对敌人采取急进猛攻的策略。他命令刘锦棠等将领带兵入疆,先向投靠阿古柏的陕甘回军将领白彦虎发起进攻。大军三个月内收复了包括乌鲁木齐在内的北疆,占领吐鲁番,打开通向南疆的门户,然后进一步挺进南疆。1878年1月,西征军收复和阗,盘踞新疆十二年之久的阿古柏势力被全歼,新疆全境除伊犁外皆被收复。

收复天山南北两路后,伊犁仍被俄国占据。俄国此前曾声称"代清朝占领伊犁",一旦清军收复北疆就立即归还。但在西征军平定北疆和南疆后,俄国仍拒绝交还伊犁。

1878年10月,清政府派吏部侍郎崇厚为全权大使,赴俄国交涉,索还伊犁。崇厚竟擅自和俄国签约,俄国虽然交还伊犁,但割去霍尔果斯河以西、特克斯河流域等战略要地,使得伊犁西、南门户洞开。在左宗棠等人的力争下,清廷废除了崇厚私自订立的条约,等他回国后,将其判处"斩监候"。

年近古稀的左宗棠决定亲征,以肃州(今甘肃酒泉)为大本营,指挥大军,先抬着他的棺材出嘉峪关,豪迈而言:"苟利社稷，死生以之耳。"① 在左宗棠的军事压力下，经过曾纪泽据理力争，1881年2月24日，清政府与俄国签订了《中俄伊犁条约》，收回了崇厚与俄订约所丧失的部分主权和领土。

收复新疆后，左宗棠在政治上、经济上对新疆的治理进行了一系列格局宏大而又贴近实际的规划，其中包括上奏朝廷，建议结束原来只重军事而忽视民政的治理体制，设立与内地各省体制一样的新疆行省。这一建议终于在1884年得到实施。而这年12月，左宗棠被调往福州，任钦差大臣，督办福建军务，防范法国的侵略。第二年9月，左宗棠在福州逝世，终年七十三岁。

在治理西北、收复新疆时，左宗棠十分重视当地的生态建设，曾命令湘军将士在大道旁广植柳树，后人将这些柳树称为"左公柳"。湘军系官员杨昌濬曾写诗称赞左宗棠，诗云：

上相筹边未肯还，湖湘子弟满天山。
新栽杨柳三千里，引得春风度玉关。②

据说，左宗棠听人朗诵这首诗后，掀髯大乐，十分自得。此时，他是否想起了自己还是一介布衣时，湘江船上林则徐对

---

① [清] 左宗棠：《左宗棠全集》（第十二册），长沙：岳麓书社，2009年，第299页。
② [清] 杨昌濬：《五好山房诗稿》（第四卷）光绪乙巳年刻本，其自注：左侯令防军自泾至肃时，沿途均种杨柳，有拱把者矣。

他的嘱托？

"西定新疆，舍君莫属。"

刘锦棠：上马杀贼、下马抚民的前敌总指挥

刘锦棠，字毅斋，湖南湘乡县山枣人，生于道光二十四年（1844），卒于光绪二十年（1894），只活了五十岁。自十五岁投军离乡，他一生就是在血与火的战场上度过的。他的军事才能、政治才能几乎都来源于实践。当功成名就、身为封疆大吏的他回到故乡后，首先想到的是盖一所学堂，惠及桑梓后学。

与满腹学问的老上司左宗棠相比，刘锦棠是子侄辈，是一位读书不多的职业军人。如果说，收复新疆、建立行省的运筹规划者是左宗棠，那么身处一线最重要的实施者则是刘锦棠。

湘乡县（包括今天的湘乡市、双峰县、娄底娄星区和涟源市部分乡镇）是湘军统帅曾国藩的故乡，也是湘军的发源地。罗泽南、刘蓉、王鑫、曾国荃、李续宾、李续宜、杨昌濬、蒋益澧等湘军名将都是湘乡人。当地，几乎每个家族都有子弟跟随家乡的将领出去和太平军作战，用生命去博富贵前程。刘锦棠的家族亦是如此，他的父亲刘厚荣、叔父刘松山都加入了湘军。1854年，成立不久的湘军和太平军战于岳州，此时，太平军风头正盛，湘军惨败。身为"王老虎"（王鑫）麾下一名小兵的刘厚荣战死，

是年刘锦棠才十岁，母亲彭氏改嫁。在祖母的抚养下，长到十五岁的刘锦棠怀着为父亲报血海深仇的朴素愿望，投靠到当年父亲效力的老湘营，成为叔父刘松山手下的一名少年兵。

跟随着叔父，刘锦棠转战安徽、江西诸省，逐渐成熟，成为一位杰出的青年将领。老湘营的统领王鑫在练勇之初和曾国藩关系不洽，所以实际上这支部队并非曾的嫡系，但同出湘乡，外人理所当然视为一体。王鑫病故后，老湘营由刘松山统领。太平天国被湘淮军平定后，曾国藩被调任直隶总督，负责剿灭华北地区的捻军，而他的嫡系——主要是其弟曾国荃统领的部队，因慈禧太后猜忌，在攻占天京后被裁减，无兵可用的曾国藩奏请朝廷，调刘松山的老湘营北上作为对付捻军的主力。刘氏叔侄率军纵横华北，直至捻军头领张宗禹投水自杀，捻军平定。

此时，陕、甘两省又爆发了因民族纠纷导致的战争，兵燹过处，生灵涂炭。刘锦棠又和叔父率领老湘营（后称老湘军），跟随左宗棠西行平乱。官军采取了剿抚并用的手法，对起事的首领采取各个击破，或招安或剿灭。刘松山先招抚了董福祥——就是后来赫赫有名的"甘军"（晚清时期，源于甘肃的一支地方部队）首领，其部下后来在北京城杀了德国公使克林德。

动乱被官军次第扫平，但最强悍的一支在马化龙的带领下，接受招降后又反叛，凭借灵州金积堡的天险与官军对峙。刘松山从陕西绥德取道花马池（宁夏盐池）南下，至吴忠堡，围住金积堡（今位于宁夏吴忠西南），连下七座寨堡。同治九年十一月十六日（1871年1月6日），马化龙向刘松山提出投降，刘松山不听董福祥劝告，竟然大胆地进金积堡受降，被诈降的回军士兵乱枪打死。

为了稳定军心，左宗棠任命年仅二十七岁的刘锦棠代理老湘军的统领，面对强悍的马化龙部，一向霸蛮的左宗棠建议刘锦棠"坚守"或"退屯"，暂时不要与回军交锋。但侄承叔职的刘锦棠，统领的是一支统帅战死的哀兵，他对左宗棠的两个方案都不赞成，认为"吾军深入乏食，不力战，贼即乘我，灵州（按：今吴忠市）旦暮失，大局不可支矣"，①主张背水一战，主动进击。左宗棠最终同意了这位和他年轻时一样执拗强悍的青年将领的方案。于是刘锦棠率领军队对金积堡进行猛烈的进攻，堡垒终于被攻破，投降的马化龙父子遭到了刘锦棠残酷的报复，被凌迟处死。刘锦棠也一战成名，被清廷任命为老湘军的正式统领。

马化龙部平定后，刘锦棠又马不停蹄地率领老湘军十八个营消灭了西宁马桂源和马本源为首领的回军，然后翻过祁连山，包围了被马文禄部占领的肃州城（今酒泉市）。在军事压力下，马文禄献城投降。至此，通往新疆的河西走廊被肃清，兰州至新疆的交通被打通了。

平定陕甘之乱和收复新疆是紧密相连的两件大事。陕甘回军

---

① 何维朴：《刘襄勤史传稿》，清宣统二年石印本，国家图书馆藏，第3页。

的首领与占据新疆的阿古柏声气相通，如不平定陕甘，则无法进军新疆，收复新疆之战就没有稳定的大后方。

尽管陕甘之乱平定了，但陕西回民军队的重要首领白彦虎已率部下逃到新疆，投靠了占据天山南北、自立为汗的阿古柏，成为不折不扣的叛国者。刘锦棠自然成为左宗棠追剿白彦虎、消灭阿古柏势力、收复新疆最为倚重的将领。

遵照左宗棠"先北后南、缓进急攻"的战略方针，从光绪元年（1875）春开始，刘锦棠移驻凉州（今武威市），进行整军备战。他将老湘军五十五营精简成二十五营，并结合新疆的敌情与地理特点，进行了一年多的训练。

刘锦棠统率的老湘军尽管在消灭太平天国、捻军和平定陕甘的战争中积攒了丰富的经验，堪称一支威名赫赫的劲旅，但将士多是湖南人，要深入戈壁、沙漠遍布的新疆作战，其艰巨性远远超过以前任何一场大战。

1875年，清廷任命陕甘总督左宗棠为钦差大臣，督办新疆军务，左帅从兰州移驻肃州，运筹帷幄，指挥入疆作战。左宗棠上书清廷，夸赞刘锦棠"英锐果敏、才气无双、志虑忠纯"，推荐他总理行营事务，得朝廷照准。年仅三十一岁的刘锦棠实际上成了收复新疆的前敌总指挥，不仅手下的老湘军，新疆其他各路官军都受其节制。

当时新疆天山南北的重要城池几乎尽归阿古柏统治，伊犁则被沙俄军队以保护侨民为借口占领，只剩下新疆东部的哈密、镇西（今巴里坤哈萨克自治县）等地尚有清廷的官军驻扎。

1876年4月26日，刘锦棠率二十五营老湘军从肃州分批出发，出嘉峪关经过千里戈壁，向北疆进军。7月下旬，会合先期进疆驻扎于济木萨（今吉木萨尔县）的金顺部，进占阜康。然后以"明修栈道，暗度陈仓"之计，迷惑敌人，而后亲自率精兵抄小路突袭，趁夜夺取黄田，以迅雷不及掩耳之势攻占了迪化（今乌鲁木齐）外围的重要据点古牧地。当大军出现在迪化城下时，守城的白彦虎、马人得想不到湘军如此神速，此时城内空虚，而援兵未到。湘军将大炮架在郊外制高点六道湾水塔山上，一炮击中城门，城墙轰塌，守城的敌军立刻作鸟兽散，弃城而逃。至今，该地尚建有"一炮成功"的炮台，成为供人瞻仰的景点。

1876年大雪封山之前，刘锦棠的部队收复了北疆。1877年开春后，刘锦棠又运用其擅长的"运动战"，率骑兵、步兵挺进南疆。是年4月，大军先后攻占了阿古柏重兵把守的达坂城、吐鲁番、托克逊，南疆门户被打开。

在持续不断的军事压力下，损兵折将的阿古柏伪政权起了内讧，先是阿古柏患病而死（也有其服毒自杀的说法），其长子伯克·胡里杀死了挟父亲尸体而掌握政权的弟弟海克拉。看到机不可失，刘锦棠立刻率军千里奔袭，一个来月就光复了喀喇沙尔、库车、阿克苏、乌什等南疆东部四城。左宗棠大喜过望，写信夸赞他"未及三旬,连复四城,兵机神速,古近实罕其比"。①

收复东部四城之际,原来投降阿古柏的和阗头目呢牙斯又反过来投向清廷,率兵围攻叶尔羌以策应清军。降敌的前清廷喀什噶尔守备何步云也见势反正,占据了喀什噶尔汉城,但考虑到自己兵力单薄,派人到阿克苏向刘锦棠求援。刘锦棠决定改变原定首先攻占叶尔羌的计划,马上进军喀什噶尔。12月17日晚,阿古柏伪政权"哲德沙尔汗国"的中心城市喀什噶尔光复,伯克·胡里和白彦虎分率残部逃入俄罗斯境内。21日,大军夺取叶尔羌,24日占领英吉沙尔,董福祥于次年1月2日进占和阗。一月之内,刘锦棠的部队驰驱两千多里,夺取西部四城,南疆光复。

由于大军行进迅捷,许多为阿古柏效力的英国、奥斯曼土耳其的教官、技工来不及逃离,一并被俘。这些人惊讶刘锦棠进军实在太神速,将其称为"飞将军"。自汉朝李广以后,刘锦棠再一次享受了这一雅号。

在收复新疆的战争中,刘锦棠优待俘虏,力求不战而屈人之兵。每收复一地,刘锦棠便设立善后局,收容战争难民,尽快恢复正常的生产生活秩序。因此每到一地,当地的维吾尔族、哈萨克族、回族、蒙古族、汉族纷纷配合官军,或为其搜集情报,或

---

① [清]左宗棠:《左宗棠全集》(第十二册),长沙:岳麓书社,2009年,第270页。

作为官军内应。

光绪六年（1880）秋，左宗棠接到入京陛见的上谕，离开了肃州大营，他推荐刘锦棠署理钦差大臣督办新疆军务，刘锦棠成为新疆最高负责人。对于占据伊犁不撤兵的沙俄，他毫不退让，积极备战，做好武力收复的准备，配合同县老乡曾纪泽的外交斡旋，终于收回了伊犁城。

战乱平息后，恢复全疆的社会秩序、保障民生成为头等大事，而改变传统的管理体制便成了当务之急。在乾隆朝平定准格尔部落和回部大小和卓叛乱后，朝廷对新疆采取的是因地制宜、从其风俗的方便之法。多数地区不设州县，由当地的蒙古贵族、哈萨克头人、维吾尔伯克自我管理，类似西南的"土司"，清朝的法律也不施行于这些地区。全疆没有一个负最终责任的行政长官，而是由伊犁将军管理全疆的军政，并由都统、参赞大臣分驻各地，行使的多是军政权力，几乎不涉及民政。这样的治理方式，到了清末已不合时宜。尽管朝廷节省了行政经费，但在动乱迭起的时代，这种管理模式很容易导致叛乱和分裂。在新疆设立州县，采取和内地行省一样的管理体制势在必行。

继两任陕甘总督左宗棠、谭钟麟（湖南茶陵人、民国行政院院长谭延闿之父）上奏在新疆建立行省制之后，刘锦棠以督办全疆军务的钦差大臣身份，再一次向朝廷提出了新疆建省的奏请。

1883年，清廷批准新疆正式建省，设甘肃新疆巡抚，驻迪化（今乌鲁木齐）。设置甘肃新疆巡抚是一个充分考虑新疆和内地特别是甘肃关系而折中的一个选择，新疆由甘肃新疆巡抚治理，依然受陕甘总督管辖，甘肃巡抚的事务则由陕甘总督兼任。刘锦棠理所当然地成为首任甘肃新疆巡抚。

曾经的飞将军开始下马抚民的行政长官生涯。尽管他在给朝廷的奏折中一再自谦是"军旅粗材""长事戎行""至于督师重任、地方吏事自顾不学无术"，但事实证明，他不仅是一位善于攻城拔寨的良将，行政管理方面的才能也丝毫不亚于科举出身的文官。在新疆巡抚任内，他废除了伯克制度（清末之前，新疆回部实行的官制），在全疆实行朝廷的法律，整肃吏治，减轻赋税，特别是针对新疆地大物博、绿洲农业的特点，广兴水利设施，修建道路桥梁，兴办学校。新疆建省不过数年，社会已初步安定。

由于多年征战，刚过不惑之年的刘锦棠伤病缠身，更由于抚养他成人的祖母思孙心切，刘锦棠多次上书请开缺回乡，但朝廷让他以新疆军政事务为重，一次次不予批准。

刘锦棠的祖母陈氏是一位伟大而坚韧的女性，她的两个儿子战死在沙场，儿媳妇改嫁，自己将几个孙儿养大。1889年，已八十五岁的陈氏中风倒地，躺在病榻上念着孙儿的名字。刘锦棠以李密上《陈情表》的诚恳再次上书朝廷请假回乡，这一次朝廷终于批准了。刘锦棠将全疆的军政事务托付给了布政使、署理巡抚的魏光焘（魏籍隶湖南邵阳，邵阳当时和湘乡是邻县）。

从此，刘锦棠一直隐居故乡。直到1894年甲午中日战事起，朝廷想到了起用这位"飞将军",传旨刘锦棠招募旧部,火速赶赴辽东迎战。刘锦棠二话没说,立刻启程,从老家山枣行进到湘乡县城时忽然中风,身体偏瘫,不久后在湘乡县城去世。而招募湘军旧部去辽东御敌的重任,落到了治理新疆的老搭档,也正在家乡守制的魏光焘肩上。

朝廷给刘锦棠的谥号为"襄勤"。据苏洵《谥法释义》:"襄"乃"辟地有德,因事有功,甲胄有劳","勤"则是"能修其官"。这两个字是对刘锦棠"上马杀贼,下马抚民"的一生最为精确的评价。

魏光焘:治理新疆二三事

湘军崛起后,做过督抚大员的将领中,魏光焘的出身恐怕是最卑微的。他的家族是原属邵阳县西路的金潭魏氏(今隆回县司门前镇),在魏光焘出生之前,这个家族出了一位睁眼看世界的大思想家魏源。就辈分而论,魏源是他的叔祖父,但家族太大,那位晚年才做过一任知州的叔祖父很难给他什么关照。

魏光焘,字午庄,道光十七年(1837)出生,年长刘锦棠七岁,比左宗棠小二十五岁。当时,魏源正客居金陵的龙蟠里,编撰《海国图志》,他未必能知道遥远的老家诞生了一位将来会来此地做两江总督的侄孙。在平定西北、收复新疆之役中,魏光焘和刘锦棠可谓是左宗棠的左膀右臂。与左、刘相比，魏光焘活的时间最长（八十虚岁），任官最久，历任过陕甘、云贵、两江、闽浙总督，甚至在1911年辛亥革命后，清廷不顾回避之制，任命乡居于邵阳的他为湖广总督，他坚辞不受。

运筹帷幄，决胜千里，他自然不如左宗棠；冲锋陷阵，无坚不摧，他也不如刘锦棠。在晚清的重臣里面，他起点最低，幼年仅仅读过几年私塾，同为宝庆府籍的另两个总督刘长佑、刘坤一叔侄至少还有拔贡和廪生功名（统称"秀才"）。

他的出生地离我家不远，因此他是我小时候最熟悉的湘军统帅。乡里的老人闲来无事常会说上一两段魏制台的逸事。当然，故事不乏演绎成分。魏光焘早年家贫，干过砍柴、放牛、淘金种种杂活。流经其家乡的金水河盛产黄金，他年少时跟人去淘金，据说只要他在场，那一天必定收获很大；若他不在，那一天就收获很少。因此，一些淘金场老板高薪请他去，他在旁边歇着看工友干活都行。当地流传一种说法："魏午庄淘金，困觉都有。"这当然是他发达之后乡人编出来的，以证明其福大命大，比附的是汉高祖早年在沛县的故事。《史记·高祖本纪》记载，刘邦早年在老家，常常到武负、王媪的酒肆赊酒喝。醉了就睡，武负和王媪曾看到刘邦的上方有龙盘旋。刘邦每次留在酒肆里喝酒，买酒的人就会增加，卖出去的酒能达到平常的数倍。

早年的魏光焘除了当淘金工外，还有一个比较有技术含量的身份：厨师。邵阳乡下有句俗语："天旱三年，饿不死厨子。"

穷人家的孩子要想有个好前程，除了读书，就只有去当兵了。咸丰六年（1856），湘军和太平军正处在最为艰难的拉锯战中，魏光焘有位堂兄跟随曾国荃做事，于是，十九岁的他步行千余里，跑到吉安的曾国荃大营，加入了湘军。从一开始，他便显示出后勤管理的长处，被曾国荃委任管理营务，委办钱粮军服。后来，他和堂兄一起调到正在广西剿匪的蒋益澧（亦是湘乡人）麾下，接连收复贺州、柳州，解除省会桂林之围。在收服巨匪黄三的过程中，魏光焘显露出临危不惧、胆气过人的大将之才。据他晚年写就的《湖山老人述略》记载，他和几个人去匪寨里招降，当时，"贼怒目环伺，刀皆出鞘，声隆隆然。余坦然示以诚信，晓以利害，独留三日，以示不疑，卒得黄率其众来降。犹记归营时，贼步队数万皆跪送，马队万余左右排列"。①

招抚黄三部后，他接到军令，随蒋益澧率兵入浙江，支援正在和太平军苦战的左宗棠。从此，他便长期在左帅手下做事。左宗棠奉命去西北平乱，魏光焘正在汉口操练骑兵和制造炮车，然后奉调入陕，统率五营，号为"武威军"，这是魏光焘统领一支军队独当一面之始。

统军之外，他身任平（凉）庆（阳）泾（川）固（原）化（龙川）盐法兵备道道台，进行战争善后工作，整修城池，重修

---

① 〔清〕魏光焘：《隆回文史资料第3辑湖山老人述略》，隆回县政协文史资料委员会，1988年，第33页。

书院,在从泾川到兰州的千里驿道上栽种了大量树木。光绪七年(1881),升甘肃按察使(主管一省的政法)。在收复新疆的战役中,他主要是做后勤保障工作,安定甘肃这个大后方。

光绪十年(1884),朝廷批准新疆建省,委任刘锦棠为首任巡抚,调魏光焘入疆,为首任布政使。布政使在明朝为一省行政首长,到清代,巡抚成为一省最高军政长官后,布政使则成为专管财税、人事、户籍、交通建设等民政事务的官员,雅称"藩台",为一省的二把手,大约相当于常务副省长。清廷调魏光焘和刘锦棠搭档,显然是经过深思熟虑的。他俩是同乡,又是多年的好友;刘锦棠长于军事,而魏光焘则是精于理财,和刘锦棠正好互补。当厨师、做餐饮要善于算账,工作烦琐,是一种勤行。早年厨工的职业习惯很利于从政。

魏光焘尽管少年失学,但有强烈的自学精神,戎马倥偬间,一有空闲就向幕府的读书人请教,读书、作诗文,多年不辍。等他成长为高级官吏时,诗文、书法都颇为可观。当他离开甘肃赴新疆时,甘肃省学政(主管一省教育)陆廷黻赋诗赠别,魏光焘奉和了一首《移官新疆和陆渔笙学使送别韵》:

> 嘉峪山头古关上,六年两度记同游。
> 天然万里中西界,独立三边缥缈楼。
> 莽莽河山春入画,悠悠秦汉岁如流。
> 重来驻马登高望,一带长城系远愁。

刘锦棠任甘肃新疆巡抚四年多，因伤病缠身且念及老家的祖母，经朝廷批准开缺回湖南省亲，由魏光焘署理（代理）甘肃新疆巡抚。四年多的布政使，三年的署理巡抚，魏光焘在新疆的七年，最可称道的就是使新疆从战乱中恢复了元气，他在治理体制、赋税、屯垦、教育、交通建设诸方面都取得了可观的政绩。

新疆建省后，原来各地的封建主"伯克"的特权被废除，自然有怨言。最高军事长官伊犁将军原来兼管民政，现在只管伊犁地区的防务，且要受总督和巡抚的节制，也非常有抵触情绪。新任伊犁将军色楞额自恃是旗人，对巡抚的政令大加抵触，并故意不发军饷，意图激起兵变。可魏光焘不是寻常的文官，而是血泊里历练出来的行政长官，他根本不退缩，坚定不移地推行州县制，并上奏朝廷，严斥色楞额的私心。朝廷还算开明，支持魏光焘，使全疆军令、政令统一。

新疆地广人稀，可开垦的地多。他在《勘定新疆记》中记载："由于战后地亩荒芜，耕者不及十分之二。""自木垒河到精河，地多丰区，土客人民及遣散勇丁，领导耕种追逐渐加增……吐鲁番旧隶镇迪道，荒地尚少……南八城除英吉沙尔壤地褊小，乌什土地瘠薄，吐鲁番较为饶。而喀什噶尔、和阗、叶尔羌、阿克苏，庶而且富，物产丰盈，又较各城为盛。"[①]可见他对新疆当时的情况了然于胸。

---

① 见《勘定新疆记》"善后篇"，光绪己亥年刻本，文海出版社影印。

由于久经战乱，多数百姓一贫如洗，起码的生产资料都无钱购置。魏光焘命令各地官府先行借给农户买农具和维持生计的钱，第二年有收成后再归还。

要恢复生产，关键是水利基础设施的建设，魏光焘督促官员招募民工，在迪化、库尔勒、乌苏等地修建了水渠，并引塔里木河灌溉，使南疆大片荒地得到开垦。

在新疆，他还统一了币制，改革过去的"人头税"为按田亩征税。为鼓励开垦，采取"第一年免田赋，第二年减半"的政策，使全疆百姓垦荒的热情高涨。①

对贪污腐化的官员，魏光焘以霹雳手段待之，甚至以"斩立决"震慑，全疆吏治一时间得到改观。

魏光焘在新疆还有三件事特别值得一说：

一是与俄罗斯交涉，争回帕米尔地区。《湖山老人述略》中记载："帕米尔乃中俄交界之所，约地千余里。先中国立有御碑亭，后被俄人占据。余造自照约章力争，俄理屈交还原地。"②

二是开发罗布泊地区，并引进了种牛痘的技术，有效防止了置人于死地的天花传染流行。"该地（罗布泊）不种粮，士民以鱼为食。最苦天花，染是病者，十室九空。即设羊豆局以痧之，

---

① 见《勘定新疆记》"善后篇"，光绪己亥年刻本，文海出版社影印。
② ［清］魏光焘：《隆回文史资料第3辑湖山老人述略》，隆回县政协文史资料委员会，1988年，第37页。

现今生齿益繁。"①

三是开办了新疆第一所现代书院——博达书院，聘任巴里坤的举人刘嬉为山长。该书院为乌鲁木齐第一中学的前身。

如果说光复和治理新疆是刘锦棠人生最后的辉煌，那么对魏光焘来说，新疆只是他人生重要的驿站。原因无他，因为魏光焘寿命长，比刘锦棠多活了三十年。

1891年，陶模接任甘肃新疆巡抚，魏光焘获准回湖南邵阳看望久病的母亲，回乡不久后其母亲去世，按照礼法他必须守制三年。

1894年中日爆发甲午之战，海战中北洋水师几乎全军覆没，陆战中淮军溃败。朝廷决定重新起用湘军。可是此时湘军已将老兵遣散。刘锦棠在湘乡接旨后不久病故，朝廷令魏光焘墨经出征。魏光焘和湘军悍将李续宾之子李光久募兵三千，共六营，重组"武威军"，北上辽东御敌。用魏光焘自己的话来说是"仓卒成军"。他们面对的是武器精良、训练有素的日军，新募的湘军仅靠一腔热血。"牛庄之战"（中日甲午战争中的重大战役之一）是湘军凄惨的谢幕，魏光焘是这场谢幕战的指挥官。多年后他回忆这一幕："雪天冰地，各勇喘息未定。适倭寇由辽阳纠悍股二万余众来扑，督兵御之，血战竟日。余马凡三岛，究以众寡

---

① ［清］魏光焘：《隆回文史资料第3辑湖山老人述略》，隆回县政协文史资料委员会，1988年，第37页。

悬殊,援兵不至,死亡过多,且无精利枪炮,兵少械窳,力不能支,始退驻田台庄。此乙未二月初旬事也。"①

虽然是大败,或许清廷对他的忠勇予以充分肯定,没有归罪于他,此后魏光焘仕途顺遂。他晚年最得意的一笔投资是"庚子事变"后的护驾。慈禧太后、光绪帝仓皇西逃,身边几乎没有护卫人员。当时任陕西巡抚并署理陕甘总督的魏光焘得知后,命令按察使岑春煊率领马队和步兵,日夜兼程,在北京以西接到了太后和皇帝。此次护驾之功让魏光焘和岑春煊受用终身。

光绪三十一年(1905),魏光焘被满族新贵铁良弹劾"昏昧无能",被朝廷免职,回邵阳养老。这无非是清廷外患渐平后满蒙亲贵不满汉族特别是湘淮系高官掌握大权,而排斥老臣,将权力收回旗人手中的卸磨杀驴之举。1911年武昌起义后,朝廷征召魏光焘出山,任其为湖广总督,希望以他的威望稳住两湖局势。此番年迈的魏光焘已不复甲午年的气概了,上奏回绝。

晚年的魏光焘在老家过得悠闲自在,他喜欢吟诗作赋,品评金石书画,每日晨起后,就拿着长旱烟管到书房写汉隶四百字,十年无间断。七十岁大寿时,他请了一位日本人到府里放映了一场电影,这是邵阳历史上的第一场电影。其子魏肇文加入同盟会,成为清廷的掘墓人。其女儿嫁给了长沙周南女中的创始人,

---

① [清]魏光焘:《隆回文史资料第3辑湖山老人述略》,隆回县政协文史资料委员会,1988年,第37页。

亦是同盟会一员的朱剑凡。民国五年（1916）三月十五日，魏光焘病逝于湖山别墅，紫禁城里仍保留皇帝尊号的溥仪赐其谥号"威肃"。

魏光焘虽出身行伍，但编撰著述甚勤，其编撰有关新疆的著作有《新疆志略十四年》《勘定新疆记》。《勘定新疆记》共八卷：前四卷按年记载同治三年（1864）至光绪九年（1883）左宗棠率军平乱及击败阿古柏收复新疆的经过；后四卷分为《粮饷篇》《归地篇》《置省篇》《善后篇》，内容主要涉及左宗棠统兵出征新疆时的粮饷筹集、中俄交涉收回伊犁、新疆建省及善后等事项，为新疆保留了珍贵的史料。

魏光焘的叔祖魏源虽未到过新疆，但作为一位眼界开阔的思想家，他非常关注这一地区，其编撰的《圣武记》中有《乾隆戡定回疆记》《乾隆绥服西属国记》《道光重定回疆记》《道光回疆善后记》等篇专门论及新疆地区的治理。魏源在《道光重定回疆记》中说：

> 回疆自乾隆二十年戡定后，各城设办事领队大臣，而统于喀什噶尔参赞大臣（南疆最高行政长官，笔者注），并受北路伊犁将军（全疆军事长官，笔者注）节制。岁征钱粮土贡，数十分取一……朝廷常慎选边臣，皆保举之满员与左迁之大吏，回户赖其休息，仰朝使如天人。
>
> 及其久也，保举渐弛，多用侍卫及口外驻防，视换防为

利薮,以瓜期为传舍,与所属司员章京服食日用无一不取于阿奇木伯克。伯克借供官为名,敛派回户,日增月甚……又土产毡裘、金玉、缎布赋外之赋,需索称是,皆章京、伯克分肥,而以十之二奉办事大臣。各城大臣不相统属,又距伊犁将军窎远,恃无稽察,威福自出。而口外驻防笔帖式更习情形,工搜括,甚至广渔回女,更番入直,奴使兽畜,而回民始怨矣。①

这段话深刻阐述了"慎选边臣"的重要性。治理新疆的官员选得好,则当地民众"仰朝廷如天人";而若选不好,官员"视换防为利薮",必将引起官民对立。官民对立于边疆稳定的危害尤烈。魏源文中的"回户""回民",指的是维吾尔族,而非我们现在所说的回族。

魏光焘应该属于魏源所言的"慎选边吏"之列吧?甚至可以说,魏光焘治理新疆践行了其叔祖父的理论。

---

① [清]魏源:《魏源全集》(第三册),长沙:岳麓书社,2010年,第186页。

沉痛的伤疤：难以言说的浪战与屈辱

爱国拼的不是谁的调门高，而是谁的见识高

同治三年（1864），湘军攻陷太平天国的首都天京（今南京市），饱受十多年兵燹之灾的膏腴之地东南诸省渐渐恢复生机，经济、文化走向复苏，以上海、南京为中心的两江（江苏、江西、安徽）地区很快成为全国经济发展和洋务运动的龙头，自然也恢复了清廷赋税重要来源地的地位。

自此，一直到清室逊位（1911年），近五十年内，两江基本上维持了相对和平的发展势头，其中很重要的因素是历任两江总督基本上都是在战火中历练过的能吏，知道民生疾苦，懂得世界大势，也能以开放与理性的姿态与列强打交道。而其中，湘军系出身的江督功莫大焉。

同治、光绪、宣统三朝，两江地区基本上由湘军系的总督治理，非湘军系大佬中，李鸿章、马新贻、张树声、李宗羲、沈葆桢、周馥、端方、张人骏等人做过或代理过江督的时间较长（其中李鸿章、张树声、周馥出自与湘军几乎是母子关系的淮军，籍隶安徽，在两江管辖之下，按照回避制度只能署理江督。而福建籍的沈葆桢基本上可看作依靠湘军系而发达），何璟、吴元炳、裕禄、鹿传霖等人只是短暂的署理，担任该职未及一年。而先后任两江总督的湘籍大员有曾国藩（两任江督共十年）、彭玉麟、左宗棠（三年）、曾国荃（两任共六年）、魏光焘（两年）、李兴锐（署理仅两个月）和任两江总督累计时间最长的刘坤一（字岘庄，湖南新宁人）。刘先后三任江督，累计达十余年。也就是说，清廷统治全中国最后的半个世纪，湘军系人士担任两江总督共三十余年。

和曾国藩、左宗棠、曾国荃、彭玉麟这几位功高望重、天下景仰的人物相比，刘坤一略为逊色一些。但因为他活得时间长，直到1902年才去世，在曾氏兄弟和左、彭诸公谢世后，他代表湘军系苦撑大局。特别是在甲午之战和庚子事变时，他所起的作用尤其重要。

甲午之战是一场浪战，是由朝廷中枢（主要是军机处和帝、后）政治斗争激发的。当日军登陆、淮军溃败后，他受命于危难之中，作为钦差大臣赴辽东统兵迎战。那时，湘军主力早已裁掉，靠陈湜、李光久、魏光焘诸人新募的湘勇草率成军，无法抵御训练有素、兵器精良的日军。甲午海、陆战之败，主要责任不应该算在湘淮军头上，而在于中枢那些钩心斗角的大臣。

甲午战败对刘坤一的刺激颇深,使他进一步认识到了对外开放、反对闭关的重要性。他在对外交涉中,采取恪守和约、以和约为凭的务实态度;对内则兴办学校、工厂,鼓励工商业。

刘坤一晚年做了两件可圈可点的大事,几乎可以说避免了中国局势进一步糜烂。

一是光绪二十五年(1899),慈禧太后立端郡王载漪的儿子溥儁为皇帝嗣子,由此朝野汹汹,纷纷认为将废光绪而让溥儁即位。刘坤一致书大学士荣禄曰:"君臣之分久定,中外之口宜防。坤一所以报国在此,所以报公亦在此。"[①]这个话他是要通过慈禧的红人荣禄传到慈禧本人的耳中。刘坤一的这番明确表态,不仅代表他本人,也代表其他一些开明的封疆大吏。由此,废立之事罢了。

二是"庚子事变"后首倡"东南互保",为中华保住了南方。庚子事变是地处中枢的一些颠顸大臣如端郡王载漪、溥儁的老师徐桐和刚毅等人排斥开明派,利用慈禧太后的私心造成的大祸。

当慈禧对列国开战后,下旨要求各督抚一并向各国开战。刘坤一联合湖广总督张之洞、两广总督李鸿章、闽浙总督许应骙、山东巡抚袁世凯、浙江巡抚刘树棠、安徽巡抚王之春和广东巡抚

[①]《清史稿·刘坤一传》载:"二十五年,立溥儁为穆宗嗣子,朝野汹汹,谓将有废立事,坤一致书大学士荣禄曰:'君臣之分久定,中外之口宜防。坤一所以报国在此,所以报公亦在此。'"

德寿，倡议东南互保，称圣旨是拳民胁持下的"矫诏"。陕西巡抚端方、四川总督奎俊虽然没有加入东南互保，但亦支持东南互保。在刘坤一授意下，由盛宣怀、赵凤昌从中牵线策划，上海道余联元与各国驻沪领事商定了"保护东南章程九款"。1900年7月14日，闽浙总督许应骙与各国签订《福建互保协定》。

这实际上是一次开明的封疆大吏对清廷糊涂决策的一次公开反抗和纠偏，在高度集权的帝制时代，这是要冒相当大的风险的。但刘坤一等人显然以整个国家的利益为重，而将所谓的"君臣之道"放置一边。

黄濬的《花随人圣庵摭忆》对刘坤一的决断和智慧非常推崇。书中一篇《刘岘庄晚年善用幕僚》曰：

> 庚子夏，那拉后命义和团围攻驻京各使馆。端王等字谕各直省大吏，先杀外人侨居内地者。岘庄先奉旨，而秘不宣，乃严檄水陆防营保护外人，违者以军法从事。江苏提督杨金龙亦得密诏，复奉刚毅私书，属其驻师吴淞，专击列国兵舰、商船及教堂，金龙立率所部移师吴淞。岘庄闻之大怒，别饬俞统领持令箭往，谕之曰："杨金龙不遵令，可持其头来！"杨始如命撤兵回防，乃大哭，复书刚毅云："刘坤一身寄封疆，不保国而保外人，真汉奸也！"①

---

① ［清］黄濬：《花随人圣庵摭忆》，北京：中华书局，2013年，第280页。

这个刚毅,就是个胸无点墨的糊涂蛋,同一篇文章提到刚毅何等浅陋可笑:

先是刚毅奉那拉后命,自江南搜刮归,那拉后令刚毅密保将才,刚毅奏曰:"江南武员唯有杨金龙,可称古之名将。"后问:"能比何人?"刚答:"可比古人黄天霸。"后为莞然。满人不学如刚毅者众,加以愚而好自用,刚尝改"瘐死"为"瘐毙",改"逐北"为"逐比",此辈居以钧衡之地,责以平章军国,其覆餗可知。①

说起来颇有意味,这位被刚毅看重的江南提督杨金龙也出自湘军,是湖南邵阳人,和刘坤一的家乡新宁同属于宝庆府。

庚子事变时,大多地方督抚没犯糊涂,像对洋人不论妇孺大开杀戒的山西巡抚毓贤那样脑袋进水的封疆大吏是少数,所以"东南互保"才可能取得成效。而在整个帝国的中枢——军机处却是些刚毅这样的货色,他们不读书,无见识,历史知识来自戏曲,爱国的调门比谁都高,动辄指责别人是汉奸。

如果清廷任由杨金龙这样的"爱国将领"奉行朝廷的指示,那整个上海乃至东南诸省将迎来一场大灾难。如果当时上海及东

---

① 〔清〕黄濬:《花随人圣庵摭忆》,北京:中华书局,2013年,第281页。

南一带卷入战火，恐怕将直接影响到后来国民党北伐成功迁都南京，以宁沪为中心取得了"黄金十年"的建设成就。

可见，真正以江山社稷为重的忠臣并非一味地听从朝廷，有时候，盲目地奉行朝廷之命是一场祸患。

"中国之患或在俄罗斯和日本"

"中国之患或在俄罗斯和日本。"

这是曾国藩去世前五年的一种判断，时在同治六年（1867）九月。当时，沙俄帝国的主要精力还放在中亚和欧洲，与另一个正在迅速衰落的老帝国奥斯曼土耳其争雄。而日本被美国的海军军官佩林敲开国门仅十四年。

这一年，明治天皇即位建立新政府，当年12月份开始"王政复古"（日本幕府时期，天皇从幕府手中夺取政权的活动），推行维新变法，第二年即1868年，日本爆发了"倒幕战争"。

这句话还是曾和幕僚赵烈文聊天时所言。师生两人先从朝政谈起，对李鸿章受到朝廷的严厉批评感到不平，然后话题转到了洋务。曾国藩为此发了一番感慨：

孔言曰：能治其国家，谁敢侮之？人皆自强而已，何问他人。即洋务之棘，中国如有人焉，何患其凭凌。所谓有人,非区区文生之末,争细故也。能做事,不爱钱,不怕死,三者备,而后可为有人。①

曾的这段话是一位忧国大臣的痛心之言。国家和个人一样,被人欺负没什么可抱怨的,关键是能否自强,若能自强,就不用担心受辱。而办洋务急需人才,这种人才不是只有在文字上争高低、耍嘴皮的能耐,而是品行和能力皆好:能办事,不爱钱,不怕死。

此前的第一次鸦片战争和第二次鸦片战争,清朝已经受了两次大辱,施加者是英、法两国。所以,当时清廷朝野的士民,最惧怕的是这两个国家。而作为两江总督,管辖包括上海在内的长江下游,打交道的洋人也主要来自这两国的曾国藩对法国似乎有不同的看法,赵烈文的日记中记载:

> 师因告余今日有佛兰西传教人来见,称美其称曰司铎,吾近观洋人气殊衰减,来中国者似亦皆无聊之人,或将替乎。余问俄人有边事否?师曰:"不知,中国之患或在俄罗斯与日本。"余曰:"日本或为盗窃而已,未必有大兴作。"②

---

① 〔清〕赵烈文:《能静居日记》,长沙:岳麓书社,2013年,第1106页。
② 同上。

英、法两国是较早侵略中国的列强，派出外交官和传教士的时间较早，数量也最多。由于有治外法权，来中国可以做上等人，被清廷的官员当作大爷供着，自然趋之若鹜，难免鱼龙混杂，虽有为宗教献身的人，但更多的是贪图富贵的"无聊之人"。佛兰西即法兰西，曾国藩白天见到的法国天主教徒司铎，估计是言行很不得体，让曾大人打心底里瞧不起。

俄罗斯一直对中国蚕食鲸吞。最近的一次是英法联军攻陷北京，沙俄趁火打劫，加上"第二次鸦片战争"以前，俄国先后侵占了中国东北和西北领土一百五十多万平方公里。因此，中国士大夫对俄罗斯是警惕的，赵烈文问老师俄国人是否挑起边衅，却对他们眼中的"蕞尔小国"、一点峥嵘还没有露出的日本还没有足够的认识。当曾国藩把日本和俄罗斯并列为中国之大患时，赵烈文还认为日本只可能重复类似明代那种在东南沿海抢掠的倭寇行为，不可能对中国有大动作。

对世界局势的判断，赵烈文到底不如老辣的曾国藩。这也怪不得赵烈文，当时中国有几个人能把日本当回事？日本的"明治维新"还在娘胎里。恐怕日本人自己也想不到国势会在二十多年内迅速崛起，并在1894年战胜了清朝。

两年后，曾国藩奉命处理"天津教案"，委曲求全，搞得里外不是人，落得个"外惭清议，内疚神明"[①]，受到了一生最大的侮辱。如果没有这件事，他或许能多活几年。与他打交道的是盛气凌人的法国人。但历史证明，在曾国藩死后，给中国带来最大灾难的却是俄罗斯和日本两国，在与列强的战争中，唯一没有在战场上输掉的是与法国在越南的战争。

曾国藩的门人和幕僚在此后的三十年里，成为办理洋务的中坚力量。他的衣钵继承者李鸿章自不待言，而在与法、日打交道中，他的两位门人李兴锐、黎庶昌出力甚多。中法战争后，李兴锐参与中国与越南的边界勘定。李兴锐原本被朝廷任命为第一任驻日公使，但因为足疾严重，改派了曾门四大弟子之一的黎庶昌。

1881—1884年和1887—1890年，黎庶昌先后两度以道员身份出任中国驻日本国公使，他对日本的政治和经济变革很花了一番功夫进行调查了解，与日本朝野人士广交朋友，并把情况及时汇报给清廷。他坚持维护国家尊严，机敏果断地处理日本出兵朝鲜事件，维护了中国与朝鲜的宗藩关系。使日期间，他尽力保护旅日华侨的正当权益，也注重睦邻友好关系，所受外交礼遇厚重。

可是，清朝日薄西山的大势，不是几个能吏可以改变的。曾

[①] 〔清〕曾纪泽：《使西日记》，长沙：湖南人民出版社，1981年，第06页。

国藩本人不行，他的弟子更不行。

同治十一年（1872）二月二十七日，曾国藩领衔上奏，请清廷对"派遣留学生一事"尽快实施，并提出在美国设立"中国留学生事务所"，推荐陈兰彬、容闳为正副委员常驻美国管理。在上海设立幼童出洋肄业局，荐举刘翰清"总理沪局选送事宜"。这是曾国藩践行培育人才以自强的一贯主张，也是他辞世前所做的最后一个重大政治举措，然而于清廷而言，有什么用处呢？

没有资本，拿什么抵抗外侮

曾国藩、李鸿章师徒在清末大臣中，是比较通晓洋务的有识者。但这种见识不是一入仕途就具备的，而是在与洋人打交道中，不断学习、不断总结经验教训才取得的。可以说，学费不低。

以曾国藩为例。他在道光二十九年（1849）四月十六日给父母的家信中涉及朝廷大事，有这么一段叙述，今天读来，不禁令人哑然失笑。

> 英夷在广东，今年复请入城。徐总督办理有方，外夷折服，竟不入城。从此永无夷祸，圣心嘉悦之至（四月十五日上谕甚嘉奖，兹付呈）。李石梧前辈告病。陆立夫总制两

江,亦极能胜任。术者每言皇上连年命运行劫财地,去冬始交脱。皇上亦每为臣工言之。今年气象果为昌泰,诚一国家之福也。①

写这封家信时,曾国藩任礼部侍郎。当时还没有专门办理洋务的总理衙门,清朝将外国视为前来朝贡的藩国,由礼部和理藩院负责接待外国和藩国、属国的贡使,处理一切"夷务"。作为主管"夷务"的礼部堂官,曾侍郎的见识亦曾是那样的浅陋。

这段话中说到的第一件大事是与英国人交涉英领事进广州城的事。徐总督指的是徐广缙,安徽太和人,道光二十七年(1847)任广东巡抚,道光二十八年(1848)升任两广总督。

1842年中英签订《南京条约》,其中一项重要内容是五口通商,条约中文本相关规定如下:

> 自今以后,大皇帝恩准英国人民带同所属家眷,寄居大清沿海之广州、福州、厦门、宁波、上海等五处港口,贸易通商无碍;且大英国君主派设领事、管事等官住该五处城邑,专理商贾事宜,与各该地方官公文往来;令英人按照下条开叙之列,清楚交纳货税、钞饷等费。

---

① [清]曾国藩:《曾国藩全集》(第二十册),长沙:岳麓书社,2011年,第166页。

这一款明确说明英国的领事及属官可以进入这五个城邑居住。其他四城按条约办理，允许英国领事进城，唯有广州一城，士民排外势力甚大，认为让洋鬼子进广州城居住那是奇耻大辱，坚决不同意。

皇室宗亲爱新觉罗·耆英在道光二十四年至二十八年（1844年3月19日至1848年7月4日）任两江总督时，对英国领事进城的一再请求，采取笼络加拖延的办法。他将英国首任香港总督兼驻华全权代表及商务总监璞鼎查的大儿子认作干儿子，并且拿广东人强烈反对英人进城一事做推辞借口，以为对方安全考虑为由，请英国人从长计议，不要急着进城，并相约两年后让英国人进城。英国人听从了耆英的建议。

可是，事情不可能永远拖下去，英国人办事是很认真的，捣糨糊只能糊弄一时呀。历任广东按察使、布政使并于1845年升任广东巡抚的黄恩彤（山东宁阳人）看得清清楚楚，他认为想依靠民众的力量来阻止英国人进广州城是不靠谱的，他如此评论道：

> 而一二粗通文墨，不安本分，不晓事体，不知谁何之人，徒欲假忠义之名，自快一时之笔墨，今日标红单，明日标白帖，刊刻张贴，欲以空言摄黠虏之心，不知区区伎俩，早被他族窥破。①

---

① 见《道光年奏稿》《黄石琴中丞抚夷论》。

粤患未已，不在外而在内也。①

这种向民众忠君爱国之热情泼冷水的说法，自然不讨喜，被视为近乎汉奸之论。道光二十六年（1846）黄恩彤遭时论斥责，被参劾降级使用。和洋人打交道多年的耆英心里也清清楚楚，但有些话不能对皇帝明说。道光二十八年（1848），他请入觐，留京供职，离开了广州这个是非之地，把两广总督这个烫屁股的职位给了徐广缙。

徐广缙是位敢于担当的高官，他上任后对英国人进广州城的请求可没有老滑头耆英那样软弱，而是态度强硬。英国驻华公使换成了文翰，文翰要履行耆英曾经答应两年后允许进城的约定。徐广缙仍然以民情汹汹反对洋人进城来应对，并伪造了一封道光的上谕让英国人死心。

1842年，英国在第一次阿富汗之战中败北，损兵折将，支出了超过1.5亿英镑的巨额军费（约相当于当时英国一年半的财政收入），1847年国内又爆发了经济危机，还没有做好在远东对清帝国采取强硬措施的准备。文翰通告在广东的英国商人，不要强行进入广州城，并对徐广缙表态，进城一事可先搁置不议。

徐广缙以为英国人终于知难而退，便向道光帝上奏说英夷从今往后不再提进广州城的事了。道光帝好不容易盼到了一个难得

---

① 见《抚远纪略》。

的喜讯,在徐广缙等奏广东绅士公致英国公使文翰的信稿上批示道:"远胜十万之师,皆卿胸中之锦绣,干国之良谋。嘉悦之怀,笔难尽述也!"①

紧接着道光帝下旨将徐广缙大大地夸赞一番:"昨英酋复申入城之请,徐广缙等悉心措理,动合机宜。入城议寝,依旧通商。不折一兵,不发一矢,中外绥靖,可以久安,实深嘉悦!"②特赏两广总督徐广缙双眼花翎、世袭一等子爵,特赏广东巡抚叶名琛为世袭一等男爵。

广州阖城士民热烈庆祝这次对洋人的重大胜利,集资盖牌楼以示纪念,并以士绅的名义恭献"众志成城"之匾额给徐总督、叶巡抚。

曾国藩在家信中向父母禀报了这件让皇帝"嘉悦之至"的大喜事,可见当时朝野上下公认徐广缙是会办事的能吏。李石梧即湘阴人李星沅,时任两江总督,因长子李杭病逝后他悲伤成疾,请假回家养病,接任两江总督的陆建瀛(字立夫,湖北沔阳人)亦有能吏之称。

最搞笑的是曾国藩在此信中透露出道光帝很信江湖术士的话。算命先生说圣上前些年命行劫财运,那么肯定要破财,难怪对英夷的战争打败了,割地又赔款。而今背时运解脱了,否极泰来。

---

① 李兴武:《徐广缙年谱》,合肥:黄山书社,2012年,第72页。
② [清]赵尔巽:《清史稿》(第三十九册),北京:中华书局,1977年,第11762页。

术士说得也没错，道光三十年正月十四（1850年2月25日），道光帝驾崩，彻底"交脱"了劫财运，把烂摊子留给了儿子咸丰帝。咸丰帝即位后，洪杨起事于广西紫荆山，然后洪流滚滚，一路向北，进入两湖腹地。

咸丰帝想起了先帝爷器重的徐广缙。咸丰二年（1852）八月，徐广缙被任命为钦差大臣、两湖总督，奉命驰赴湖南，阻止太平军北上。咸丰二年（1852）十二月初四，湖广总督和湖北巡抚的衙署所在的武昌城被太平军攻陷，湖北巡抚常大惇以下文武官员一百余名殉难。十二月初五徐广缙抵达岳州，尚不知道武昌陷落的消息，当日还给咸丰帝上奏，依然像当初对道光帝那样报喜不报忧，说"查武昌城外之贼经此痛剿，自可解围"。① 因此，咸丰帝得知武昌陷落后，下旨大骂徐广缙：

> 该大臣前次奏报尚云武昌可解围，乃数日之间遽报失陷，岂军情缓急但凭禀报，如在梦中耶！②

曾国藩在家信中称道"亦极能胜任"总制两江的陆建瀛，在咸丰三年二月十日（1853年3月19）太平军攻破江宁城后战死。徐广缙运气不错，因奉旨去两湖救火，离开了广州。虽然因武昌

---

① 中国第一历史档案馆编：《清政府镇压太平天国史料》（四），北京：社科文献出版社，1992年，第197页。
② 同上，第237页。

陷落被革职下狱，但过了两个月被赦出。后辞官归乡，同治八年（1869）病逝，活了七十三岁。接任两广总督的老搭档叶名琛就惨了，在"第二次鸦片战争"中被英法联军俘虏，客死于异邦。

作为后世读史者，我们当然不能苛求曾国藩当时的见识，毕竟那时候朝野上下没几个人熟悉天下大势，不明白叩门而入的英国人和历史上侵扰边境的狄夷完全不一样。曾国藩当时的知识主要来自传统典籍和儒家前辈的教导，他早年做京官时法古之圣贤，立志做理学名臣，没想到今后很长一段时间，他不得不与洋人打交道。

与当时多数大臣相比，曾国藩的可贵之处在于他善于学习，能在实践中不断接受新生事物，校正自己的思维，而追上时代的潮流。

同治元年（1862），曾国藩已是两江总督，朝廷把剿灭太平天国、规复东南的重任交付予他。他在五月初七日的日记中载和诸位幕僚的一次畅谈：

> 眉生（按：李鸿裔，四川中江人）言及夷务，余以欲制夷人，不宜在关税之多寡、礼节之恭倨上着眼。即内地民人处处媚夷、艳夷而鄙华，借夷而压华，虽极可恨可恶，而远识者尚不宜在此等着眼。吾辈着眼之地，前乎此者，洋人十年八月入京，不伤毁我宗庙社稷，目下在上海、宁波等处助我攻剿发匪，二者皆有德于我。我中国不宜忘其大者而怨其

小者。欲求自强之道，总以修政事、求贤才为急务，以学做炸炮、学造轮舟等具为下手工夫。但使彼之所长，我皆有之，顺则报德有其具，逆则报怨亦有其具。若在我者，挟持无具，则曲固罪也，直亦罪也，怨之罪也，德之亦罪也。内地之民，人人媚夷，吾固无能制之；人人仇夷，吾亦不能用之也。①

这段如何对待洋人的看法，切合实际、识见宏阔，远非十三年前给父母家信中之评述所能及，而是有霄壤之别呀。曾国藩认为，与洋人打交道，不要太注重关税、礼节，这些只是细枝末节。应该以平常心态来对待洋人，不要先入为主，存洋人亡我之心不死的成见，也要看到洋人的文明之处，有德于我之处，然后发愤图强，改良自己的内政，培养自己的人才，学习洋人的技术。如果洋人的长处我们都有了，那么与洋人关系好对其报德，或与洋人交恶对其报怨，都有资本。如果我们不具备这样的资本，对洋人委曲求全是罪，对其刚直对抗也是罪。如此，本国的百姓，人人崇洋媚外，官府固然不能制止；即便人人仇恨洋人，官府也不能利用呀。

从1849年到1862年，十三年间清朝的政局和社会变化太

---

① ［清］曾国藩：《曾国藩全集》（第十七册），长沙：岳麓书社，2011年，第288—289页。

大,而其中最大的一种变化是试图继续闭关锁国已不可能,洋人对中国的影响越来越大。开明睿智如曾国藩这样的居高位者,知道与时俱进,而非逆潮而行,在付出沉重代价后学会如何以正确的态度与洋人打交道。而清廷一些位高权重者,吃了很多亏,一次次缴学费,可到1900年"庚子事变"前还没明白这些常识。

一首《哀王孙》,满怀忧思絮

同治三年六月(1864年7月),湘军攻陷太平天国的首都天京城,曾国藩、曾国荃兄弟的声望达到了顶峰。时任两江总督的曾国藩被封为一等毅勇侯,世袭罔替,那一年曾国藩五十三岁,同治七年(1868)他又晋升为武英殿大学士,可谓位极人臣、名满天下。

历史上,许多人年过不惑才刚刚考中进士,进入仕途。如和曾国藩同样是镇压太平天国的功勋重臣——骆秉章,四十岁才殿试二甲及第,被选为翰林院庶吉士。可是,看同治三年(1864)以后曾国藩的日记和家书,他似乎没有感受到什么胜利的喜悦。在官场的猜忌、倾轧和没完没了的公务之中,他处处流露出暮年心态,以及持续到去世时的萧索、悲凉、失落、厌世感。这一时期,曾国藩的日记除了简单地记录一些公务外,如接见谁、处理公文等,他费了更多的笔墨记载自己读了哪些书,如何督促晚辈的功课。

尽管后世人评价曾国藩是"理学名臣",但他内心有着浓郁的文艺情怀。在军旅和公牍生涯中,他一有余暇就会温习古人的诗文,从《诗经》《楚辞》《汉乐府》到唐宋的李白、杜甫、韩愈、白居易、苏东坡、黄庭坚等大家。或许,他是在用古人的诗歌来安慰一颗疲惫的心。他在同治七年(1868)三月初五的日记里记载:

> 温杜诗七古,朗诵十余首。诵《哀王孙》,如欲堕泪。[①]

《哀王孙》是杜甫于天宝十五载(756)所写的一首七古,这是一首什么样的诗,竟然能让一千多年后修炼得喜怒不形于色的大臣曾国藩"如欲堕泪"?不妨抄录这首诗如下:

> 长安城头头白乌,夜飞延秋门上呼。
> 又向人家啄大屋,屋底达官走避胡。
> 金鞭断折九马死,骨肉不得同驰驱。
> 腰下宝玦青珊瑚,可怜王孙泣路隅。
> 问之不肯道姓名,但道困苦乞为奴。

---

① 〔清〕曾国藩:《曾国藩全集》(第十九册),长沙:岳麓书社,2011年,第26页。

已经百日窜荆棘,身上无有完肌肤。
高帝子孙尽隆准,龙种自与常人殊。
豺狼在邑龙在野,王孙善保千金躯。
不敢长语临交衢,且为王孙立斯须。
昨夜东风吹血腥,东来橐驼满旧都。
朔方健儿好身手,昔何勇锐今何愚。
窃闻天子已传位,圣德北服南单于。
花门剺面请雪耻,慎勿出口他人狙。
哀哉王孙慎勿疏,五陵佳气无时无。

杜甫写此诗时正值安禄山攻陷长安,唐玄宗仓皇出长安城的延秋门,逃到成都。在行军途中的马嵬坡,六军不发,几乎兵变,唐玄宗不得不同意处死杨国忠,并让杨贵妃自缢。由于逃亡仓促,所谓"金鞭断折九马死,骨肉不得同驰驱",许多天潢贵胄和达官显贵来不及随驾南行,落入叛贼之手,包括大诗人王维。

那些平时享受着锦衣玉食、无忧无虑的皇室后裔,九死一生,隐姓埋名,流落在民间。不久后,太子李亨在灵武即皇帝位,史称唐肃宗,尊远在成都的唐玄宗为太上皇。大乱之中,人命如蝼蚁,不但无数平民百姓死填沟壑,连凤子龙孙也没有安全保障。你看诗中的王孙是多么的可怜:"问之不肯道姓名,但道困苦乞为奴。已经百日窜荆棘,身上无有完肌肤。"

"安史之乱"是大唐由盛到衰的转折性事件，尽管后来肃宗重用郭子仪、李光弼两位大将，并借回纥兵收复了长安、洛阳两京，但唐朝已元气大伤，从此民变不断、藩镇割据、胡马扰边成为常态，"开元盛世"（唐玄宗统治前期出现的盛世局面）成了绝响。

作为撑起清廷半边天的功臣和一位饱学之士，曾国藩读这首诗应该有着比常人更强烈的代入感。清代咸丰、同治两朝的时势也与唐"安史之乱"时颇为相似，而且清廷面临的危机更大。南京让太平天国占了，北京让英法联军占了，咸丰帝带着皇后、贵妃、年幼的儿子和一些重臣逃到承德，最后驾崩于热河行宫，遗命肃顺等八大臣辅政，慈禧太后联合小叔子恭亲王发动"辛酉政变"，诛杀肃顺，行垂帘听政。清廷北面与洋人议和，南面让湘军围剿太平军，总算又延续了清朝的政治生命。曾国藩，也被同时代的一些人赞颂为郭子仪、李光弼再世。

杜甫只是平定"安史之乱"的旁观者，他尽管有"每饭不忘君"的忠心，无论飘零到秦州还是巴蜀，念兹在兹的是国家的兴衰和君王的安危。但杜甫只是一介书生，对大唐复兴几乎不起任何实质性的作用，只能天真地相信大唐国祚不绝，安慰王孙"五陵佳气无时无"。曾国藩不同，他领导了对太平天国的镇压，挽救了清廷。在艰苦备尝的政治、军事活动中，其家国之忧比杜甫更加浓烈：死后，我的家族会怎样呢？我效忠的朝廷又会怎样呢？恐怕这是曾国藩人生暮年常萦绕在心中的问题。念及此，诵读到杜甫的《哀王孙》，怎能不热泪欲出？盛唐三大诗人中，李白是道家的底色，王维则近佛家，杜甫是不折不扣的儒家情怀，无论身处何种境地，总是心系苍生社稷。

曾国藩可谓杜甫的千古知音，尽管两人在世的事功不同，杜甫对天下剧变无能为力，只能在诗中哀鸣；对清廷而言，曾国藩则建立了不世功勋。但两人都是标准的儒生，其对家国的忧思是相通的。曾国藩读《哀王孙》的感忧，历史给出了答案。在他死后不到一百年内，华夏大地发生了翻天覆地的变化，江山两番鼎革；而曾氏兄弟的后代，也在时代的巨变中命运沉浮。

外交风云：炮口之下，没有容易

曾纪泽多活几年恐怕要背黑锅

晚清主张对外开放的湖南人有两位：郭嵩焘、曾纪泽。郭嵩焘曾被人骂为汉奸，而曾纪泽尽管晚年也不得志，但守旧派还不至于公开骂他。

黄濬曾比较郭嵩焘和曾纪泽在官场不同的境遇：

> 曾劼刚辈行后于郭筠仙，而奉使欧洲，实与筠仙同时。筠仙以通晓洋务自负，亦负天下重谤，劼刚则赖其老世丈先任其谤，得以差全其名，抑亦文正公之门荫也。①

---

① ［清］黄濬：《花随人圣庵摭忆》，北京：中华书局，2013年，第261页。

这段话颇有意趣。同样的话，同样的事，郭嵩焘说了、做了，朝野守旧派会炮轰；而曾纪泽说了、做了，这些人虽不以为然，但很少上奏折大加挞伐。黄濬的解释是父执辈的郭嵩焘已经先把毁谤之苦受了，凡事做第一个的受压力总是最大的。其实根本的原因还是曾国藩有平定太平天国、挽江山于即倒的不世之功，朝廷特别是太后对他的儿子自然要高看一眼，其他人也就不敢像对郭嵩焘那样放肆攻讦了。

曾纪泽在《曾纪泽日记》中载他被任命为驻英国、法国钦差大臣后，拜别慈禧太后时两人的对话，曾纪泽向太后讲到办理洋务的难处。

旨："这些人明白这理的少。你替国家办这等事，将来这些人必有骂你的时候，你却要任劳任怨。"

对："臣从前读书，到'事君能致其身'一语，以为人臣忠则尽命，是到了极处了。近观近来时势，见得中外交涉事件，有时须看得性命尚在第二层，竟须拼得将声名看得不要紧，方能替国家保全大局。即如前天津一案，臣的父亲先臣曾国（藩），在保定动身，正在卧病之时，即写了遗嘱，吩咐家里人，安排将性命不要了。及至到了天津，又见事务重大，非一死所能了事，于是委曲求全，以保和局。其时京城士大夫骂者颇多，臣父亲引咎自责，寄朋友的信，常写'外惭清议，内疚神明'八字，正是拼却声名，以顾大局。

其实当时事势，舍曾国（藩）之所办，更无办法。"

旨："曾国（藩）真是公忠体国之人。"

免冠碰头，未对。

旨："也是国家气运不好，曾国（藩）就去世了。现在各处大吏，总是瞻徇的多。"

对："李鸿章、沈葆桢、丁宝桢、左宗棠均系忠贞之臣。"

旨："他们都是好的，但都是老班子。新的都赶不上。"

对："郭嵩焘总是正直之人，只是不甚知人，又性惰褊急，是其短处。此次亦是拼却声名，替国家办事，将来仍求太后、皇上恩典，始终保全。"

旨："上头也深知道郭嵩焘是个好人。其出使之后，所办之事不少。但他挨这些人的骂也挨够了。"①

可见，正是因为慈禧太后对曾国藩功劳的肯定，荫及子孙，曾纪泽办洋务扛住非议的资本远超郭嵩焘。当然，他得乃父心法，比郭嵩焘会处事。

后世评价曾纪泽，赞颂他最大的外交成就是赴俄国交涉，在

---

① ［清］曾纪泽：《曾纪泽日记》（第二册），北京：中华书局，2013年，第817—818页。

极端艰苦的条件下收回伊犁。此前在光绪四年（1878）崇厚出使俄国，擅自与俄签订《里瓦几亚条约》，将伊犁卖得干干净净。光绪六年（1880）清廷更遣曾纪泽往俄更约，争回伊犁南路七百余里，嘉峪关诸地缓置官。虽然这次外交上的胜利有多方面的原因：国际上俄国与奥斯曼土耳其大战刚结束，实力大打折扣；而国内左宗棠等人积极备战，对沙俄有威慑。但如果换一个人，能从俄国人的肚子里再挖出来这么一块肉，很难。

光绪十三年（1887），曾纪泽奉调回国，担任户部侍郎，至1890年4月12日逝世，此间三年，回国的曾纪泽其实是很郁闷的，重要原因是1884年甲申易枢。因为对慈禧太后的绝对权力构成威胁，甲申年（1884）四月，慈禧突然发布懿旨，将以恭亲王奕䜣为首的军机处大臣全班罢免。

晚清的洋务及外交体系是由恭亲王居中支持，湘淮系大臣前赴后继构建的。甲申易枢后，太后起用的奕劻、奕谟、世铎的行政能力远不如奕䜣，所以时人把这次中枢机构的大换班比喻为"易中枢以驽马，代芦服以柴胡"，讽刺这些新晋王公大臣的庸懦。军机处新的组成人员在识见、威望、能力和人品上，与原来的成员相比，相差甚远。他们是一些不谙国际事务、不懂国内政情的官僚，最大的特点是对太后唯命是从。

在此种背景下，曾纪泽不可能再有什么大的作为。1890年，他因病去世，年仅五十一岁，可谓英年早逝。对于他的逝世，时人和后世多表达惋惜之情。接替他的薛福成在欧洲得知其去世的

消息后,在日记中写道:

> 窃思曾侯奉使八年,其丰功伟略,在驻英俄二国时为多。年未中寿,遽尔沦谢,眷怀时局,为之怆然。①

薛福成后来在会见比利时国王和首相时,比国首相对他称赞曾纪泽:

> 曾侯办理外务,亦颇有名,惟在此不久而归,归亦未闻别有建树,今已逝矣,真为可惜。②

有人说如果曾纪泽多活些年头,应该更有成就,对清朝的大局会有好的影响。此乃读史者一厢情愿,在恭亲王靠边站后,曾纪泽不可能再有什么建树,就如比利时首相所叹息的那样。如果他多活五六年,活到甲午中日战争后,清廷与日本签订丧权辱国的《马关条约》,他很可能会奉命出使,作为李鸿章的重要助手去签约。如此,给太后背黑锅的可能就不仅是李鸿章、李经方父子了,还会加上外交高手曾纪泽。曾纪泽会拒绝吗?他无法拒绝,他只得抱着与父亲处理天津教案相同的心

---

① 〔清〕薛福成:《出使四国日记》,长沙:湖南人民出版社,1981年,第76页。
② 同上,第83页。

态:"须看得性命尚在第二层,竟须拼得将声名看得不要紧,方能替国家保全大局。"①

那么,曾纪泽在当时一定是时人皆欲杀,所受的屈辱将远大于其父亲,而在后世的历史教科书中,恐怕"黑锅"也会背得妥妥的。

被众人围攻的爱国外交家

近世湖南湘阴出了两位彪炳史册的牛人:左宗棠和郭嵩焘。

今人更熟悉左宗棠,因为左指挥大军击败阿古柏,收复了新疆这块占中国版图约六分之一的土地。而郭嵩焘在另一个战场——外交场上,同样作出了巨大的贡献,比起左宗棠,知道他的人却少得多。

郭嵩焘的见识和格局高出同时代的士大夫太多,却不被人理解,反而被斥为"汉奸"一类。在郭嵩焘任驻英、法公使时,副使刘锡鸿暗中对郭多加诋毁,指责郭嵩焘有"三大罪":游甲敦炮台披洋人衣,"即令冻死,亦不当披"。见巴西国主擅自起立,"堂堂天朝,何至为小国国主致敬?"白金汉宫听音乐会翻

---

① 〔清〕曾纪泽:《使西日记》,长沙:湖南人民出版社,1981年,第06页。

阅音乐单，仿效洋人之所为。①

国内一些清流派谏官纷纷上奏攻击郭嵩焘有损天朝威仪，美化了夷邦君臣和士民。郭嵩焘终究不安于位，被撤职回到家乡。回乡途中还被家乡的爱国群众侮辱，他们在大街上张贴标语，直斥郭嵩焘"勾通洋人"。

郭嵩焘在给他的同年沈葆桢的一封信中谈到办理洋务的三个层次：

第一个是"求制胜之术"。这需要"有循序渐进之略，期之三年五年以达数十年之久"。②说的是外交是内政的延伸，其根本之策是制定长期规划，进行内政改良，以期从各方面提升国力。

第二个是"了事"。"一切政教风俗皆不敢言变更，而苟幸一时之无事，则所以了事之方，熟思而审处之，勤求而力行之，亦迫不容缓矣。"③也就是说，在根本的政治制度没有得到改革、国力无大的提升的情况下，通过外交的手段，抓住机会把事情办成。曾纪泽从俄罗斯手里收回伊犁就是这种做法，利用俄罗斯刚刚和奥斯曼土耳其帝国大战，元气大伤的空当，趁热打铁，据理力争。

---

① 雷颐：中国首次对外派驻公使风波——郭嵩焘与刘锡鸿之纷争，《百年潮》2006年第5期。
② 〔清〕郭嵩焘：《郭嵩焘全集》（第十三册），长沙：岳麓书社，2012年，第350页。
③ 同上。

第三个是"敷衍"。"事至而不暇深求其理,物来而不及逆制其萌,几于坐困矣。如是,则且随宜敷衍。然而情伪利病之间,缓急轻重之势稍有不明,则愈敷衍而愈至坐困。"[①]这句话是什么意思呢?就是说办洋务、搞外交,事情来了不去深究这件事形成的因果,危机出来了不及时在其萌芽状态制伏,只能被事态牵着走,被动地敷衍。如此,事情的真相与假象,好处与弊端,以及轻重缓急,稍微出了点差错,就越加敷衍,越作茧自缚,左支右绌,坐困无计。

清朝自鸦片战争以来,到1911年宣统逊位,办洋务几乎就是这种走到哪里算哪里的敷衍。

郭嵩焘虽然只出使过英、法,但他对中国的近邻日本和朝鲜尤其关注。在英国做公使时,他和日本驻英公使上野景范来往密切,并观察日本派驻英国的留学生,将日本与中国做内政、外交等诸方面的比较。他首先观察到日本派出的留学生都是经过严格选拔的,外语能力比中国留学生好。而且,日本留学生学习律法的最多,其次是学习机器、铁路、冶炼等工科;而中国留学生几乎都是去学习军事。郭嵩焘为此建议扩大留学专业的范围,他认为,"兵者,末也,各种创制皆立国之本也"。[②]

[①] 〔清〕郭嵩焘:《郭嵩焘全集》(第十三册),长沙:岳麓书社,2012年,第350页。
[②] 〔清〕郭嵩焘:《郭嵩焘日记》(第四卷),长沙:湖南人民出版社,1983年,第190页。

日本当时的国门刚刚被美国的军舰轰开，但知耻而后勇的日本人在学习西方上是全方位的，这给郭嵩焘留下了很深的印象。他看到，西洋的财政、交通、法律、外交，无不在日本的学习范围内。通过对比，他得出的结论是：

> 日本仿行西法，尤务使商情与其国家息息相通，君民上下，同心以求利益，此中国所不能及也。①
>
> 日本大小取法泰西，月异而岁不同，泰西言者皆服其求进之勇。中国寝处积薪，自以为安，玩视邻封之日致富强，供其讪笑，吾所不敢知也。②

在佩服日本变法图强的同时，郭嵩焘忧心忡忡，他断言日本将成为中国的心腹大患，而朝鲜半岛必然是中日角逐的最重要地区。

辞官回乡后，郭嵩焘密切关注着日本的动态，他在日记中如此记载：

> 盖今之论者，皆谓西洋难与为敌，日本易与耳。吾观其君臣之相为警惕，而知其政教之行为有本也。诸公欲以无本

---

① 〔清〕郭嵩焘：《伦敦与巴黎日记》，长沙：岳麓书社，1984年，第364页。
② 同上，第909页。

之术，虚骄之气，以求胜于日本，于人于己两失之，未敢信谓然矣。①

太平天国被扑灭后，清廷一些开明的督抚兴办洋务，引进了一些先进的科技，兴办了一些近代实业，国家的综合实力确实得到增强，有了名不副实的"同治中兴"（清朝后期，同治帝在位时的一个中兴阶段）之说。但郭嵩焘清醒地看到，这些只是"无本之术，虚骄之气"罢了。

光绪八年（1882），朝鲜发生了壬午兵变，起义士兵和市民焚毁了日本公使馆。郭嵩焘担心日本以此为借口，兴兵入朝，他在给朝廷的上书中言：

> 窃度日本旦夕必加兵朝鲜，或将朝鲜情状告知，朝鲜亦颇难为酬答；或竟不告知，则朝鲜之国危而中国之体面亦全失。臣愚以为宜下明诏正朝鲜乱民之罪，兴师讨之，移檄日本，以朝鲜乱民为逆，陵辱日使，非徒日廷之私愤。②

郭嵩焘建议清廷先发制人，外交之余做好军事上的应对，

---

① 〔清〕郭嵩焘：《郭嵩焘日记》（第四卷），长沙：湖南人民出版社，1983年，第310页。
② 〔清〕郭嵩焘：《郭嵩焘全集》（第四卷），长沙：岳麓书社，2012年，第858页。

"调集天津水陆之师四五千,兴兵讨之,使日本犹有顾忌以不至狡逞,即中国亦有以自处"。①但当时郭已经谤满天下,成为官场的边缘人物,朝廷没有搭理他。幸亏清廷驻在朝鲜的袁世凯是位不世出的干才,当机立断,逮捕了大院君。清朝的庆军抢先于日本登陆,迅速平定了朝鲜境内的叛乱,全面掌控了朝鲜的局势,使日本找不到派兵前来"平叛"的借口。

郭氏的分析是很准确的。日本以朝鲜为跳板进而图谋东亚大陆是其迷梦。幕府统治刚刚被推翻,日本实行了大政奉还,废藩置县,结束了封建割据没几年,国内"征韩论"(日本侵略理论,征服朝鲜半岛)便甚嚣尘上。只是执政的岩仓具势、大久保利通等高官认为国力还较弱,必须以内政为上,进行生聚教训数年才可。

然而,清廷并没有长远而清晰的外交战略,加之高层权力斗争不断,很快出现了"甲申易枢"事件,朝鲜亲日派官员在这一年也发动了政变。一两个袁世凯这样的能吏于事无补,朝鲜问题一直在拖延,清廷上下也一直在敷衍。直到"甲午之战"爆发,清军战败,北洋水师覆灭,次年签订了《马关条约》,割地赔款媾和。从此,朝鲜从清朝的属国变为由日本控制,成为日本侵略中国的跳板和重要基地。中日之国势此消彼长,一直延续到第二

---

① 〔清〕郭嵩焘:《郭嵩焘全集》(第四卷),长沙:岳麓书社,2012年,第858页。

次世界大战结束。

这一切,郭嵩焘已看不到了,他在"甲午之战"爆发前即1891年,于苦闷中逝世。他去世后,其科甲同年李鸿章上奏请宣付国史馆为郭嵩焘立传,并请赐谥号。朝廷连李鸿章的面子也不给,上谕曰:

> 郭嵩焘出使外洋,所著书籍,颇滋物议,所请著不准行。①

清朝覆亡后,赵尔巽等人主修的《清史稿》终于能对郭嵩焘做出较为公允的评价:

> 嵩焘虽家居,然颇关心君国。朝鲜乱作,法越衅开,皆有所论列。逮马江败,恭亲王奕䜣等去位,言路持政府益亟,嵩焘独忧之。尝言:"宋以来士夫好名,致误人家国事。讬攘外美名,图不次峻擢;洎事任属,变故兴,迁就仓皇,周章失措。生心害政,莫斯为甚!"是疏传于外,时议咸斥之。及庚子祸作,其言始大验,而嵩焘已于十七年卒矣。②

自贴"爱国"标签的士大夫,"讬攘外美名,图不次峻擢"

---

① 孟泽:《洋务先知郭嵩焘》,南京:凤凰出版社,2009年,第225页。
② 〔清〕赵尔巽:《清史稿》(第四十一册),北京:中华书局,1977年,第12475页。

（不顾情势，标榜爱国，主战的声音很大，希望以此取悦于君上而得超常规的提拔）。从甲午之战到庚子事变，清廷的政局发展一直在验证郭嵩焘的判断。直到清亡以后，也依然有不少这样的人。

光绪九年（1883）正月初一，落寞的郭嵩焘赋诗叹息：

眼前万事随云变，镜里衰颜借酒温。[1]

大音希声，当时几人能懂呀！

---

[1] 〔清〕郭嵩焘：《郭嵩焘全集》（第十一卷），长沙：岳麓书社，2012年，第546页。

戊戌变法：顶着磨盘跳舞，寸步难行

谭嗣同死后，曾广河为何自杀

"各国变法，无不从流血而成，今中国未闻有因变法而流血者，此国之所以不昌。有之，请自嗣同始！"①

戊戌变法失败后，谭嗣同决意不逃走，说出这番豪言壮语，世人熟知。但是谭嗣同并不是一开始就没有动过逃走的心思，而为何他最终决定留在北京，任清廷处置？据说有一个人起了很大的作用。

据朱德裳著《三十年闻见录》一书中《戊戌四军机章京之死及株连》载：

---

① 〔清〕梁启超：《戊戌政变记》，上海：上海古籍出版社，2014年，第103页。

政变起，帝被囚。嗣同至旭寓，意态甚激昂。谓"我辈之头颅可断，中国之法不可不变也"。旋谓"吾素善日馆中人，君如欲行，当为绍介至日使馆，蕲其保护出险"。旭曰："君如何？"嗣同泫然曰："天下岂有无父之国乎？吾决死此矣。"旭亦不肯行。遂均被捕。又尝闻人言，嗣同先以行止谋之于其友曾某（官某部员外郎，其名失忆待考）。曾曰："君逃固善，惟今上能偕逃乎？"曰："不能也。"曾又曰："老伯（指同父继洵）能偕逃乎？"曰："亦不能也。吾知所以自处也。"留京之意遂决。六君子遇害之日，曾闻菜市口将杀人，虑嗣同不免，亟往观。嗣同瞥见之，以目示意告别。曾归而大恸，谓复生之死，实我杀之也。遂仰药而死云。①

从这段记载中可知，谭嗣同找过一位姓曾的朋友商量对策，逃走亦是选项之一。而这位朋友实话实说，因为谭嗣同主张借袁世凯的部队包围慈禧所居的颐和园，连累了光绪帝被囚；他如果逃走，慈禧肯定会泄恨于其正在做巡抚的父亲。那么即使他活下来了，也要背着不忠不孝之恶名。

谭嗣同在如此生死关头所找商量大事的友人，一定是他最为

---

① 〔清〕朱德裳：《三十年闻见录》，长沙：岳麓书社，1985年，第96—97页。

信任的至交。这位曾姓朋友是谭嗣同的长沙府同乡,亦为世家子弟,而且门第比谭家显赫。他就是赠太傅、谥忠襄、一等威毅伯、做过两江总督的曾国荃之孙曾广河,其父是曾国荃的长子曾纪瑞。

曾广河1874年出生,当时二十四岁。曾国荃1890年去世时,其两子纪瑞、纪官已先行亡故。当时朝廷的恩诏如此说:

> 伊孙特用主事曾广汉,即着承袭一等伯爵,毋庸带领引见;附生曾广江,着赏给举人,准其一体会试;监生曾广河,着赏给员外郎,分部学习行走。①

因此他蒙祖荫在刑部供职。

曾国藩、曾国荃兄弟在世时,深感中国科技之落后,主张向西方学习,成为"洋务运动"的领导者。他们在后代教育上十分注重西方语言和科学,如曾纪泽成为著名的外交家,曾纪鸿则精通数学。他们的孙辈,由于家风陶冶,并不安心躺在祖宗功劳簿上享福,而是眼界开阔,成为变法维新的大力鼓吹者和积极参与者。

曾国藩的长孙曾广钧(曾纪鸿之子),天资甚高。眼高过顶

---

① 〔清〕曾国荃:《曾国荃全集·传略》,长沙:岳麓书社,2006年,第009页。

的王闿运对这位晚辈十分看重,曾说凡是曾广钧要学的,则无所不能。曾广钧二十三岁中进士,点翰林,是当时翰林院中最年轻的,其女曾宝荪在回忆录中说她父亲"是一个极其维新的人"。戊戌变法失败后,曾宝荪正随祖母住在北京,多年后回忆那恐怖的一幕:

> 那是戊戌八月里一天。那天清早有蒙蒙细雨。我家里的人从祖母起,都起得极早。那时我父亲已于七月离京,家中只有二叔父母(按:曾广镕夫妇)、七叔父母(按:曾广钟夫妇)及其余女眷。我只看见家中叔父们还有听差的出出进进,往来奔走,有时大声呼叫,有时附耳细语。连教书老师也没有上生书。我们三个学生,只想知道是甚么事。只听见说菜市口杀人,又说有湖南人,又说亏得我父亲走了!过了好几日,又听说我们忠襄公房下的伯航三叔服毒自尽,可见我们曾家也是新党。我的祖母郭太夫人(按:曾纪鸿之妻郭筠,江苏淮扬道郭沛霖之女,著名的女诗人)最有见识,当出事的那一天,便吩咐七叔去湖广会馆,把门簿拿去烧了,否则按图索骥,不知道会株连多少人了![1]

---

[1] 曾宝荪,曾纪芬:《曾宝荪回忆录〔附〕崇德老人自订年谱》,长沙:岳麓书社,1986年,第11—12页。

曾宝荪所说的"伯航三叔"就是曾广河，号伯航，应该取《诗经》中"谁谓河广，一苇航之"的意思。

曾广河是不是真的因为劝谭嗣同留京而悔恨自杀呢？百余年后已难以考证。但此番以死殉友的意图则是十分明显的。以他祖父、伯祖父对清廷的功勋，即使朝廷事后追查，也不至于被处死。如此刚烈，真如乃祖，哪像个锦衣玉食的"官三代"？曾广河的死，恐怕是让曾家对清廷彻底失望了。被官场普遍看好的"千里驹"曾广钧，当时已授广西武鸣府知府，但不久后辞官回家，以诗酒自娱。

让曾家后人参加革命党公开反清，几乎是不可能的，但曾广钧兄弟们只能静静地看着满蒙亲贵们折腾，祖辈挽清廷于即倒的奇迹不会再出现了。

变法失败后，大清即倒的命运已来

著名的教育家、曾国藩的曾孙女曾宝荪在回忆录中记述她的父亲在1927年农民运动时的狼狈与落魄：

> 我们的学校被查封后（按：指曾宝荪创办的艺芳女校），次日即是四月初九清晨，我与约农（按：其堂弟曾约农，亦是著名教育家）一同来到汉口。……住在圣公会三四

日后,忽然有一个乡下人来圣公会门房打听有没有长沙来的难民,是一男一女;门房料到是我们,便叫我们去看。一看之下果然是蒋五十,不觉大喜过望。便问:"老太爷现在哪里?"他说:"远得很,现在汉防营,离汉口要坐好久的马车。"于是我们叫了一辆马车,由蒋五十带路,大约车行三刻钟,才到汉防营——乃是一个军队驻扎之处,中间有少数平民住宅。我们到了一间小木屋,见门窗关闭。敲了一下门,看见父亲开窗窥视清楚,才放我们三人进去,一见面,老人家很感慨地说:"我自从庚子以后,便绝迹仕途,只想略为振兴些农、矿实业来富国裕民,而不问政事。前日看见报载:叶德辉、俞诰庆,都先后被杀死!可见治学、做慈善事业的都不能逃命,真是幸亏你们劝我出来。在这个'兵窝子'住的地方,他们不会来查,你们只问曹先生就可以找到我了。"我们便问何以改姓曹?老人家说:"有时提笔难免写出姓曾,只有'曾'字改曹字最不现形。"①

这位在湖南农民运动狂飙中如惊弓之鸟、跑到汉口避难的老头子便是曾国藩的长孙、湖南著名乡绅曾广钧。

曾广钧,字重伯,是曾国藩次子曾纪鸿的长子。他生于同治

---

① 曾宝荪,曾纪芬:《曾宝荪回忆录〔附〕崇德老人自订年谱》,长沙:岳麓书社,1986年,第179页。

五年（1866），那时候他的祖父曾国藩、叔祖父曾国荃已经打下了太平天国占据多年的金陵城，一人封侯，一人封伯，曾国藩时任两江总督，为坐镇东南的朝廷柱石重臣。曾国藩生前非常疼爱这个长孙。曾广钧十五岁时，其父曾纪鸿英年早逝。

曾广钧早慧，十来岁就能诗善文，常与长者唱和。除了传统的经史学问外，他和其父曾纪鸿一样，在数学上很有造诣，曾宝荪说他"做了很多的级数及各种开方捷法"。光绪十五年（1889）二月，曾广钧入京会试，中进士，入翰林，时年二十三岁，是翰林院中最年轻者。他是曾国藩家族的第二位翰林，前一位是曾国藩。在重视科举的时代，祖孙翰林可比因战功封侯还要荣耀。其诗有李商隐之风，人称"翰苑才子"，士林普遍认为曾国藩的功业将会由这位长孙光大。

他也有过效仿祖父"书生典兵"的人生梦想。光绪二十年（1894）中日甲午战争爆发后，曾广钧奉旨"记名"出使大臣，钦派湘鄂四十九营总翼长，统领五千人去辽东与日军作战，后和议成，这支军队也就没有上战场。

时代大变，他没有其祖父的好运气，几乎将其大才耗费在诗酒之中。

曾广钧和几位弟弟是维新派，支持或参与变法，他和梁启超、谭嗣同交往甚密。戊戌政变前的一个月，曾广钧被任命为广西武鸣府知府，他的母亲、著名的女诗人郭筠感觉京师时局诡异，催促他立刻离京。果然，八月（公历9月）变法失败，谭嗣同等六君子喋血菜市口。他的从弟、曾国荃的孙子曾广河悲愤异常，服毒自杀。——如果他留在京都，即使因为他祖父的大功不坐牢，但肯定会受处罚。

大概是变法的失败和从弟的自杀，让他对祖父呕心沥血支撑下来的大清朝开始失望。曾宝荪在同书中说："我父亲见了岑春煊制军，长揖不拜，当时做翰林的，称为天子门生，红片子长一尺二寸，见了制军抚台，都可长揖不拜。大约那时赴任的思想，便已打消了，因为属员见上司是要拜的。从这事以后，我父亲就不再加入政治舞台，倒很喜欢研究书法、诗词、算学及广学会所翻译的外国科学，诸如声、光、化、电等学问。"[①]

岑春煊举人出身，因为在"庚子事变"后慈禧、光绪逃亡西安途中护驾有功，成为慈禧身边的第一红人，出任两广总督。曾广钧见他这位正炙手可热的上司不拜，一则是翰林的傲骨使然；二则可能也有门第优越感。但最根本的原因应如他女儿所说，不想在仕途上混了，不需要巴结上司。——他的知府一职，没有去就任。

后来曾广钧升官的机会还很多，两宫仓皇西巡，第一个接驾的地方官是怀来知县吴永，吴永是曾纪泽的女婿、曾广钧的堂妹夫。1902年他还曾受命赶回北京，迎接慈禧从西安回銮。

[①] 曾宝荪，曾纪芬：《曾宝荪回忆录〔附〕崇德老人自订年谱》，长沙：岳麓书社，1986年，第12—13页。

庚子年（1900）慈禧逃出紫禁城前，命太监将珍妃推到井里淹死。曾广钧为此作《庚子落叶词》十二首哀悼之，其一为：

> 甄宫一夕沧秦玺，疏勒千年出汉泉。凤尾檀槽陪玉椀，龙文璎珞殉金钿。文鸾去日红为泪，轻燕仙时紫作烟。十月帝城飞木叶，更于何处听哀蝉。①

曾广钧和光绪帝、梁启超、谭嗣同是同龄人。他们作为年轻帝王、官宦子弟，确实不愿意看到清朝灭亡，希望通过变法维新来为清朝续命。可是从戊戌政变到庚子事变，曾广钧或许已看清楚清朝覆亡不远的命运，这组诗名为哀珍妃的命运，未尝不是哀光绪，哀自己，哀他的祖父曾经挽救过的清朝。而他的外公郭嵩林任淮海道时，在太平军攻陷城池后殉节。

清帝逊位后六年，又有张勋复辟的闹剧，曾广钧依然冷眼观之，作《纥干山歌》以讽刺，其中云："自矜白日可回中，自信黄河可西出。日不能中水不西，青琴绛树斗腰肢。"②他坚信清朝乃至帝制已如黄河不可能倒流了。可是，民国来了又能怎样呢？他住在长沙，开矿办厂，做慈善，支持女儿办学。可局势几乎没有平静的时候，湖南成为南北军阀交战的要冲，公众对政治现状

---

① 《故宫周刊·珍妃专刊》〔第30期〕，故宫博物院，1930年。
② 〔清〕黄濬：《花随人圣庵摭忆》，北京：中华书局，2013年，第580页。

失望透顶，革命成为许多年轻人很自然的选项。于是有了国共合作，有了北伐和农民运动。湖南是农民运动规模最大、手段最激烈、影响最广的省份，长沙一度由农民协会说了算，曾宝荪从英国留学回来后兴办的艺芳女校也被农民协会接管，学生被驱逐。在"无绅不劣"的口号下，湖南乡绅们纷纷跑到汉口、上海等地，算得上当时"湖南第一乡绅"的曾广钧如果不逃走，被农民协会抓住了，即便不掉脑袋，恐怕戴高帽子游街也是难免的。

后来发生了"马日事变"，曾广钧也回到了湖南。再过了两年即1929年10月，这位侯门贵公子、末世翰林在湖南湘阴患脑出血去世。可以说，他的一生，是被时代耽误了，真是"生于末世运偏消"。

从解剖一只羊，看管学大臣的谨慎

2018年5月4日是北京大学一百二十周年庆典日。

北大有两个渊源：一个是时间轴上的源头，乃1898年戊戌变法时奉旨兴办的京师大学堂；另一个为政治含义颇浓的精神渊源，则是1919年发端于北大的"五四运动"。

戊戌百日维新短命而终，康、梁逃亡海外，谭嗣同等六君子喋血菜市口，维新的政令几乎都被废止，只有京师大学堂作为那场维新运动仅存的硕果留了下来，但也没有几天太平日子可以办学。接下来是义和拳的师兄弟奉旨进京胡闹，再接着是两宫西狩，八国联军攻陷北京。德、俄的军队将大学堂的校址占为兵营，校舍、书籍和设备毁坏严重，大学堂被迫停办长达两年。

1902年，朝野局势稍微平静下来，清廷下令恢复京师大学堂。是年12月17日，复校的京师大学堂开学，1949年之前，北大以这一天为校庆日。

如今，北大的校庆可谓集两大渊源之长。数年头，当然越长越好，要从戊戌变法那年开始算起，到2018年是双甲子大寿矣。而校庆日则选择了5月4日这一天，"五四运动"在中国现代史上的地位不需要我再饶舌，就这一句历史教科书上的论断——"五四运动促进了马克思主义的传播，为中国共产党的成立准备了思想基础"已是今日北大无上的荣光。

谈起北大历任校长（主事者），知名者首推蔡元培先生，其次是胡适、蒋梦麟二公，或许还有人会提到更早的严复先生。但有一个对北大早期（京师大学堂时期）的发展至关重要的人物，公众了解的并不多，他就是长沙人张百熙。

张百熙，字冶秋，1847年出生于湖南长沙。同治十三年（1874）进士，此后仕途一帆风顺，曾先后担任过侍读、侍讲、日讲起居注官、国子监祭酒、都察院左都御史、顺天府尹和工部、礼部、刑部、吏部、户部、邮传部尚书，还担任过赴英国头等专使大臣、政务大臣、新贡士朝考阅卷大臣、殿试读卷大臣、编纂官制大臣等重要官职。获赐赏黄马褂、赐紫禁城和西苑门内骑马等殊荣。

戊戌变法期间，张百熙任内阁学士，主管京师大学堂事务。他和翁同龢、陈宝箴等人先后保荐康有为，因此变法失败后，被革职留任。但庚子事变后即起复，并受到重用。光绪二十七年（1901），张百熙上疏陈述五条革新大计，建议增改官制，整理财政，变通科举，广建学堂，创立报馆。同年九月，奏请"将京师大学堂改隶国子监，正名大学，以一学术而育真才""改总理衙门附设之同文馆隶于大学"。①1902年1月10日，张百熙以吏部尚书之尊兼任管学大臣，主持大学堂事务。

张百熙任管学大臣后，于光绪二十八年（1902）上《筹办京师大学堂情形疏》，建议先开预备、速成两科，预备科分政科、艺科，速成科分为仕学、师范两馆，同时"兼添设讲舍，附设编译书局，广购书籍图器"；同年七月奏准所拟各级学堂章程六件：《京师大学堂章程》《考选入学章程》《高等学堂章程》《中学堂章程》《蒙学堂章程》，统称《钦定学堂章程》。可以说，张百熙不仅对京师大学堂有着开创性的贡献，也是近代中国第一次完整学制的规划者。

京师大学堂承袭了太学传统，其办学的主要目的是为国家培养官员，虽然课程设置趋新，但学校的风气依旧保守和老旧，校工称学生为"老爷"，称监督为"中堂"。早期的学生不但不用

---

① 王钟翰：《清史列传》，北京：中华书局，1987年，第4822页。

缴学费，且由校方供应伙食。八人一桌，每餐六菜一汤，冬天则改为四菜一火锅，鸡鸭鱼肉都有。毕业后，学生得举人学位，最优等者五品衔以内阁中书尽先即补，优等者给以中书科中书即补。

这种学校风气一直延续到民国初年。当时的"八大胡同"有"两院一堂"之说。"两院"指当时的众议院和参议院；"一堂"指北京大学（北洋初期京师人仍称之为"大学堂"）。就是说，去逛八大胡同的，以国会议员和京师大学堂的学生为最多。

张百熙是一位眼光长远的维新官员，但一个人即便有再大的本事，也很难挣脱时代的羁绊。张百熙亦如此，他所做的也只能是顶着磨盘跳舞，每一寸进在当时殊为不易。张百熙处事风格比较稳健，和康有为、谭嗣同大不一样。这当然主要取决于一个人的个性，但或许也和他早年进士及第后进翰林院深造有关。湘人给人的地域印象是敢为天下先，不怕惹事。但晚清进过翰林院的湖南名宦，表面上比较收敛锋芒，如何绍基、曾国藩、胡林翼、张百熙这些湘籍翰林，为人处世风格和左宗棠、曾国荃等人差别甚大。

从一个细节就可以看出张百熙的办事风格。据朱德裳《三十年闻见录》记载：

> 北京大学堂试验生理学，欲杀一羊，管学大臣张冶秋专

折奏闻。奉旨准其杀羊试验。张大臣小心谨慎如此。①

大学堂上生理课，要解剖一只羊，必须由吏部尚书兼管学大臣具折向皇太后、皇帝报告，求得允许才敢做。这样的体制下，京师大学堂的创新能力又将如何呢？

不过假若我们回到张百熙所处的时代，就能理解他的这种谨慎并非多虑。且不说戊戌变法失败的血泪教训未远，守旧势力仍然很大，就说儒学名教一统天下的当时，在为朝廷培养接班人的大学课堂上解剖一只羊，和大学食堂里的厨师杀猪宰羊，含义是完全不一样的。

在古代，于宫殿、庙宇、官署等政治符号意义颇强的场所宰杀牲口，往往是一种载之于典籍的礼仪活动，如天子以太牢祭天，今天北京天坛内还有宰牲亭。按照这样的逻辑，在京师大学堂课堂之上杀羊解剖，和这种礼仪性宰牲类似，为大臣者不敢擅自做主，必须请旨奉行，否则反对者引经据典，有的是反驳理由。单拿《孟子》中一句话，"君子之于禽兽也，见其生，不忍见其死；闻其声，不忍食其肉。是以君子远庖厨也"，就够张百熙喝一壶了。

也有人认为是因为慈禧太后属羊，最高学府宰羊做试验，

---

① 〔清〕朱德裳：《三十年闻见录》，长沙：岳麓书社，1985年，第66页。

如不请旨,恐被人攻讦。此说如成立,亦能说明张百熙的小心谨慎。

我没见过张百熙这个折子的具体内容,只是基于历史背景的一种揆情度理。不过有一点我认为是确定的:在张百熙那个时代,要先学会做官,才能更好地做事。

最后的挣扎：末世枉费补天力

曾国荃：用荣禄的酒杯，浇自己的块垒

晚清重臣荣禄，字仲华，满洲正白旗人，出自瓜尔佳氏，先祖从龙入关。其人官至军机大臣、文华殿大学士，死后赠太傅，谥文忠，可谓位极人臣。

荣禄是旗人中一位见识宏阔、精明强悍的难得干才。他在光绪年间的影响甚大，特别是在"戊戌变法"中，他反对新党，支持慈禧太后，被认为是促使变法失败、康梁远遁、六君子殒命的关键人物。

洪、杨起事后，肃顺、文庆乃至恭亲王等清朝高层认识到必须仰仗湘淮军，才可能保住大清，他们对湘淮系政治人物善意相待，并结成较为亲密的私人关系。在太平天国和捻军被平定后，湘军成卸磨之驴，被大幅裁减，湘系文武官员纷纷开缺。在湘军被言官攻讦之时，荣禄对湘系人士有一份难得的公允态度。这从

他和曾国荃的私人交情中可看出。

光绪十二年（1886），时任两江总督的曾国荃为荣禄所著的《世笃忠贞录》作序，文首叙述两人结交之始：

> 同治甲戌年，国荃奉诏入都，趋朝之暇，访谒忠说有闻誉之仁士贤大夫，因得与荣仲华大司寇相接。侧闻司寇官户部时，崇俭黜奢，直言敢谏，圣主为之动容，荃益钦而慕之。司寇以国荃自辛苦百战中来，亦特垂青相视，彼此称莫逆焉。①

两人订交于同治十三年（1874）。曾国荃因同治五年（1866）在巡抚任上参劾满族亲贵出身的湖广总督官文而引火烧身，坐了多年的冷板凳后，奉诏进京陛见，后复出任河东河道总督。曾国荃在京期间正赶上了同治帝驾崩。此时，其长兄曾国藩已逝去，经过一番荣辱沉浮，当年锋芒毕露、敢说敢干的曾九帅已修炼得通达圆融了。而三十九岁的荣禄正是政坛上冉冉升起的一颗新星，任户部侍郎兼总管内务府大臣，并于次年兼署步兵统领，即俗称的"九门提督"，掌管都城治安。对这样一位小自己十二岁的满族新贵，曾国荃自然愿意倾力结识。而荣禄愿意和曾

---

① ［清］曾国荃：《曾国荃集》（第六册），长沙：岳麓书社，2008年，第254页。

国荃成为莫逆之交,正如国荃自己所言"自辛苦百战中来"。对于曾氏兄弟以及湘淮军,稍有良知的人都应该感谢他们为清朝续命,而对不怕死且战功赫赫的九帅,作为八旗子弟,荣禄敬佩有加,亦不足怪。

就在两人订交后不数年,仕途正顺的荣禄在官场上栽了个大跟头。光绪四年(1878),刚升任左都御史、工部尚书的荣禄,因得罪皇帝的生父醇亲王奕譞与军机大臣宝鋆、沈桂芬而被迫在次年一月告病免职,赋闲十数年,直到光绪十七年(1891)才复出任西安将军。

荣禄被免职,是因为卷入了清廷高层南北派之争,他和北派领袖李鸿藻过从甚密,自然被南派领袖沈桂芬视为敌人。当时,北派策划将军机大臣沈桂芬下放到贵州当巡抚,事未成。沈桂芬怀疑是荣禄居中出的主意,但没有证据。关键时刻,一位后来同样对晚清政局有深刻影响,且历史评价颇不低的大臣出来,做了一回"间谍"。

> 南中某侍郎,素昵文定(按:沈桂芬的谥号),与文忠(按:荣禄的谥号)亦缔兰交,往来其数。文定嘱侍郎访切实消息,侍郎遂诣文忠处种种侦视,文忠虚与委蛇。一日,侍郎遽造文忠所,曰:"沈经笙(按:沈桂芬的字)真不是人,不特对不起朋友,其家庭中亦有不可道者,我已与彼绝交。闻彼恚君甚,因外简黔抚事,谓出君谋,常思报复,不

可不防。"文忠见其语气激昂,且丑诋文定,至其先世,以为厚我,遂不之疑,将实情详细述之。侍郎据以告文定,彼此结怨愈深。①

"兰交"就是互换兰谱结成异姓兄弟,这位出卖结拜兄弟的侍郎是谁?他就是帝师翁同龢,他演戏的功夫实在是太好了。这段记述非孤证,文廷式在一段记载中证实了翁同龢的"间谍"角色。翁同龢看起来是一位正人君子,却很善于使阴招。

翁同龢不惜出卖荣禄,彻底倒向沈桂芬,当然有他自己的利益考量:一是沈和他是苏州同乡;二是此刻北派领袖李鸿藻丁忧,南派势大;三是他希望接替沈成为政坛"南派"的领袖。沈去世后,翁果然如愿以偿。翁能干出这样的事情吗?与他们翁家世交、同为苏州人的潘祖荫评价翁同龢"专以巧妙用事,未可信之也","吾与彼皆同时为贵公子,总角之交,对我犹用巧妙"。②荣禄吃了翁同龢的哑巴亏,有苦难言,但两人已势如水火了。当荣禄复出当权后,翁同龢以帝师之尊控制光绪帝,而荣禄则坚决站在太后一边,这段恩怨可以说是远因。

荣禄在闲居时写了一本《世笃忠贞录》,叙述其祖父、伯父和父亲的事迹,实则也可视为表达心中的不平。其祖父塔斯哈,

---

① 〔清〕陈夔龙:《梦蕉亭杂记》。
② 王伯恭:《蜷庐随笔》,太原:山西古籍出版社,1999年,第67—68页。

任喀什噶尔帮办大臣，死于道光十年（1830）喀什噶尔少数民族之乱，谥庄毅；其伯父长瑞任天津镇总兵，其父亲长寿任凉州镇总兵，咸丰二年（1852）兄弟俩跟随赛尚阿赴广西与太平军作战，一起战死。咸丰帝因之赐匾"世笃忠贞"。因为这样的出身，荣禄早期才得以仕途顺遂。

这样一本叙述先人忠烈事迹的书，荣禄不找那些翰林院出身的文臣作序，而是嘱托优贡出身的曾国荃为序，当然是看中曾国荃的身份和功绩，足以当之。读完《世笃忠贞录》，曾国荃有着强烈的情感共鸣，因此序言写得情真意切，真正达到了"修辞立其诚"的高度。曾国荃在盛赞荣禄祖父、伯父和父亲的忠勇之后，笔端回到了自家：

惟余读是编，重有感焉。粤匪之祸，始于桂林，蹂躏半天下。咸丰初年，余伯兄赠太傅文正公奉命讨贼，携余同怀兄弟执殳前驱，窃附举宗效命之义。其始也，民不知兵，贼益犯顺，厥后仰赖圣朝威福，削平伪都。回忆当年事会相乘之际，百孔千疮，进寸退尺，易败难成。即幸而有济于一方一郡，亦皆盘根错节，仅乃克之。余兄谥愍烈者（按：指曾国华）死于三河，余弟谥靖毅者（指曾贞干）没于江东桥营次。屈指大功、小功、缌麻之子弟族姓，战死于前，斗伤于后，毕命疆场者，不下二十余人。追维前事，不觉中宵泪涔涔下。其以军功洊保至副、参、游、都、守今日尚存者，不过七八人。此余与司寇之家所同慨喟者也。①

此时荣禄还在闲居，已经坐了多年冷板凳的曾国荃感同身受，他这是用荣禄的酒杯，浇自己的块垒。而且，两家都有一个痛恨的人：翁同龢。因为在与太平军作战时，曾国藩令李鸿章拟奏稿弹劾其兄翁同书，从此翁同龢对湘淮军的仇恨没齿不忘，时不时就使绊子，直至激北洋水师浪战，而有甲午之耻。

不过，瓜尔佳氏是清入关时的八大贵族之一，其子孙后代于清朝江山有"原始股"，荣禄的父祖为之流尽最后一滴血，理由充分。而曾氏兄弟为湘中农家子，"举宗效命"又是为何呢？

附录：

世笃忠贞录序

同治甲戌年，国荃奉诏入都，趋朝之暇，访谒忠说有闻誉之仁士贤大夫，因得与荣仲华大司寇相接。侧闻司寇官户部时，崇俭黜奢，直言敢谏，圣主为之动容，荃益钦而慕之。司寇以国荃

---

① ［清］曾国荃：《曾国荃集》（第六册），长沙：岳麓书社，2008年，第255页。

自辛苦百战中来，亦特垂青相视，彼此称莫逆焉。

越十年癸未，荃由东粤到京陛见，相与往还，共数晨夕。司寇出其所著《世笃忠贞录》示余，并属余谨书简末。比以人事纷扰，未暇报命，然未尝一刻去诸怀也。又三年，得司寇寓书，促余题跋，其言曰："吾家死事之迹，受恩之重，咸著于是编，君宜为我声之以词，以纾吾不匮之思。"余以夙诺未践，愧怍不遑，乃重取而读之，作而叹曰：有是哉！臣子授命之义，与国家褒忠之典，古岂尝有如是之两尽者乎！

先是，司寇大父庄毅公，于道光十年死喀什噶尔之难；未几而厥考勤勇公、世父武壮公，咸丰二年同时没于粤阵。父子兄弟先后凿门而出，得专征伐之柄，贼多兵少，肌血膏于原野，何其烈也！历观史册所载，合门死国难者，多系身事孱主，时丁末造，百方补救而不得一当。至于无可如何，则不得不发竖眦裂、发愤蹈刃，以完其取义成仁之节。试尝考其轶事，固出于诸臣之不幸，抑时与势之不相值也。岂若我朝武功震铄，褒崇远、迈古今哉！

洎乎承平日久，间或一隅之地盗弄潢池，陨伤良将，然皆不旋踵而禽狝草薙，向之犯颜行者旋即引颈授首，共伏天诛。为臣子者，聆王师之凯歌，于是家祭之告有余快焉。然则生逢圣代，草木鸟兽尚赓咸若，矧臣民乎？矧忠贞苗裔载歌扬拜于喜起明良之际乎？夫乃叹圣德高厚覆帱之无所不包也。

方庄毅公之没也，宣宗固尝两降谕旨，奖其死事之烈，旌其不欺之言矣。饰终之典，照耀史乘，士林慕之。追勤勇公、武壮公之殁，文宗有诏赐恤，尚追念庄毅前事，有"世笃忠贞"之褒，建祠崇祀，颁内帑以恤将母。穆宗初元，钦奉两宫懿旨，重录前勋，庄毅一门父子兄弟同时并赐祭一坛。于以见列圣轸念旧勋，作育忠良，有加无已之至意。

古称忠臣出于孝子之门，其信然欤！司寇既跻通显，念念不违先训，奉"世笃忠贞"之天语，以名是编。盖自孤露以至暮齿，期扬前烈，图报国家无疆之德，矢诸每饭不忘，其贤为不可及矣。

惟余读是编，重有感焉。粤匪之祸，始于桂林，蹂躏半天下。咸丰初年，余伯兄赠太傅文正公奉命讨贼，携余同怀兄弟执殳前驱，窃附举宗效命之义。其始也，民不知兵，贼益犯顺，厥后仰赖圣朝威福，削平伪都。回忆当年事会相乘之际，百孔千疮，进寸退尺，易败难成。即幸而有济于一方一郡，亦皆盘根错节，仅乃克之。余兄谥愍烈者死于三河，余弟谥靖毅者没于江东桥营次。屈指大功、小功、缌麻之子弟族姓，战死于前，斗伤于后，毕命疆场者，不下二十余人。追维前事，不觉中宵泪渌渌下。其以军功洊保至副、参、游、都、守今日尚存者，不过七八人。此余与司寇之家所同慨喟者也。

惟余兄太傅文正公，策日新富有之功，宜易简久大之化，以科目始，以勋名终。余亦因缘际会，无才而忝窃高位，衰朽而摄官南服，其侥幸为何如也。兄子纪泽，以袭侯出使英、法、俄三国,幸不辱命,八年还朝,备位兵部左侍郎,受恩可谓渥矣。即余骨肉兄弟之已逝者,亦被恩恤,易名任子,延世承庥,穆宗尝有"一门忠义"之谕,此则受恩同于司寇之庞者也。

余尝举以告吾族姓,谓吾家世世子孙均应黾勉勤事,方可报国于万一,庶几与司寇之志同焉。因并胪叙于此,司寇其许引我为同调乎？①

不该被忘记的夏瑚：末世守边一能吏

2016年9月底,我去了一趟云南维西傈僳族自治县,为对这个民族略有了解,启程前我看了几本书恶补相关知识,其中有一本《怒江地区历史上的九部地情书校注》（以下简称《九部地情书》,吴光范校注,云南人民出版社）,资料翔实,让我大开眼界。

维西虽属于迪庆州,地跨金沙江、澜沧江,但和以傈僳族为主体民族的怒江州只隔着一座碧罗雪山,风俗、民情相近。《九部地情书》辑录的第一部书为《怒俅边隘详情》,作者夏瑚。因这本书我才知道在一百多年前清王朝最后的一段时光里,有这样

---

① 〔清〕曾国荃：《曾国荃集》（第六册）,长沙：岳麓书社,2008年,第254—256页。

一名位不高、名不显的中低级官员，恪守着守边的职责，筚路蓝缕，苦心经营，在中缅边境的少数民族地区与英国人抢时间、争人心。

夏瑚，字荫吾，湖南长沙人，拔贡出身。拔贡是诸生（秀才）最高层级的一种，即由学政选拔才华出众且资格老的生员"贡于国子监"。拔贡经过朝考合格，可以充任小京官、知县或教谕。这位夏大人如何由鱼米之乡来到偏僻艰苦的大西南任官，不得而知。但背景应该是随着湘军的勃兴，湖南当地一大批读书人得以脱颖而出，奔赴西北、西南等苦寒之地。

夏瑚当时的官职是阿墩子弹压委员，阿墩子今属德钦县，德钦地广人稀，长期由维西县代管。"阿墩子教案"发生后，朝廷遂对此地予以重视，在阿墩子设弹压委员，直属丽江府。这应该是一个由府派驻的机构，相当于现在某某开发区管委会，委员大约和知县平级。作为弹压委员的夏瑚，不但要管理今天德钦一大片地区，还兼办理怒江事宜，也就是说他是当地的最高行政官员。

怒江地区生活着傈僳族、独龙族、怒族等少数民族，怒江以西，还有独龙江，此地的独龙族当时被称为曲子或俅人，独龙江被称为曲子江或俅江，为恩梅开江上源；独龙江以西又有木里江，为迈立开江上源，两江在缅甸密支那合流为伊洛瓦底江。两江流域生活着众多部族，一直受清廷羁縻，理论上这片辽阔的土地是清朝的疆土。可由于大山阻隔，这是一片外人很难进入的处女地,此间的人们过着原始的猎耕生活。

到了近代,情况发生了变化,缅甸沦为英国的殖民地,英国人积极地向北发展,觊觎中国,并擅自在高黎贡山竖起界碑,单方面宣布高黎贡山以西已非清朝疆土。而清朝对边疆部族长期的羁縻政策,使国界划分不可能像今天这么明晰,那些部族今日属于清朝,明天可能就心向英国人。

在这样特殊的时期,守边官员最重要的工作是要深入实地进行考察,摸清地方的社会情况,安抚地方大小首领。夏瑚受命于危难之际,于光绪三十四年(1908)七月,奉云贵总督和丽江府之命开始了宣慰之旅。他率领武备学校毕业生夏云、把总马吉义及翻译、通事和兵丁七八十人,雇用三十几个民工,背着糌粑以及犒赏当地居民的盐巴、布匹及其他礼品,从阿墩子启程,经白汉洛(今贡山县丙中洛镇白汉洛村)、菖蒲桶(今贡山县城),翻越大山深沟,勘察了今天中国云南怒江州南部地区和缅甸北部恩梅开江、迈立开江流域的大小村寨,一直抵达木王地(坎底,今为缅甸葡萄县)。一行于十一月返回阿墩子。

夏瑚此行的主要目的是:宣示中国主权,安抚当地民众,了解当地社情。用夏本人的话说是"一穷边界,知我藩篱"[①]。这一路真是千辛万苦,此前从未有朝廷的官员到过那些地方,当地居

[①] 吴光范:《怒江地区历史上的九部地情书校注》,昆明:云南人民出版社,2014年,第12页。

民过江凭江上溜索,翻山靠攀岩。有一位法国亲王曾在向导的带领下,从维西茨菇启程,穿越这一带蛮荒之地,抵达坎底,然后经印度回国。夏瑚书中记载:

> 当将往时,墩怒官商弁民无不力阻,谓夫道路梗塞,江河叠阻,盗贼遍地,虎豹当途,且也烟瘴到处称盛,粮食难于购寻,尤为行人前途极大隐患。①

夏瑚以为法国亲王能穿过此地,自己为什么不能?他掷地有声地回答:

> (委员)窃以彼丈夫也,我丈夫也,彼外人尚且能往,我华人何独不能往?用是坚忍自持,生死不计。②

于是,他"先雇怒民四人,执持刻木赴怒(当地居民没有文字,部族之间通信息靠刻木为凭),层递传谕各江民人,晓以此来,系奉宪檄查访民生苦乐,履勘地方险夷"。③

---

① 吴光范:《怒江地区历史上的九部地情书校注》,昆明:云南人民出版社,2014年,第12页。
② 方国喻:《云南史料丛刊》(第十二卷),昆明:云南大学出版社,2001年,第154页。
③ 同上。

调查得出的结论是：狄子江流域的"狄子""无人管束"；再往西的狄不勒江流域，"其出产地土房屋人民，一如狄子，向在化外，无人管束"①；狄不勒江西南的脱落江流域有自俅江流域（今云南贡山县境内）迁来的独龙族，也有从木王地迁来的傣族。对这些地方，事实上中国和英属缅甸都没有进行有效的治理。

在夏瑚的眼中，这是一片什么样的土地呢？

  各江地土无不肥沃，出产无不丰饶，人民无不强悍聪颖，惟因主治无官，自相残杀，以致人民稀少，稼穑不谙，道路梗塞，商旅不通，为可惜耳！②

夏瑚要赶在英国人进入这片土地前尽快确权，向当地民众特别是头人宣称清朝拥有这片土地。

  随募夫役裹粿粮，率领弁勇，冒雨登程，到处雇募乡道（向导），执持锄斧，斩除榛狂，携带帐篷等件，随处栖止。每到一处，开诚布公，剀切劝谕，老少妇孺，咸给赏需，遴派火（伙）头甲长，给以印谕，赏以银牌、小帽、衣

---

① 方国喻：《云南史料丛刊》（第十二卷），昆明：云南大学出版社，2001年，第151页。
② 同上，第153页。

裤、盐布等项,俾餍其心,使之约束夷众,不准杀人、拉人、买卖人口。①

将象征着官府"授权"的银牌和红帽子颁发给当地部落的头人,这是夏瑚的从权之举,他这样一个级别的官员显然无权任命基层官吏,但他大胆地以官府的名义这样做。对未开化地区的这些大小头目而言,有了这顶帽子和银牌,就是大清委任的"官"了。直到二十世纪二三十年代,英属缅甸殖民地官员进入恩梅开江、迈立开江流域,尚有头人拿出当年夏老爷给他们的帽子和银牌,说自己是清朝的官吏。

夏瑚向上司提出了开发和管理这片广袤之地的十大建议:

  一、宜建设官长,以资分治也;
  二、宜添兵驻防,以资保卫也;
  三、宜撤退土司,以苏民困也;
  四、宜剿抚吉匪,以除民害也;
  五、宜筹费设学,以广教育也;
  六、宜治平道路,以通商旅也;
  七、宜广招开垦,以实边地也;

---

① 方国喻:《云南史料丛刊》(第十二卷),昆明:云南大学出版社,2001年,第154页。

八、宜设关守隘，以清界限也；

九、宜改征赋税，以裕经费也；

十、宜扶置喇嘛，以顺舆情也。①

可是，等夏瑚回到阿墩子后，不但没有受到奖赏，反而被撤职了，原因是当地乡绅联名告状，说他乱用经费。夏瑚本人两袖清风，但这一趟南下考察，一百来人，用时五个月，而且一路要赏赐土著居民，以服其心，花费肯定不少，有些钱估计是向地方殷实之家摊派的。夏瑚因此离开了滇西北，他的十条建议也就成了具文，无人理睬。他去宣示主权的大片土地，又落入他人之手。

民国二十一年（1932），怒江地方政府派人修撰的《征集菖蒲桶沿边志》还如此叹息道：

> 夏委将俅江境界与察瓦隆划清后，即往俅江调查。曾到木王坝（按：今坎底），始悉俅地沃野千里；极力扶绥曲民。分委各处火（伙）头，发给执照，并委袁裕才为俅江总管，以资管束，仍拟划分区域，设官分治。讵料维西劣绅瞿鸿儒等，诬告夏委浮滥经费。清政府不察虚实，即将夏委撤

---

① 方国喻：《云南史料丛刊》（第十二卷），昆明：云南大学出版社，2001年，第154—161页。

职查办。伺候俅江地方，亦无人过问，听任英人侵略。大好河山无异为该劣绅等贻误。迄于民国七八年，宜被英人占去十分之九，所有俅境之木王坝、狄子江、狄不勒江、狄满江、脱落江、拉打阁等地，完全失陷。英人窃取俅江后，一面笼络曲民，将各地火头执照一并收去，改发英国执照；调查门户，每年按户收钱粮英洋一元，于各地设一刻利吾官（按：团守之类），管辖曲民；于坎底地方，驻有防军一队，约计官兵四五十名，建有兵房铺面；并修筑各地马路，宽约八尺；于干路旁，每距离五十里，建有洋房一所，以备英国官兵巡视住宿，并准商人歇宿。①

英国人的这些措施和夏瑚给上司的十大建议，几乎吻合。可惜，夏瑚是在清朝末造为官，空有才识、能力和胆略。

夏瑚戍守边疆的生涯还没完，离开了滇西北，他又去了西藏，在宣统三年（1911）去藏南地区（野人山）进行宣抚。

宣统皇帝即位后，赵尔丰经略川滇边，在康区实行改土归流，练兵实边，颇有成就，像夏瑚这样熟悉边情的能吏怎么能闲着呢？于是，赵将其招揽麾下，于宣统二年（1910）担任由析分桑昂曲宗地而设的科麦县县令（今左贡县，在察隅县以北），赏

---

① 吴光范：《怒江地区历史上的九部地情书校注》，昆明：云南人民出版社，2014年，第25页。

给五品顶戴,算是高配了,以显示对朝廷边疆官员的重视。

光绪朝,英国擅自在高黎贡山设界碑,欲将大山以西至迈立开江的广袤土地吞并,清廷坚决不予承认。1911年1月4日英国又出兵占领了高黎贡山西麓的片马,并分兵驻扎鱼洞、岗房。同时,英国侵略军焚烧了片马的汉学堂,赶走了教师姜光耀。

当时的云贵总督是李鸿章的侄子李经羲,一方大吏,守土有责,他不能坐视不管。西南最有战斗力的军队是赵尔丰统领的边军,于是李经羲致电川督赵尔巽和边务大臣赵尔丰两兄弟,催促边军南下,希望减轻云南边界的压力。他在电文中请求赵尔丰:

今季帅兵至桑昂曲宗,如南寻细界,横断高黎贡山脉,使彼无所借口,俾滇从容同谋一辙,以作掎角之势。①

赵尔丰和李经羲都不是庸官,颇有战略眼光,他们看到江心坡地区以及和其山水相连的西藏南部野人山地区的重要性,这一带虽是森林密布,虫蛇出没,但海拔低,气候温和,物产丰富,经此地,可以从滇西北的丽江、怒江地区往西直插喜马拉雅山南麓。此地若被英国人占领,云南到藏南的通道便被割断了。赵尔丰毫不含糊,回电答应李经羲:

---

① 陈家琎:《西藏地方志资料集成》(第二集),北京:中国藏学出版社,1997年,第19页。

遵电已派员前往近缅甸之处勘查界址,俟图成后,再为电达。①

大约是因为夏瑚在云南做阿墩子弹压委员时去过江心坡地区,所以赵尔丰派了这匹"识途老马"再一次南下。

这一次深入藏南野人山地区的宣抚,历时三个多月,从1911年8月16至1911年11月28日,夏瑚此行留下了详细的日记,名《抚南日记》。真是钦佩这位湖湘先贤,在那么艰苦的环境中每天还不忘记日记,才使后人能够得知一位末世能吏的抱负与辛劳。

夏瑚宣抚的路线大约是:沿察隅河东岸往南行,在察隅河向西大拐弯时,溯察隅河的支流嘎仑河往东继续跋涉,越过库阳山口进入现在的缅甸北部,然后,南行到胡康河谷,在这里招抚了原梯龚拉;尔后夏瑚又向西北,顺原路或另择道,到哈冈地区和妥坝一带宣抚。

《夏瑚日记》第一篇:

宣统三年,六月二十二日
由科麦县起程。随带书记一人,翻译一人,士兵十二

---

① 陈家琎:《西藏地方志资料集成》(第二集),北京:中国藏学出版社,1997年,第20页。

名，随役四名。出城南行三十里至鹅惊宿，人烟三十余户。是晚微雨。①

四天后，他走到了杂贡住宿，日记载：

> 二十六日　早雨晚晴
> 南行。越一土坡，绕山道而行，七十里至杂贡宿。人烟三十余户，此地驻有新军前营右哨士兵三十名，排长王玉清，系湖南湘潭人。是晚邀此小饮，谈起故里缙绅，多有知者。不啻万里他乡遇故知，为一快也。②

当时，湘潭县属于长沙府管辖，能在这里遇到一个小老乡，欣喜之情可想而知，而且谈到老家的一些人物，对方都知道，这位王排长应该通文墨。

六月二十八日，夏瑚一行走到杂隅县（今察隅县）县署，杂隅县县令苟国华请他喝酒，并为他聘请能通野人山区土著语言的藏族向导。日记载：

> 席间有新军前营哨官蒋洪喜、妥坝土官朗甲朵结、翻译

---

① 陈家琎：《西藏地方志资料集成》（第二集），北京：中国藏学出版社，1997年，第20页。
② 同上。

扎噶等在坐。朗甲英武一少年也，性豪爽嗜酒，一举数十觥，晏如也，余甚器之。是晚回寓，与苟君磋商进行之事。据云，西南部落分歧，言语不同，风俗各别，必得觅一熟悉之人向导为宜。①

当时苟县令刚纳了一个小妾，"为本地绒密村人，遂邀同饮。年仅十七岁，长袖蓝衫，凤头小蛮靴，楚楚一玉人也"。②那时候朝廷派驻在藏地的文武官员在当地娶亲或纳妾，似乎并不禁止，陈渠珍也是在驻扎工布江达时纳西原为妾。当时新婚的苟县令万难想到，灾难会在不久的将来发生。

当夏瑚一行进入下察隅僜人聚居区后，看到的是一派旖旎风光，和青藏高原的莽荒大不相同，如他在七月十一日的日记中载：

> 据扎噶（向导，笔者注）云，由此至马哩有二路。沿江而下为小路，仅七十里，惟经偏桥数道；大路约百里，路宽漫。遂走小路，临江断岸，独木为桥，徒步约二十里至马公垭，路渐平坦，地方沃野，绿草黄花，掩映山谷，皆鸦片烟也。据扎噶云，沿江两岸，西南二百余里，悉为产烟之区，

---

① 陈家琎：《西藏地方志资料集成》（第二集），北京：中国藏学出版社，1997年，第20—21页。
② 同上，第20页。

每年收后售于汉商,曰倮倮泥,亦名西山货。①

可见,当时这一带就广种罂粟,盛产鸦片。夏瑚一路赏赐给当地土人头领的有盐巴、布匹丝绸及自鸣钟等山中难以见到的稀罕物。如:

七月十二日

头人翁噶来见,以鸡蛋二十枚,胡桃一筐为敬仪。遂奖井盐五斤、叶子烟四把、藏元二枚。据称,此地马少无鞍鞯,凡输运物品,悉用人背负而行,每日一人雇价一元。如川盐折价,每斤作藏元五元计算。盖野人地方无盐,百姓食以碱土,苦矣!②

七月十五日　天晴

西北行,沿一小水沟而下,路渐平坦,经小桥数道,七十里至原梯龚拉。土官觉根迎于郊外,遂住其寨。木楼三层,形势观瞻。觉根同其母进虎皮一张、黄连二十斤、云梨二篓、编筐篮四种。却之再三,惟以收之,遂以红绿绸各一

---

① 陈家琎:《西藏地方志资料集成》(第二集),北京:中国藏学出版社,1997年,第21页。
② 同上,第21—22页。

疋，马蹄表一座，盐二十斤，眼镜一副赠之。①

当时，赵尔丰已经上书朝廷征得同意，准备设西康省，日记中亦云"接苟国华函云，西康建省地点择定巴安，业已动工建筑衙署，并设边北兵备道、康南盐茶道"。②而夏瑚所宣抚的今察隅南部的印控区和缅北江心坡西部地区，拟设三县一州。如七月十六的日记载：

> 觉根同扎噶来寓，面称土官所辖附近三百余户，外属三百余户，月前程大人处投诚，今如何办理，盼示以便遵照等语。余遂将西康建省设治及国防各事详告，伊甚以为然。遂邀其全家至郊外野餐，扎噶并带留音唱片演之。未几来听者数百人，假此宣布国家大意，将来设治，雨露同沾，无分华夷，时人民俯首恭听，欣欣如是也。是晚令扎噶邀觉根来寓，凡原梯龚拉以南，近于缅甸之处山川形势，以何处为界，何处投英，绘一草图上陈。拟此设治以为西南之屏藩，并函呈程参将知道。③

---

① 陈家琎：《西藏地方志资料集成》（第二集），北京：中国藏学出版社，1997年，第22页。
② 同上，第26页。
③ 同上，第22页。

"程参将"即赵尔丰最为仰仗的大将程凤翔,此人威震藏区,藏人对他视为天神,又敬又怕。其对巩固西南边陲功勋极大。

特别有意思的是,夏瑚此次携带的留声机对宣抚起了很大的作用,每到一处,就放留声机给当地土人听,土人以为鬼怪在里面说话,吓得汗不敢出。日记中载:

> 未几阿卜率领头目二十余人,席地而坐听唱片,内有数人忽起而跪之,盖疑其唱片为鬼神。[1]

夏瑚一行在九月十日遇险,就是靠留声机威震了那些"野人":

> 见有帐幕四五,趋至暂避风雨,忽见犷悍十数人,由帐中而出,手持利刀卤箭,势将行凶,幸有土兵以枪示威,禁止弗动。据称为游牧之民,持械以防虎狼,非为劫者,但纠纠之态尚未去也。遂以盐茶奖之,渐有温色,弃刀积薪,忐忑左右,不为无疑,乃雨不止,惟以住此,即令土兵整械以备不虞。而扎噶已开唱片,为谭叫天之坐宫也。余欲制止,及见土人听之尊如天神,扎噶乘机伪以唱片为:观世音来

---

[1] 陈家琎:《西藏地方志资料集成》(第二集),北京:中国藏学出版社,1997年,第24页。

此察看尔等地方事宜。土人闻之信以为真，跪而听之，遂将宣慰各事略以述之。祇知余等为汉官，起而恭候，不是以前之概。①

此地的僜人就是其他民族蔑称的"野人"，几乎处在原始社会阶段，夏瑚的日记中如此描述：

沿途居民树巢、石屋，半为裸体，以兽皮遮阴，蓬头赤足，以铁圈为耳环，大如碗口。有用小钢圈贯于鼻间，见人憨笑，似为礼也。②

这些土著民，连肉类都是生吃，不知道煮熟后的味道。如夏瑚九月一则日记载：

阿卜遂邀于郊外聚餐，意欲饯行。届时在深林中以蕉叶铺地，垒石为桌子，上列羊肘、牛头、桃、梨山果数十种，一盛宴也。在野人风俗中，以聚会野餐为极重之礼，因余不惯生食，另安炉灶，凡彼等所食一样，即割一份烹而食之。时有老人数辈，蹀躞左右，形势似垂涎，遂以余者赠之，食

---

① 陈家琎：《西藏地方志资料集成》（第二集），北京：中国藏学出版社，1997年，第28页。
② 同上，第24页。

如天珍，悯之。即令厨役教以烹炖之法。①

夏瑚一行一路上风餐露宿，备尝艰难，他在晚上安歇前，也总是禁不住想念故乡。日记中有几处如此的记载："是晚大雨，屋漏难眠，惟有浊酒话潇湘""杯酒而眠，一枕黄粱入潇湘"。②

《抚南日记》的最后一则是：

> 十月初八日　天晴
>
> 由此阿公山复越拉卡山。峭壁笋峰，一百三十里至顶，牙营在望。下坡平原大路，斜阳随花织地锦，五十里抵治。③

夏瑚哪能想到在他深入野人山地区的三个多月里，中华大地发生了翻天覆地的变化。1911年10月10日（辛亥年八月十九），武昌起义爆发，而夏瑚正在做什么呢？当天的日记载：

> 奉边务大臣批云：阿卜西扎为安抚员，其委状随发。所呈萨的雅原为藏地，既被英人占领，毋庸再议。木牛甲卜等部来归，国家一体同仁，可与程凤翔会勘，民足能以养官者设治，

---

① 陈家琎：《西藏地方志资料集成》（第二集），北京：中国藏学出版社，1997年，第24页。
② 同上，第26页。
③ 同上，第30页。

不来者可不强勉。波密现经藏军往剿,已至冬九,谅该番必有所闻,进缓日行酌量,事事不能遥度,随时呈报也可。①

他还在替朝廷操心如何安抚边疆部落,巩固边防!

1911年10月30日(九月初九),他的同乡蔡锷在昆明发动"重九起义",宣布云南脱离清廷,他又在做什么呢?日记记载那天他作了一首诗:

是日行八十里,宿于林中。据土人云,西南数百里,悉为森林,多虎豹。是晚惟看野火烧山,为一快也。遂步苟国华原赠一首:

缥缈凌空万树低,
峰峦齐岫步云堤。
山徒千里稽人路,
日没溪勾载马蹄。
羌笛未闻南燕渡,
界铜已断色隆梯。
儒林异日评西志,

---

① 陈家琎:《西藏地方志资料集成》(第二集),北京:中国藏学出版社,1997年,第25页。

尽在新诗一卷题。①

1911年12月22日（十一月初三），就在夏瑚回到县衙不到一月，十分欣赏他的老长官赵尔丰被尹昌衡杀死在成都；1912年2月12日（辛亥年十二月二十五），宣统帝爱新觉罗·溥仪颁布退位诏书，夏瑚所效忠的王朝不存在了。

江山鼎革，边疆也随之产生了变数。西康省直到民国二十八年（1939）才设立，而夏瑚此次宣抚的野人山地区，原来规划好的三县一州也成了一场梦。

日记里提到的其他几个人的命运如何？收复西南数千里的程凤翔在北洋政府时担任过总统府侍从武官，曹锟曾派他去江西监督烧制瓷器，嗜酒的他专门为自己烧了一大批精美的酒瓶子，名曰"程瓷"。

最惨的是和夏瑚诗词唱和的杂隅县县令苟国华。苟国华，字文卿，甘肃人，举人出身。民国元年（1912）三月，拉萨驻军和当地武装交战，战乱波及全藏，叛乱的武装到处攻击驻军和汉族官员。叛军进攻杂隅，苟国华与新军前营哨官蒋洪喜（就是夏瑚日记中陪席的那位，四川秀山人）誓死守城，孤军无援。叛乱武装久攻不下，愿出五千两银子，让他们献城，假道云南回川，两

---

① 陈家琎：《西藏地方志资料集成》（第二集），北京：中国藏学出版社，1997年，第27页。

人不答应。被围三月，粮尽弹绝，于同年十一月二十一日，全城文武一百四十七人同时投河而死。

夏瑚的晚景似乎还不错，这册日记补录了他在民国九年（1920）和老朋友在云南中甸县（今香格里拉市）谈及往事。他最大的可能是终老滇省，如果死在香格里拉，也算是一件大幸事。

从熊希龄的一篇寿言可窥见当时的政治生态

吾友刘汉辉先生，湖南新化县人士，为湘省知名的书画鉴赏家、收藏家和出版人。丙申（2016年）端午节前后，我与他顺沅水做数日之游，返京前小驻长沙，受邀去其书斋开眼界。在其书斋，有幸欣赏到吾湘先贤熊希龄撰并手书的一篇十二条屏的《恭介何玉麟先生七十嵩辰寿言》。

熊希龄是中国近代史上不可回避的一位政治人物，更是偏僻的湘西近世以来值得大书特书的一位大人物。熊公字秉三，出生在湘西凤凰县一个军人之家，祖父、父亲都是职业军官，他少年神童，早岁翰林，中年宰辅，晚年慈善家。出产骁勇善战的武士的凤凰县乃至整个湘西地区，这一百多年来文人辈出，翰墨飘香，熊希龄实在是有开山导源之功。

熊希龄于1937年12月去香港为抗战将士募捐时病逝，距今八十多年,其存世的墨迹不少,但多为行书、草书,内容或古诗,或对联,或匾额;而此共751字的寿言,均用一丝不苟的正书写成,我目之所及(包括照片),仅此一份。

熊希龄早年并不擅长正书,特别是科举考试所重的"馆阁体"(科举制度下,考场专用字体)。因此,他在光绪十八年(1892)会试及第后,竟然放弃参加殿试。会试得中的"贡士"参加殿试都会考中,只是名次有差异。殿试的试卷必须由考生自己书写呈阅卷官和皇帝阅览——乡试和会试则由考生答完试卷后由书手誊写一份供考官批阅,以免凭字迹而舞弊。殿试时考生如果字写得不符合"馆阁体"秀润华美、正雅圆融的标准,名次往往很靠后,进不了翰林院,龚自珍当年就是这般命运。熊希龄回家苦练正书,于两年后参加光绪二十年(1894)的恩科殿试,中二甲进士,如愿以偿地被钦点为翰林院庶吉士。

这幅寿言的书法笔笔精到,有颜体的雍容大度、雄强圆厚,又不失柳体的爽利遒劲,结体严紧。我于书道,是半桶水,不敢更多地评论。我只想就这篇寿言的内容所涉及的时代信息多说几句。寿言或寿序、寿颂,是中国古代士人阶层的一种人情文字。它和诗词酬答、送别赠序以及祭文、墓志铭一样,是用于交际的应用文。古代流传至今的一些美妙诗词或散文,许多是此类人情文字,如《兰亭集序》《春夜宴桃李园序》《送东阳马生序》等。寿言,顾名思义,就是为某人祝寿所写的文章,这类文字自然要体现中国人情社会的特点,多赞美之词。但真正的高手写这样的文章能做到赞而不谀，恰如其分，而且能通过称颂别人来表达自己的情感与抱负。韩愈就是写这样文字的高手，熊希龄的这篇文章也是如此。

寿言所称颂的何玉麟先生，是湖南平江县上塔市一位名不见经传的绅士，或者可尊称其为"处士"——有德才而隐居不愿做官的高人。熊希龄将其比作陶渊明："则先生亦今之陶征士也。"①这位何先生家境富裕，其家族发达乃是因为何先生的父亲会同公"操胶鬲业"——贩卖食盐。当时盐商获利颇多，但准入门槛亦高，非寻常关系者可以涉足。寿言说何玉麟早年"笃学能文，试于有司不售，即弃去，筑室于戴家垄，课农桑自适，浩然有归去来之志"，这段话当然不无溢美，说他厌倦做官，和陶渊明一样回到乡野从事稼穑。实际上是何先生科场落第，不得已而如此。这是写寿言等人情文字的常用曲笔。

寿言或祭文，重点是要赞美其人的品德与功劳，这篇寿言着重讲到了何玉麟在战乱时期，容留避乱的百姓，以及孝顺父母、为相邻排解纠纷、在家乡办学、提携晚辈。这是一位优秀乡绅服务桑梓的基本内容。

文章一开始便说"平江上塔市当湘鄂孔道"，而后进一步讲到"迩来军事叠兴，上塔市时为驻地，避乱者争趋先生家，先生

---

① 刘汉辉：《熊希龄先生楷书大寿屏》释文"书堂雅集"系列，2016年印行。

勿之却也"。何玉麟先生这样的善行衬托出世道之乱。熊希龄写此寿言是在1921年,民国已成立十个年头,可是国人对时局普遍失望。十载之中,有袁世凯称帝和张勋复辟的闹剧,还有总统和总理走马灯似的你方唱罢我登场,各地大小军阀相互攻伐,兵匪如麻,生灵涂炭。湖南是南北要冲,平江更是湖南通向湖北的咽喉,多次被战争波及,三湘父老受战争之苦久矣。

湖南人为推翻清廷、创建民国作出了不可磨灭的贡献,付出了无比巨大的牺牲,熊希龄本人亦是参与民国创建的重要人物,可是正如另一位辛亥革命元勋蔡济民诗中所言,"无量头颅无量血,可怜购得假共和"。对这样"假共和"的纷乱,熊希龄的心情想必是十分复杂的。熊希龄参与变法图强,后被清廷罢黜,如果不是一场大病耽误了行程,而是和谭嗣同等人一起应光绪帝征召赴京任职,多半会和"六君子"死在一起。民国后他先任财政总长,后在袁世凯的威逼利诱下担任过半年的国务总理,副署解散国民党、解散国会等命令,为革命党人所诟骂。看起来他早年得志,名闻天下,做到"宰辅"的高位,但在这样的乱世中,号称"财神"的熊希龄,空负凌云万丈才,难以有所作为。

无论是参与变法,还是赞成革命,或是后来出任财政总长、内阁总理,熊希龄有着传统儒生"治国平天下"的志向,希望将中国社会建设成富裕、和平的"桃花源",但现实却那样的残酷,熊希龄如何对待壮志难酬、桃源梦破?他在这篇文章中对何玉麟的赞颂之言,可视为自述情怀。文中道:

"世皆羡桃源为乐土,自我观之,特征士借以寓意耳。""人果高尚如征士,桃花源自在人境,奚暇世外求耶?"可见,熊希龄虽然对现状失望,但并没有选择放弃和逃避。离开政坛兴办实业、投身慈善,这或许是熊希龄在百转千回中,希望能找到一条在人世间建设"桃花源"的路径。

作为平江乡间的一位绅士,何玉麟先生七十寿辰,何以能请动熊希龄这等人物的大驾,为其撰写寿言?文中也有说明。原来,何老先生的外甥叶瑞棻与秉三先生交情匪浅。叶瑞棻,号筱嵩,也写成"筱松",湖南平江人,比熊希龄小四五岁,算是同辈人。他曾考入湖北武昌道师范学堂,毕业后,被清廷公派赴日本早稻田大学留学,获政治经济学博士。在日本早稻田大学期间,和另一位平江籍青年李积芳是同学,亲如手足。李积芳在日本加入同盟会,辛亥革命后任众议院议员。

当时,叶瑞棻的职位并不高,为民国交通部佥事,只是一位中级官员。但此人的交际能力强,且热心公益,后来担任过北平湖南同乡会会长,20世纪50年代做过政务院首届中央文史馆馆员。当时,铁路归交通部管理,交通部是很有钱的部门,掌握的资源很多,叶瑞棻参与过交通银行的创办。由此,可以做如此判断,叶是中央政府核心部门一位级别不高但能量不小的官员。从寿言后面那一串长长的拜寿名单可以看出,何玉麟的晚辈亲戚中有不少人在交通部或其所管的铁路局、车站和学校供职,这不能说没有叶瑞棻的运作之功。此前一年的1920年,熊希龄创办了香山慈幼院，以他的名望和曾经的职位，显然是在京湖南籍人士的首领，叶瑞棻等同乡对其尊重有加，而熊希龄卸任官职后办慈善，也得仰仗叶瑞棻这些占据要害部门且活动能力强的同乡。熊希龄不但受其所请为何玉麟先生撰并书寿言，还曾为叶瑞棻主修的《平江叶氏族谱》作序。

"民国第一任总理"并自称"愚侄"的熊希龄能为一位乡下老人写寿言，对何玉麟来说是极大的荣耀，这也是一位外甥送给舅父最好的寿礼。叶瑞棻对舅父的寿辰如此用心，寿言亦述原因："先生妹夫叶公嵩甫，名儒，不寿。有子筱嵩君，秉承母训，聪明早达，由海外留学归，官京师有声。""然则先生所为求其志者，将于筱嵩君达其道，亦适肖乎先生之自出矣。"可以想见，早年丧父的叶瑞棻，在成长过程中，家境殷实、急公好义的舅父对其必定给予了极大的帮助。

所以，熊希龄在文中说道："琼瑰玉佩，媲秦公子之赠舅氏，殆无多让。"这里用到了秦康公送晋文公重耳的典故，上文中已有提及，在此不再赘述。叶瑞棻对舅父的这份情意，确实相当于秦康公送给重耳的"琼瑰玉佩"之厚礼。

这篇不长的寿言包含着丰富的历史、文化信息，从中可以窥见中国传统社会的亲族关系、乡谊关系，以及那个时代的民风民俗和湖湘乃至整个中国的政治生态。

第三编

埋藏在历史深处的逸闻

潜规则：台面下的真实游戏

"官牒牙牌书不尽"的传统

领导有多忙？清季官员有一则逸事或许能说明一些。同治元年，曾国藩在两江总督任上，驻扎在安庆的他正指挥湘军和太平军鏖战。衙门的办事人员奉命刻印曾大人专用的公牍，为了表示尊重，上面把曾国藩所有的职衔包括兼职，全部刻全了，密密麻麻的一长溜。曾在当天的日记中载："公牍中所刻余官衔，字数太多，因删去十四字，令其再刻。"①

由此，曾国藩还写了一首自嘲诗："官儿尽大有何荣？字数太多看不清。减去数行重刻过，留将他日写铭旌。"②

---

① 〔清〕曾国藩：《曾国藩日记〔二〕》，长沙：岳麓书社，2015年，第258页。
② 〔清〕曾国藩：《曾国藩全集》（第十四册），长沙：岳麓书社，2011年，第82页。

铭旌，是古代社会士大夫死后，立在死者灵柩前、标明官职的旗幡。这样的场合是最正式的，死者生前所担任的官职尽量书写完整以表示尊荣。

曾国藩的得意门生李鸿章比他老师的头衔还多，李鸿章死后，大诗人黄遵宪在《李肃毅侯挽诗四首》中写道："糜弧卒挽周衰德，华衮优增汉旧仪。官牒牙牌书不尽，盖棺更拜帝王师。"①"官牒牙牌书不尽"说的是李氏生前所担任和兼任的官职用牙牌都写不完。"牙牌"又称"衔牌""衙牌"，老百姓俗称"高脚牌"，上面书写着官员担任的官职和所获得的殊荣，是出巡仪卫的组成部分，一个衙役扛一块。李鸿章的牙牌共十八块，出巡时分两排，一边九块。左边是：敕封、太子太傅、文华殿大学士、头品顶戴、赏穿方龙补服、赏戴三眼花翎、一等肃毅伯、赏用紫缰、紫禁城骑马。右边是：钦定、兵部尚书、都察院右都御史、总督直隶军务粮饷、兼管直隶巡抚事、武英殿总裁、奉旨管理河道、管理长芦盐政、钦差北洋通商大臣。"敕封"和"钦定"表明李鸿章这些亮闪闪的官职和殊荣来自皇帝的封赏。

为什么清代官员要身兼那么多职务？其根本原因是在权力由上向下授予、官员主要向上负责的政治体制下，重要的官员不得不身兼多职。也就是说，一个非法治化的权力运行体系内，权力

---

① 黄遵宪：《人境庐诗草笺注》，上海：古典文学出版社，1957年，第379页。

高度人格化，有上面授予的权力才能做事。尽管我国古代各朝职官制度很完备，但有些差事必须由某些有权力的官员兼任，方显出其重要性，做起事来才顺当。如同治九年（1870）为应付日益增多的对外交涉事件，上谕规定北洋通商大臣必须由直隶总督兼任，理由是："现在情形，则天津洋务海防，较之保定省防，关系尤重，必须专归总督一手经理，以免推诿而责专成。"①

正二品大员被一个小吏勒索了

曾国藩自二十八岁中进士、入翰林院后，一直官运亨通。到了三十八岁那年，任内阁学士兼礼部侍郎衔。不到十年，从新入职的"公务员"做到副部级高官，这速度可以用"坐火箭"来形容。

曾公出身于湖南湘乡的一个小地主家，家境并不是很富裕，因此在初当京官时，过日子捉襟见肘，四处举债。等他做到了侍郎这样的大官，家境才好一些，但仍然要受小吏的气。从他写的一封家书中可窥当时官场之腐败和曾国藩隐忍的性格。

咸丰元年（1851）闰八月，曾国藩在给几位在老家的弟弟的

---

① 〔清〕李鸿章：《李鸿章全集·奏议》（四），合肥：安徽教育出版社，2008年，第108页。

信中提到一件关系到曾家荣耀的家事：

> 诰封已于八月用宝，我家各轴竟尚未用。吾意思急急寄回，以博父母大人、叔父母大人之一欢。乃竟未领得，心焉负疚。去年请封时，系由礼部行文吏部，彼时曾与澄弟谈及。以为六部毕竟声势相通，办事较易。岂知不另托人不另给钱，则书办置之不议不论，遂将第一次用宝之期已误过矣。现在已另托夏阶平妥办，不知今夕尚用宝否？①

信中提到的"诰封"是帝制时代的封赠制度。一个人做了官，根据其本人的级别，他的父母甚至祖父母、曾祖父母和妻子会得到相应官衔或某某夫人的封赠。其直系长辈健在者曰"封"，若亡故则曰"赠"。所谓"光宗耀祖，封妻荫子"，是古人做官的一个特别大的激励机制。为父母和祖父母争来一个官衔，那是莫大的孝道。因此，为官者特别在乎长辈的封赠。

曾国藩当时已是礼部右侍郎，正二品大员，按例可以封赠父母、祖父母和曾祖父母三辈。朝廷分管封赠的是吏部验封司，一般程序是官员上书申请封赠，吏部验封司按规定审核后，够格就上报皇帝，皇帝当然会照准，然后分别拟好圣旨，盖上皇帝之玺

---

① 〔清〕曾国藩：《曾国藩全集》（第二十册），长沙：岳麓书社，2011年，第198页。

（用宝），就算生效了。每年受封赠的人太多，所以吏部一般积攒一批后再统一拟旨、盖章。

曾国藩在信中提到，他在"去年"即道光三十年（1850）为父母和叔父母申请封赠，当时他做礼部侍郎已经三年了，还兼任兵部侍郎，条件完全合格。他以为一个礼部侍郎这么大的官，又是照章办事，行文管这事的吏部，那还不是很顺利地走程序？没想到，具体操办这事的"书办"根本不买他的账，因为他没有专门托人并送钱，就把他的报告扔到一边"不议不论"，搞得他在父母和弟弟面前很没面子。吃一堑长一智，他立刻找在吏部任职的同乡好友夏阶平（名家泰，后官至福建按察使）疏通关系。

后来这事办得怎样呢？曾国藩在同年（1851）十二月廿二日给诸弟的信中专门做了交代：

> 诰封各轴已于今日领到，正月二十六恩诏四轴，四月十三恩诏亦四轴，三月初三恩诏一轴，凡九轴。八月初六用宝一次，我家诸轴因未曾托人，是以未办。曾于闰八月写信告知，深愧我办事之疏忽。后虽托夏阶平，犹未放心，又托江苏友人徐宗勉，渠系中书科中书，专办诰敕事宜。今日承徐君亲送来宅，极为妥当，一切写法行款俱极斟酌，比二十六年所领者不啻天渊之别，颇为欣慰。①

---

① 〔清〕曾国藩：《曾国藩全集》（第二十册），长沙：岳麓书社，2011年，第203—204页。

可见托不托人就是不一样。对这位在秘书处（中书科）专门办理封赠诏书的徐君，不知道曾国藩请托之外，是否还送了钱。这一次具体办事的人如此恭敬，专门将盖好章的诏书送到曾氏的宅子里，除了事前已经疏通好关系外，可能还有一个原因：咸丰元年（1851）初，曾国藩又兼了吏部和刑部尚书衔。虽然是为了办事方便，并非所兼各部的真正堂官，但既然兼了职衔，理论上就是这些部门小官吏的上司，他们不得不忌惮几分。

朝廷各部堂那些办事的书吏不是正式官员，薪水很低，也不可能升大官，因此利用手中的权力捞钱，是他们做事最大的驱动力，"靠山吃山"几乎是所有小吏包括皇帝身边的太监、权臣的仆人挣钱的不二法门，在当时已经成为官场人人都熟悉和遵循的潜规则。六部中户部最肥，掌管全国的钱粮征收和各部费用的报销，书办生财有道；吏部管官员，工部管工程，兵部管武官升迁和军事装备，刑部管案子，各部书办都有发财的门路。即使是六部中看上去最清苦的礼部，书办也会想方设法"挖潜"来勒索办事者。比如，礼部分管大臣死后谥号的草拟，这关乎对这个官员的盖棺论定。淮军大将、台湾省第一任巡抚刘铭传死后，礼部有关部门的办事人员暗示死者亲属，如果肯多花万两银子，便可以让刘公得到一个更美的谥号，已初拟为"庄肃"。刘家不愿意拿出这么多银子，于是被降低规格，谥"壮肃"。

去政府衙门或大官的府邸拜访，必须给传达室的人以"门包"，否则不予通报。曾国藩的湘军旧属李兴锐在日记中记载一件事：

> 中丞奉命北来，今日抵津，微服赴府署马松圃处请见，门者难之，且索门包洋钱二十元，号包制钱五百枚，仍不为之纳刺。中丞愤愤去，以告爵相，即欲禀参，爵相方以用人办案大干清议，若将松圃劾去，里面更觉污糟。①

文中的"中丞"指江苏巡抚丁日昌，曾国藩此时任直隶总督，受命处理"天津教案"，而丁日昌因善于与洋人交涉，被朝廷抽调北上协助曾国藩办理这件最为棘手的外交大案。于是，他在李兴锐的陪同下，先去天津知府衙门找知府马绳武（字松圃，安徽怀宁人）接洽，可是守门的照样索要洋钱二十元。丁日昌给五百枚制钱，门丁嫌少，不愿意进衙门向主人通报（递交来访者的名片）。丁日昌是巡抚，奉皇命来办差，竟然被官职低于自己的知府的门丁索要门包，愤怒可想而知，便要上书弹劾马知府。久经宦海的曾国藩选择了息事宁人。为什么呀？曾大人知道大清国上上下下都这样，弹劾某一个官员将其免职，没任何作用。

对大清朝上上下下的官吏贪腐的情况，曾国藩一直有清醒的认识，无论是中央还是省、府衙门，或是基层的县衙门，但凡有

---

① 〔清〕李兴锐：《李兴锐日记》（增订本），北京：中华书局，2015年，第86页。

点小权力的胥吏必定想方设法捞钱。仍然是咸丰元年（1851）的九月，曾国藩接到诸弟的信，告知新任湘乡县署理知县朱孙诒勇于任事，想有一番作为，向全县的绅士募捐，来弥补历年来县衙的亏空（主要是应缴朝廷的钱粮未缴纳），自然他要找湘乡第一家曾府帮忙。曾国藩在给诸弟的回信中劝弟弟们对这事不能太热心：

> 邑中劝捐弥补亏空之事，余前已有信言之，万不可勉强勒派。我县之亏，亏于官者半，亏于书吏者半，而民则无辜也。向来书吏之中饱，上则吃官，下则吃民。名为包征包解，其实当征之时，则以百姓为鱼肉而吞噬之；当解之时，则以官为雉媒而播弄之。[1]

这段话生动地描绘出了当时官府的小吏是如何像蚊子吸血一样瞅准一切机会贪腐。对太平天国起事的真实原因，曾国藩心如明镜，因为他太了解"复杂中国"的官场百态了，对此他无可奈何，只能承认现实。在这样举国上下处处烂污的状况下，他仍然怀着某种远大的理想做事，而且是做大事，真是不容易。

---

[1]〔清〕曾国藩：《曾国藩全集》（第二十册），长沙：岳麓书社，2011年，第200页。

切莫得罪当地的官吏

蒋益澧，字芗泉，湖南湘乡人，文童出身（即应考过秀才的士子，但没有任何功名）。太平天国起事后，他投身军营，先跟着王鑫，后跟着罗泽南，应该是最早一批参与湘乡团练的。他和曾国藩是一个县的同乡，但与曾氏兄弟包括另外几个湘乡籍的大佬李续宾、李续宜关系并不亲密，倒是很得湘阴人左宗棠的赏识。史载：

> 曾国藩、胡林翼素不满之，而左宗棠特器重。①

原因有二：一是王鑫与曾国藩不谐，很早就另立山头，独树一帜。蒋益澧一开始就不在曾的体系内。二是他的个性、气质和左宗棠更投缘。

同治五年（1866），在左宗棠的大力举荐下，蒋益澧从浙江布政使升任广东巡抚。此前，左宗棠弹劾自己的同县老乡、救过他命的郭嵩焘，郭被免掉署理广东巡抚，为蒋益澧腾出位置。蒋益澧当时才三十三岁，已算年轻有为了。

蒋益澧就任广东巡抚后，应当说政绩非常不错，其中最值得称道的是平息了土著人和客家人几十年的战争（这场战争死伤惨

---

① 〔清〕赵尔巽：《清史稿》（第三十九册），北京：中华书局，1977年，第11967页。

重,可参看刘平《被遗忘的战争——咸丰同治年间广东土客大械斗研究》),当地人感恩戴德,为其设长生牌位。史载其:

> 奏裁太平关税陋规四万两,斥革丁胥,改由巡抚委员征收;五坑客匪投诚,分别安插高、广各府,另编客籍;设学额:并如议行。①

"客匪"是一种污蔑,指的是当地为了生存固堡自卫的客家人武装部落。刘平的著作中讲了一个例子,此前广东地方官偏袒土著人,上奏朝廷时将客家人说成是杀人越货的强盗(太平天国早期的高层几乎都是客家人)。蒋益澧到任后,带兵去征剿,他站在一个类似客家人团屋的坞堡外的山顶上俯瞰,观察动静,准备发兵。突然看到团屋内空地上有人在教客家小孩读"四书五经",他大为震动,认为在坞堡被官军重重包围下,还不忘教导小孩读圣贤书,这怎么可能是强盗呢?只能是被逼的。所以大力主张安抚,将土、客从地理上隔离,救了广东土、客无数人的性命。

客家人与土著人争斗的原因除了土地之外,还有一个重要的原因就是"学额"——每个县的生员名额。有些客家人到了当

---

① 〔清〕赵尔巽:《清史稿》(第三十九册),北京:中华书局,1977年,第11969页。

地，几代后落籍了，可以参加当地科考。客家人读书刻苦，而所在县的生员录取名额又没有增加，等于客家子弟挤占了当地土著读书人的名额。为此，蒋益澧上奏朝廷增加了录取名额，让矛盾得到基本平息。

这样一位有见识、有功勋的大臣，却很快被免职：

> 寻为总督瑞麟疏劾，下闽浙总督吴棠按奏，坐任性不依例案，部议降四级，改降二级，以按察使候补，命赴左宗棠军营差委。寻授广西按察使，以病回籍。①

"任性不依例案"指什么呢？就是"奏裁太平关税陋规四万两，斥革丁胥"，②得罪了当地勾结日久的官吏利益集团。查办蒋益澧的是在早年当县官时资助过尚未显贵的慈禧太后一家的吴棠。

听到这个消息后，在两江总督任上的曾国藩和幕僚赵烈文有过一番议论。《能静居日记》九月初七记载：

> 周缦云来侯，并谒相国（按：指曾国藩），少刻涤师来，与久谭，余未出，闻谈时事。蒋益澧被劾，有交吴棠查

---

① 〔清〕赵尔巽：《清史稿》（第三十九册），北京：中华书局，1977年，第11969页。
② 同上。

办之说，因及吏治。言蒋做官做一衙门，将一衙门经费裁尽。到粤抚任，裁去韶关陋规，形诸奏牍，而别提藩库每月千五百金，运库每月千金，作抚署办公用，反较所裁之费为增。其各属员出息亦一并严禁，断绝不准收受，在浙民间虚声颇好，然其人太不正当。周问丁日昌闻亦厉精为治，师答曰："微有其风，视蒋则中庸多矣。伊如要去尽属员饭碗，我亦不依，须知天下人饭碗万不能无，汝去他一饭碗，他别寻一饭碗，于公事无益，不过百姓吃亏而已"云云。①

以现在的眼光来看，蒋益澧在广东搞了"收支两条线"改革，所有的属员灰色收入（"出息"）全部裁掉，税关收到的钱全部交公，而巡抚衙门办公经费再从省财政划拨。至于"反较所裁之费为增"或许是真，但更可能是广东那些没油水可捞的官吏所散布的流言被办案者采信了。

曾国藩对丁日昌颇不以为然，一直认为他喜欢沽名钓誉，搞形式主义，但丁日昌比蒋益澧懂官场，"中庸多矣"。这位蒋益澧简直就是个初生牛犊，破坏了官场最大的潜规则：砸了人家的饭碗。

所以曾国藩说："汝去他一饭碗，他别寻一饭碗，于公事无

---

① ［清］赵烈文：《能静居日记》（二），长沙：岳麓书社，2013年，第1105页。

益,不过百姓吃亏而已。"曾当然比蒋益澧更能看透当时的大清官场已是积重难返,无法从根本上进行改革,如若贸然进行局部改革,效果很可能适得其反。那些中低级官吏没有了灰色收入,要维持原来的生活水准,一定会想办法找别的路子弄钱,最终吃亏的还是老百姓。所以在曾国藩看来,这样的折腾不但于事无补,只会让矛盾更多。

不能解决根本问题的改革不如不改。这是那个时代的体制决定的,权力由朝廷授予。"民间虚声颇好"有什么用?老百姓除了给你设长生牌位外,提供不了任何支援。而那些被损害的利益集团,能量颇大,掌握话语权,他们团结一心对付你一个外来的巡抚,办法多的是。

板上钉钉的官位,临门一脚也必须花钱

晚清吏治腐败、跑官卖官盛行,人所共知。朝廷为筹集军费大开纳捐之门,一些寄生在权力之中的书吏也上下其手、雁过拔毛,经手过程中将权力最大限度地兑现。长期在曾国藩幕府的李兴锐在其日记中详尽记录了他在京城"跑官"的经过,生动地反映了晚清时的政治生态。

李兴锐,字勉林,湖南浏阳三口镇人。生于道光七年(1827),殁于光绪三十年(1904),官至江西巡抚署理两江总

督。十八岁时其父去世，家道中落，作为长子的他担负起全家的重任。尔后获得诸生（秀才）的功名，时值太平军狂飙北上，进攻长沙，浏阳本地的帮会征义堂闻风起事，李兴锐聚集乡人兴办团练以自保，后来协助前来围剿的江忠源镇压了征义堂。

太平军的主力进入江西后，占据赣省大部分州县，浏阳成为长沙东边最重要的屏障，太平军从江西上高、万载县向西入湖南境，图谋长沙，李兴锐带领团练又协助湖南巡抚骆秉章派出的官军周虎臣部，与太平军鏖战，将太平军挡在浏阳以东。他的这番作为被求才若渴的曾国藩获知，曾国藩率湘军进入江西后，写信招揽李兴锐。李兴锐便在曾国藩坐困江西与太平军反复拉锯的灰暗岁月中，投入曾氏的幕府，尔后十数年内追随曾国藩，成为其最为倚重的幕僚之一。在湘军与太平军的战争中，李兴锐长期负责湘军的粮台（后勤部），虽不亲率部队在一线作战，但保障三军粮秣，也算是功不可没。

同治八年（1869），曾国藩从两江总督调任直隶总督时，又将李兴锐带到了保定。论功行赏，曾国藩当然要为这位出过大力、立过大功的幕僚找出路，于是上奏保荐李兴锐补了大名府知府的缺。大名府辖区为如今冀南、鲁西、豫北数县，黄河从境内穿过，是要冲之地，且水旱灾害频发，民风强悍，治理殊为不易。曾国藩让李兴锐替他也是替朝廷守直隶的南大门，可见对其多么器重。

当时，曾国藩位高权重，一言九鼎，他的保举朝廷一般照准，于是李兴锐被任命为大名府知府。正式上任前，他被曾国藩派去办一个急差——去直隶南部灾区赈灾，然后回到保定，再赴京引见。何谓"引见"？就是初任或保举府、县主官等职的人，除非圣旨命令"毋庸引见"而直接去赴任外，一般要先进京城，由吏部的人带着去拜见皇帝，由皇帝训话。如此显示皇帝对地方行政的重视，受到召见的府、县主官才能正式去接印理政。

同治帝当时还是个不谙世事的少年，大权操于两宫太后特别是慈禧太后手中。照理说，经由曾国藩举荐并被圣旨批准的人事任命已经合法了，"引见"无非是走过场。但这个过场很重要。天下那么多府、州、县，皇帝和太后日理万机，要抽出时间接见新任的知府确实要见缝插针。南宋大诗人陆游六十二岁时被重新起用，任命为严州知府，赴任前去京城临安，等候皇帝宋孝宗的接见，谁知道一等就是多日，无聊中写下了发牢骚的诗句"世味年来薄似纱，谁令骑马客京华"[①]。宋代的皇帝多大度而有雅量，对这类抱怨皇帝迟迟不接见的牢骚语不以为忤，而在清代谁敢这样呀？为了尽早获得引见，只能疏通关系。而外官何时被皇帝接见，那些具体办事的书吏的作用至关重要。

北京对秀才出身的李兴锐来说，是一个陌生的城市。他不比曾国藩的其他几位幕僚李鸿章、梅启照、庞际云，这几位都考中进士且进翰林院学习了几年，在京城熟门熟路。两眼一抹黑的李

---

① 〔南宋〕陆游：《临安春雨初霁》。

兴锐采取了两条简单而又管用的办法疏通门路：一是用钱开道；二是拜会同乡和好友。

同治九年五月十五日（1870年6月13日），李兴锐由彰仪门（广安门）进北京，进京后的第一件事就是找同乡探路，据日记载：

> 至户部谭敬甫（按：在顺治门外北半截胡同内库堆胡同广和居对过，即浏阳新会馆）。晤贺云舲大令宏勋，浏阳人；毕醇斋户部大琛，善化人，敬甫西席。①

李兴锐首先拜见的是两位同县、一位同府乡亲。谭敬甫就是谭嗣同的父亲谭继洵，他于咸丰十年（1860）中进士后分发户部，一待就是十七年，当时应还是一个主事，两年后才升任员外郎。贺宏勋是县令。谭继洵也就只能给李兴锐指路，比如找哪些关键人物管用，要给哪些人送钱，大约送多少等。顺治门即宣武门，这一年谭嗣同五岁，毕大琛是他的家庭教师。

《李兴锐日记》中记载了他第二天的行程：

> 早起至吏部直隶股主搽管襄芬（字欣之，浙、绍人）。

---

① 〔清〕李兴锐：《李兴锐日记》（增订本），北京：中华书局，2015年，第23页。

家，托以办理〇〇〇引见事宜，共允部费：府百六十金，并案引见，道加百金，但得无多话纠缠。是又书办中之佼佼者。旋衣冠拜曾劼刚户部、许仙屏编修、钱调甫廉访。是日晴。①

李兴锐所见的直隶股主椽应该属于文选司开设科，专管直隶一省的官员注册、验看、分发、引见。主椽管襄芬是浙江绍兴人，清代绍兴师爷遍天下，外地府县、京内部院几乎都由绍兴籍的师爷和书吏把持，形成一个以乡缘为纽带的职业共同体。无论哪个地方的人来当主官，都得依托这些绍兴籍"技术干部"办事，他们职位卑微但能量巨大。李兴锐和这位绍兴师爷都是明白人，明码标价，彼此不含糊。管师爷答应的是：如果最终以知府衔任用，交一百六十两银子，和其他官员批量引见；如果高配——以道员衔任知府（道员为正四品，知府为从四品），则再追加一百两银子。而且管师爷叮嘱他，皇帝接见时别多说话，纯粹走过场。

他交了钱还不放心，于是马上去拜见三位和他关系亲密的人。曾劼刚即曾国藩的长子曾纪泽，此时任户部员外郎，李兴锐和曾国藩的两位公子关系密切，情同兄弟，特别是和二公子曾纪

---

① 〔清〕李兴锐：《李兴锐日记》（增订本），北京：中华书局，2015年，第23页。

鸿，李的日记中多处有与纪鸿"手谈"（下围棋）的记录；许仙屏即许振祎，江西奉新人，咸丰年间和李兴锐一起在曾国藩幕府中效劳，亦深得曾氏信赖，同治二年（1863）进京会试中进士，此时任翰林院编修；钱调甫即钱鼎铭，江苏太仓人，曾受上海道台委托，赴安庆乞曾国藩出兵上海阻击太平军而一举成名，与李兴锐结下"战斗友谊"，此时任按察使。

我相信这三位哥们儿一定对李兴锐面授机宜，甚至开具一个"拜码头"的名单。接下来一个多月，李兴锐在北京的主要活动就是拜会官场的同乡、朋友，请客吃饭。如长沙人周寿昌、郑敦谨（时任尚书），善化人皮小舲，衡阳人魏纲，浏阳人黎宗曦，耒阳人蒋休嘉，等等。

五月二十九日（6月23日）的日记中记载：

> 戌刻，冒雨拜李小轩户部廷箫，湖北黄安人，小军机，询引见后谢恩事宜，即托渠代办折禀。又谈天津夷务甚详，亦有心人也。

小军机即军机章京，清朝真正的内阁——军机处从各部抽调干练的中层官员值班，辅佐军机大臣。这个差事能接触到最核心的机密和最关键的人物。李廷箫的编制在户部，想必是户部员外郎曾纪泽介绍李兴锐去拜访的。写谢恩折子有格式，外官不懂，容易犯忌，所以干脆委托军机章京代拟。李在日记旁边备注：

"小军机户部主事李小轩名廷箫,住教场上三条胡同路东栅栏内路南,润笔共二十四两,零费四两。"这类谢恩折有统一格式,千篇一律,换个上奏官员的名字就行。其实也是李兴锐送一笔钱给这位小军机,希望他能帮忙,至少不受刁难。"天津教案"刚发生,京内官场议论纷纷,李兴锐很敏感,知道天津在其恩主直隶总督曾国藩的辖区内,曾无法置身事外,于是主动向"中央办公厅"的秘书局官员了解详细情况。

果然是火到猪头烂,钱到公事办。六月二十五日(7月23日),李兴锐获得皇帝和太后的召见,其在日记中载:

> 午初叫起,吏部带九排十四员,余与安徽知府马文梦为第五排,齐入乾清门(带领主事:一为白建侯桓,一为沈叔眉源深),挨次诣养心殿,跪于阶下,口背:李兴锐,年四十岁。起,趋而出。天颜仰觐,英武巍严。两宫坐纱帘之内,不得瞻仰。旋奉旨:李兴锐着准补大名府知府,以道员任用,钦此。

如愿以偿,李兴锐以道员衔高配出任知府,得追加给管师爷一百两银子。这番北京跑官花了多少钱呢?他在九月二十一日(10月15日)的日记中记载了向曾国藩汇报的事情:

> 又陈明去年来直,借过内银钱所千金,请作悬款,至南

在设法筹还……侯似讶费用颇多。然北来年余,仆从数辈,一切日用皆须自筹,且引见一次,以我观之,尚不多也。

光借用的公款就多达千两,加上自己的积蓄和私人借贷,在保定、北京一年花费巨大(相当一部分用在北京跑官),连曾国藩也觉得惊讶。可是有什么办法,不如此又能怎样呢?

后来,李兴锐并没有去大名府履职,因为"天津教案"爆发后,曾国藩奉旨去救火,于是召李兴锐前去天津,辅佐他办理这个天下第一棘手的事。李兴锐和丁日昌成为曾国藩处理"天津教案"的左膀右臂,他和曾国藩一起,尝尽了个中辛酸。曾国藩为此受天下之谤,弄得里外不是人,一世英名坠地。后来,其门生李鸿章代替他就任直隶总督,曾国藩回任两江总督,于是他又征求李兴锐的意见,愿不愿意和他一起回金陵。

李兴锐当然巴不得,恩主曾国藩已经不当直隶总督了,新任总督李鸿章虽是故人,但毕竟隔了一层,而且三省交界的大名府哪如江南富饶。于是,曾国藩替他上奏朝廷,以李兴锐高堂多病,且常住金陵,他必须回金陵奉养为由,请求能否给李兴锐在两江地区就近安排个合适的职务?

吏部的愤怒可想而知,不甘心人事大权被疆臣侵占,于是回复说,要回金陵奉养母亲,开缺(辞官)就可以,另外安排职务,没门。但曾国藩有的是办法,两江辖区可以找许多差事给李兴锐做。李随曾回到金陵后,曾国藩马上任命他在两江辖区考察府县官吏、水陆军营、厘卡及上海的官办工厂。这个权力很大，李被两江文武官吏视为"小钦差"，一路上有人送钱——当然其日记中多记载为"婉拒"。同治十一年（1872）二月，曾国藩去世前几天，委派李兴锐前去管理江南机器制造总局，曾国藩去世后他又在两江地区做了一些临时性差事，如治理黄河、整顿水师等。1875年，李兴锐被正式任命为江南机器制造总局总办。上海成为李兴锐后来发达的最佳舞台，他不但掌握了很多钱财，而且积累了丰富的和洋人打交道的经验。这在清朝官员队伍中凤毛麟角。加上他活到七十八岁高龄，因此虽然诸生出身，也没有带过兵，但却能官至封疆大吏。

李兴锐去世后，朝廷的恩诏评价他"练达老成"，这是很恰当的。曾国藩幕府人才荟萃，不乏文才、见识出众但有些清高的人，而李兴锐世事洞明，人情练达，出手也大方。曾国藩最看重李兴锐的正是这种既有见识又能办事的能力，用现在的话来说，具有很强的执行力。这在哪个时代都是稀缺的。

附曾国藩回任两江总督为李兴锐谋出路的奏折，
看公文高手曾文正公笔法：

　　奏：再，准补直隶大名府知府李兴锐，经臣于八年十一月在直隶总督任内奏补是缺，尚未到任。九年正月委赴畿南一带办理赈务，厘剔弊端，涓滴归公。四月间办竣，旋即给咨进京引见。出都后本拟檄饬赴任，适该员接到家信，其母在江宁寓所抱病甚剧。据禀：方寸瞀乱，万难任事，坚求回南省亲。臣以其至性过人，未便强留，李鸿章接其禀牍，勉徇其请给假四月，朝夕奉养，不离左右。现在假期早满，母病未痊，欲赴任，则母子相依不忍言一日之别。欲迎养，则程途太远，断难任旱道之劳。欲调回两江，则以奉调补缺之员，复为改省另补之请，不特与部中定章不符，亦且与该员本意相背。在该员没于荣利，辞职奉亲，绝无丝毫之恋。而臣察看该员果毅笃诚，廉而有为。自军营相从至今十有四年，前后一辙，实属不可多得之才。若竟令其投闲置散，未免人材可惜，再四踌躇，该员既不能北行，员缺又未便久悬，合无天恩俯准大名府知府李兴锐开缺，留于两江酌量差委。俾该员稍遂反哺之私，臣亦借收得人之效，出自逾格恩施，谨附片陈请，伏乞圣鉴训示。谨奏。①

这份奏片分三层意思，于天理、国法、人情，环环相扣。

一是说李兴锐德才兼备，且为朝廷兢兢业业做事多年，胜任大名府知府之职，我曾国藩的保举是恰当的。

二是解释李并非挑肥拣瘦，未能去大名府赴任情有可原，其

---

① 〔清〕曾国藩：《曾国藩全集》（第十二册），长沙：岳麓书社，2011年，第225—226页。

留在江宁（金陵）的母亲患了重病。曾国藩在这里对朝廷和太后撒了个谎，本来是他去天津处理教案时，叫李兴锐给其当帮手，当其回任两江总督时，又要将李带回江南。这相当于把朝廷任命的知府仍然当成自己的私人秘书，但不能明说，于是大打孝道牌，说李兴锐接到家信，母亲重病，然后由新任直隶总督李鸿章准假，回金陵探视病重的母亲——李鸿章是曾的高足，当然会配合老师圆谎。儿子对母亲纯孝，最能打动青年时守寡、独自将儿子同治帝拉扯大的慈禧太后。

三是强调为国惜才，李兴锐固然为了尽孝而不在乎得失，但此人"果毅笃诚，廉而有为"，朝廷不用他，浪费人才，但又不可能将重病的母亲接到履职的大名府奉养，所以只能在两江再为他找个合适的位置。

曾国藩为了李兴锐的前程可谓是操碎了心，李能不为此感恩终生吗？

性格决定命运

论交谊在师友之间，兼亲与长，论事功在唐宋之上，兼德与言，朝野同悲惟我最；

其始出以夺情为疑，实赞其行，其练兵以水师为着，实发其议，艰难未与负公多。①

同治十一年（1872），曾国藩在两江总督衙门里去世，他的朋友、亲家（曾的女儿嫁与郭的儿子）郭嵩焘送上这副情深意切的挽联。此时郭嵩焘已罢官回到湖南，讲学于城南书院。挽联的看点是郭嵩焘提到自己对曾国藩所建功勋的贡献：曾国藩奔母丧回乡守制时，是郭嵩焘游说曾国藩打消疑虑，墨绖出山任"团练大臣"；在曾领兵之初，他任曾的幕僚，并建议曾国藩创建水师。

又十三年过去，光绪十一年（1885），左宗棠殁于闽浙总督的任上，郭嵩焘作为左的同县老乡、亲家（郭的女儿嫁给左宗棠的侄子）和后半生的冤家，写了一副挽联：

世须才，才亦须世；
公负我，我不负公。②

挽联表达出了满腹幽怨，他对左当年不但不帮忙反而参劾的旧事仍难释怀，挽联在家人的劝说下未能送出。郭与左，不但是早年好友，太平天国进入湖南时，两人一起避乱于白水洞，郭力

---

① 〔清〕郭嵩焘：《郭嵩焘全集》（第十四卷），长沙：岳麓书社，2012年，第264页。
② 同上。

劝左宗棠出山当湖南巡抚的师爷,左一生的事业便从此而起。而且郭对左有着殊恩,当年总兵樊燮告左宗棠的御状,指控他是把持一省军政大权的"劣幕",咸丰帝几乎要处死左宗棠,郭嵩焘在京活动,不但救了左宗棠,而且让咸丰帝了解了左宗棠的才能,下诏加以重用。

郭嵩焘的才华、见识,后世已有充分的肯定,特别是他对西方科技、政治、经济的了解远远超过同时代的士大夫。但他一生官场蹉跎,晚年在落寞中死去,连谥号都没有得到,比起两位同乡兄长曾国藩、左宗棠的哀荣,何啻霄壤之别。

郭被当时的官场所不容,当然与他的思想太超前有关系。但还有一个更重要的原因,即性格决定命运。在清朝的官场里,郭嵩焘远不如曾国藩圆融,不知道掩饰自己,直来直去说真话,对官场潜规则不管不顾,从而成为众矢之的,无法见容于官场。

咸丰初期,曾国藩带兵在江西和太平军鏖战时,在湖南老家丁忧守制的郭嵩焘应曾国藩之邀入幕,为曾国藩出谋划策、募捐筹饷,成为其得力助手。曾国藩欣赏郭的文采和见识,但认为郭只是"著述之才",并非"繁剧之才",而做行政工作就要耐得住烦。郭嵩焘和李鸿章是同年进士,两人一生交情甚笃。李鸿章为郭嵩焘抱不平,向曾国藩提议举荐郭嵩焘主政一方。曾国藩总是迟疑,他知道郭嵩焘的性格,当一个主官是难以胜任的,主官权力大,责任也大,而且每天要处理许多复杂而又琐碎的事务。

曾国藩说郭嵩焘"芬芳悱恻",刘蓉说郭嵩焘"莹彻无瑕",李鸿章说郭嵩焘"学识宏通,志行坚卓"。这些赞美之词反过来说就是"书生气",不知道通达权变。如咸丰九年(1859),郭嵩焘以钦差的身份赴山东稽查财政,一路费用自理,认真查账,查处了一批贪官污吏,得罪了僧格林沁亲王。

同治二年(1863),郭嵩焘被任命为署理广东巡抚,即代理广东省省长,他总算掌管了一个富庶的大省,可以一展平生抱负。当时,一部分太平军进入广东,广东的军务甚是繁重,而且广东还有为外省作战部队筹集粮饷的任务。作为一省之长官,有才华、有见识的郭嵩焘很快就显出了其领导才能的欠缺。

在传统的中国官场,行政才能说简单则简单,说复杂真复杂,关键是要有决断力,且能摆平上司,驾驭下官,处理好官场上的各种复杂关系。郭嵩焘却在这些方面做得很不好。他和先后两任两广总督毛鸿宾、瑞麟水火不容。这官还怎么当?而且在最关键的时刻,他忘了官场重要的潜规则:为政不得罪巨室,可他把功高年长的骆秉章得罪得透透的。

骆秉章是湘军崛起、太平天国被镇压的一个重要人物,无他,曾国藩、左宗棠能否建立那么大的功业还很难说。此公是广东花县(今广州市花都区)人,和洪秀全是小同乡,年长郭嵩焘二十一岁,比郭嵩焘早十五年入翰林院,是郭嵩焘不折不扣的前辈。

咸丰二年(1852),太平军入湖南,骆秉章以防守不力的理由,被革职留任;后守住长沙,逼迫太平军北上而有功复职,为清廷所倚重;咸丰三年(1853),实授湖南巡抚,任上支持曾国藩办团练,又聘左宗棠为幕僚,事无巨细,都听从左宗棠的意见;咸丰十年(1860),奉命督办四川军务,率军入川;咸丰十一年(1861),任四川总督;同治元年(1862),俘虏太平军第一骁将石达开,并押解至成都凌迟处死。在曾国藩办团练时,骆秉章与曾不无龃龉,但此人纠错能力强,很快调整了工作方式,仰仗湘系人士,不但保住了湖南,而且以湖南的兵源、粮饷支援了数省。

郭嵩焘刚刚署理广东巡抚,就碰到了一件对他仕途影响很大的"小事":骆秉章家族控告外姓人盗葬其祖坟地。

古代中国人特别是南方人很重视风水,为争风水宝地而家族械斗的事时而有之。骆氏家族出了骆秉章这么一位高官,族人自然更看重祖坟的风水。同治二年(1863),广东花县生员邓辅廷在骆氏祖坟不远处葬骨坛三穴——"葬骨坛"应该是客家人风俗,被骆氏指为"盗葬",要抢他们家族的好风水,向花县县衙门告状。花县县令并未将此认定为盗葬,也未对邓辅廷进行处罚。

对于"盗葬"的标准,朝廷礼部和广东地方章程的标准不同。礼部的更为严格,规定"(墓主)庶人茔地九步,穿心一十八步,止用圹志"[①],而广东地方的标准则是"以穿心四丈为

---

① 魏顺光:清代土地权利中的"坟禁"习俗探析,《甘肃政法学院学报》,2013年5月。

限，计由坟心量数至边，每面实止一丈"。①粤省地方的标准宽情有可原，因为广东多"官山"，即不归一家一族所有的公共山地，谁都可以葬坟，先来后到。如果"盗葬"的标准太严格，一座山葬不了几个坟茔，显然是浪费土地资源。这邓家葬骨坛以广东地方标准而言，离坟心一丈以外，不算"盗葬"；但以朝廷标准而言，在骆秉章先祖坟茔九步之内，可以判为"盗葬"。

族人写信向骆秉章求援，骆秉章便写信请求广东督抚核实查办。骆心里可能以为这个官司妥妥地赢了，其他不说，巡抚郭嵩焘分明是自己人呀。郭嵩焘和左宗棠是亲家、好友，左宗棠当了他多年的师爷；他本人主持湘政十年，保住了一方平安，有恩于郭嵩焘的家乡。而且这桩官司也不难办，郭嵩焘只说照朝廷的标准就行了——现在的立法原则也是地方法规不得与国家的法律法规相抵触。

可郭嵩焘的做法让骆秉章大跌眼镜，他维持花县衙门原来的裁决，给出了调查结论："该省通行章程，无税官山茔葬，以穿心四丈为限，计由坟心量数至边，每面实止一丈。邓姓原开坟穴，在该督祖茔一丈以外，照依定章，无可科罪。"②这下彻底惹怒了骆秉章，骆干脆上奏朝廷，请求维护朝廷的标准，废除

---

① 叶桂郴，刘秀梅："桂林靖江王陵田产诉讼"释读，《桂林航空工业学院学报》，2018年第3期。
② 《清实录》（影印）（第四十八册），北京：中华书局，1987年，第384页。

"地方粮票"——一来骆秉章劳苦功高,二来朝廷要维护中央权威——于是朝廷下了一道上谕:"着瑞麟、郭嵩焘申明旧例,通饬各属,嗣后审断坟山案件,无论官民,均照例定禁步为限,毋得率以本省定章定谳,以致争端难息,流弊滋多。并着该督抚将邓辅廷盗葬之案,迅即按照定例丈尺核实定拟具奏,不准稍涉回护。"① 邓家被迫将骨坛迁走。在这场官司中,瑞麟站在骆氏家族一边,骆自然对其大有好感。

郭嵩焘和两广总督瑞麟闹矛盾,也是清代"督抚不和"的常态。但太平军余部还在,这个问题必须尽快解决,于是朝廷命令左宗棠前去调查。左开始说自己和郭嵩焘是亲家,要求回避,但清廷不允,让他据实奏报,左宗棠只能奉旨而行。此刻估计郭嵩焘很高兴,心想左宗棠总得站在自己一边吧,而瑞麟、骆秉章则担心左宗棠拉偏架。骆秉章在给朱学勤的一封信中则露出了对此的担忧:

> 前闻邱钞令太冲查复瑞、郭之事,弟窃虑之,盖太冲与细侯均籍隶湘阴,且交情最密,或有咸谊亦未定,太冲如此奏复,势所必至。向来湖南人乡情最重,以湖南人参湖南人则有是非,若外省人构讼,未有不护湖南人者。总之,瑞署

---

① 《清实录》(影印)(第四十八册),北京:中华书局,1987年,第384页。

粤督民情爱戴，郭署粤抚怨声载道，天视自我，民视天德，自我民德观于民心，如此则自有公论矣。①

信中所言的"太冲"指左宗棠，以晋代左思（字太冲）指代；细侯指郭嵩焘，以东汉郭伋（字细侯）指代。可左宗棠调查后向朝廷的汇报不但让郭嵩焘难以接受，也让骆秉章大为惊讶。左一连四疏，直言广东军务的种种失误，皆因郭嵩焘不顾大局、"迹近负气"之故。连老朋友、亲家翁都这样说话了，郭嵩焘还能待下去吗？只能罢官走人。

或有人认为左对郭太绝情，但若考诸当时的军情、政情，于公于私左这样做都是正确的选择。一是博得了瑞麟、骆秉章的信任，以后筹粮饷广东官绅必"报之以琼瑶"，毕竟剿灭太平军余部是头等大事；二是趁机让自己一手调教出来的亲信蒋益澧署理广东巡抚，日后广东的事如臂使指，比指挥郭嵩焘方便，因为郭有恩于左宗棠，在左的面前有道义优势；三是郭嵩焘确实不擅长做封疆大吏，就算这回袒护了他，以后的麻烦会更多，左何必为此得罪旗人瑞麟和前老板骆秉章呢？

后来，郭嵩焘出使英国，和副使刘锡鸿闹得不可开交，固然是因为刘想踩着郭嵩焘上升，但郭的个性和办事风格授人以柄也

---

① 《骆秉章致朱学勤手札三十一通》，见上海图书馆历史文献研究所编《历史文献》第十辑。

是一个重要的原因。他在充当大使期间，仍然置官场潜规则于不顾，真是江山易改，本性难移。"莹彻无瑕"的真性情怎么可能在清朝官场的酱缸里混得开？

另类小事：大人物的小趣闻

你懂事了，我高升了，友谊就建起来了

清咸丰年间，曾国藩和胡林翼在平洪、杨之战中，精诚合作、推诚相见是世人所公知的事情。特别在曾国藩任两江总督之前，他没有地盘，领着一支客军寄人篱下，苦苦支撑，任湖北巡抚的胡林翼以大局为重，为湘军筹粮筹款，并疏通高层关系。

胡林翼早逝后，曾国藩有如失手足之痛。他在给胡林翼的挚友、姻亲左宗棠的信中如此说："胡宫保于咸丰十一年（1861）八月廿八日亥时去世，悼痛不已。赤心以忧国家，小心以事友生，苦心以护诸将，天下宁复有斯人者哉？"①

曾国藩生于1811年，长胡林翼一岁。曾国藩于道光十八年

---

① 〔清〕梅英杰：《清胡文忠公林翼年谱》，台北：台湾商务印书馆，1978年，第284页。

（1838）中进士，选为翰林院庶吉士。而两年前即道光十六年（1836），胡林翼即中进士，入翰林院。按科场规矩，胡算得上曾的前辈。胡是益阳县人，曾是湘乡县人，皆属于长沙府。两人在翰林院亦有过时间不短的交集。但是，他们早年在北京为官时，似乎来往很少，没有成为朋友。

查曾国藩的日记，他在道光二十年（1840）、二十一年（1841）、二十二年（1842）在翰苑学习和供职期间，有大把的时间问学、访友。这一时期他主要交往的人是同乡和同年，和湖南特别是长沙府的京官过从甚密，如宁乡的梅钟澍（霖生）、茶陵的陈源兖（岱云）、浏阳的邹焌杰（云陔）、善化的凌玉垣（荻舟）、益阳的汤鹏（海秋）及永州府道州的何绍基（子贞）、何绍祺（子敬）兄弟，他们和曾国藩隔三岔五地在一起吃饭、探讨学问、逛街。而与曾国藩年岁相仿、同为长沙府同乡的胡林翼，其日记中很少记载。

道光二十一年（1841），胡林翼的父亲胡达源在京师去世，胡家办丧事期间，曾国藩日记中曾几次提及胡林翼，但也是一笔带过。

胡达源，字云阁，寿终六十五岁，在当时不算短寿了。

胡达源进士及第时为一甲第三名（探花），是益阳科举史上第一个进殿试前三名的，官至正四品的少詹事（詹事府原是培养、服务太子的专门机构，清朝康熙废太子后，此机构成为翰林院的附属机构，掌文章之事），在同乡中很有威望。多年后，曾国藩为胡家写《箴言书院记》，文中曰：

> 国藩以道光戊戌通籍于朝，湘人官京师者，多同时辈流……而少詹事益阳胡云阁先生，独为老师祭酒，乡之人，就而考德稽疑，如幽得烛，众以无陨。①

作为同乡晚辈，曾国藩当然要去胡府吊唁。曾国藩日记中对此有简略的记载：

> 六月初一日，走内城云阁先生处吊唁。②
> 六月十六、十七日，作胡云阁先生诔。③
> 七月十四日，"饭后走梅世兄处，明日渠扶榇南归，今日走去探问一切。旋至许世叔处送行，又至周华甫之母处拜寿，又至胡润芝处，问伊扶榇归葬事宜。胡送余《陶文毅全集》二部。"④
> 七月廿九日，是日胡咏芝送余炕垫、炕枕诸物。⑤

---

① 〔清〕曾国藩：《曾文正公文集》（第十册），北京：线装书局，2015年，第378—379页。
② 〔清〕曾国藩：《曾国藩全集》（第十六册），长沙：岳麓书社，2011年，第88页。
③ 同上，第89页。
④ 同上，第91—92页。
⑤ 同上，第95页。

八月初三日，走送胡云阁先生柩殡出京，至东珠市口而返。①

由这几条日记可以看出，曾国藩对胡达源先生很是尊重。作为同乡后辈，对这位科考成绩超过自己的翰苑前辈，曾于情于理也应该做到这些场面上的礼仪。照理说，有这层关系在，他和胡林翼应该有较多的来往。但据日记来看，他和胡的交往仅仅是因为胡达源去世，而胡林翼是孝男。不过，从寥寥数笔中亦可看出胡林翼很会做人。为表示感谢，他先将老丈人陶澍的全集两部送给曾，在那时候这可是份不轻的礼物，尤其对立志做名臣的曾国藩来说。另外，在护送父亲灵柩回益阳之前，胡专程到曾家送炕垫、炕枕。这类日用品当然值不了多少钱，或许是"留遗念"的风俗使然。将德高望重的死者用过的什物，分送给亲人或晚辈作为留念。

胡公和曾公再次见面是在咸丰四年（1854）四月左右，曾国藩大营驻扎在长沙城南的妙高峰，胡林翼率援军入湘，在妙高峰营次见过曾。由于后来的鄱阳湖水战，湘军水师大败，曾国藩坐镇的舰船被击毁，他随身携带的文书和日记全部丢失，这次会面两人谈了些什么，现在已查不到详细记录。咸丰八年（1858）六

---

① 〔清〕曾国藩：《曾国藩全集》（第十六册），长沙：岳麓书社，2011年，第95页。

月，曾国藩在老家丁父忧期间，奉旨出山，重领湘军。其过武昌时，"留节署八日"，与胡林翼"熟商大计"。二公暌违十七载了，曾对胡的印象也与在京师时大不相同。

两人在京师时交情不深的根本原因是当时他们不是一路人。胡林翼是典型的"官二代"，曾国藩则是运气很好的"凤凰男"。两人的才干那时候尚未充分展露，还不到相互欣赏的时候。不同的家庭环境、成长历程决定着他们不属于同一个朋友圈。简言之，是阶层差别导致的。

胡林翼年幼时在益阳老家当了一段时间"留守儿童"，由祖父抚育。胡林翼八岁时，陶澍从安化去四川赴任，经过益阳拜会其祖父，一见胡林翼便惊为伟器，将女儿陶静娟许配给他。此后，胡林翼往返于湖南、北京，皆有名师教导，如贺熙龄、蔡锦泉。道光十年（1830）胡林翼回到益阳与陶静娟完婚；道光十一年（1831），奉岳父陶澍之命，带着家眷赴江宁，住在岳父两江总督的衙门里；道光十六年（1836）进士及第，进翰林院。

可见，胡林翼青少年时期是非常顺遂的，他既是朝廷高官的少爷，又是封疆大吏的姑爷，且不说衣食不愁，其能读到的书，见识到的人和事，远非在乡村长大的曾国藩所能比。

俊才生长在官宦之家，其成长有利有弊。益处是生活、教育条件好，见多识广，眼界开阔。道光十二年（1832），二十一岁的胡林翼在老丈人署中，便参与了高层政治。是年，他向陶澍举荐林则徐、伊里布为两江总督的接替人选。

咸丰九年（1859），胡林翼在给官文的信中言：

> 林翼幼年，即见外省督抚，惟陶文毅、林文忠与祁竹轩、卢厚山先生之心术德量，与中堂心术德量同。又，林翼幼年，因见陶文毅，请其密保林文忠、伊莘农先生作两江替人，文毅深以为然。①

将官文和林则徐等人并列，是胡林翼拍官文的马屁。而这一年，曾国藩在做什么呢？他随父亲去考秀才，父亲竹亭公考中，曾国藩落第。

生长在官宦之家的不利之处则是年少时容易沾上花花公子的毛病，花钱大手大脚，个人生活不拘小节。像胡林翼这种有钱、有才、长得帅，又体贴、豪爽的贵公子，不但女人喜欢，大概男人也喜欢。他在江宁时，整天和朋友出入秦淮河畔的青楼，陶澍不但不责备他，还对人说润芝将来要为国操劳，趁着现在年轻应该好好享乐。他到了北京，常去的地方从秦淮河畔变成了八大胡同，结交的朋友多是亲贵、名宦子弟。

曾国藩则是一个小地主的儿子且刚进京做官，他拜唐鉴、倭仁为师，以圣人的标准来要求自己，连多看几眼朋友的美妾，也

---

① ［清］胡林翼：《胡林翼集》（二），长沙：岳麓书社，2008年，第366页。

要在日记中自责为禽兽行为。过着苦兮兮京官生涯的曾国藩哪有金钱和心思如胡林翼那般诗酒风流？他的社交圈也就是和他志趣相近的同乡、同年。显然，胡林翼属于另一个圈子，两人也未必能相互看得起。私心揣度之，兴许在曾国藩眼里，胡林翼就是个纨绔子弟；而在胡林翼眼中，曾国藩就是个乡巴佬。

曾国藩送胡达源的灵柩出京，与胡林翼告别后，两人的运气发生大逆转。此后曾国藩青云直上，三十八岁做到了侍郎。而胡林翼将父亲葬回故乡后，在家守制，人生开始走背时。两年前即道光十九年（1839），他那位深得道光帝器重的岳父陶澍去世。因为道光二十年（1840）他任江南副主考时受主考文庆之累，服丧期满，依然不能复出。到道光二十六年（1846），他不得不向吏部捐出一笔巨款才得以起复，分发贵州任知府。

胡林翼回到益阳老家的五年，应该是人生最黑暗的时期。父亲和岳父两座靠山没有了，年少时锦衣怒马、纵情声色的他尝到了人情冷暖、世态炎凉。复出后的胡林翼就像变了一个人似的，一改当年的公子哥习气。他在贵州任知府时，穿着短衣、短裤率领兵卒深入到苗寨中平乱。

经历过岁月的磨砺，经受人生、时局的巨变，甘苦备尝后，人到中年的两位同乡胡林翼和曾国藩才能超越出身的阶层之差别，成为心心相印、鼎力相助的同道、挚友。

胡林翼被抓之后的几种设想

黄濬在《花随人圣庵摭忆》中记载了清末名臣胡林翼的一件逸事：

> 善化周荇农先生（寿昌）以文章名世，相传胡文忠入翰林后，在京常与荇农冶游。一夕方就倡家，坊卒掩至，荇农机警，亟入厨下，易服而立，得免；文忠及他人并絷去，例司坊质讯，不敢吐姓名，坐是颇受辱。释归，即与荇农绝交，谓其临难相弃。后此治军，且不喜用善化籍。曾文正为荇农屡解释于文忠，卒不得大用。①

胡林翼是湖南益阳人，死后谥文忠；周寿昌（字荇农）是湖南善化人，善化原为长沙府两个附廓县之一，民国以后并入长沙县。某天晚上，二人同去某妓院，碰到"坊卒"——类似现在负责城区街坊治安的派出所警察巡查，周寿昌不顾胡林翼，自己跑到厨房里换上厨子的衣服混过去了，而胡林翼和其他顾客一起被带到"司坊"盘问。

清代可以公开办妓院，比如著名的八大胡同。老百姓可以去逛窑子，而官员不行，一旦被抓住，多半会被开掉职务和官籍。

---

① ［清］黄濬：《花随人圣庵摭忆》，北京：中华书局，2008年，第687页。

所以胡林翼死死地咬住自己是老百姓，不吐真名，扛了过去，但受尽了侮辱。胡林翼被放出来后当即和周寿昌断交，认为他舍朋友不顾，太不仗义了。为此他还有了地域歧视，后来领军与太平军作战，不愿意招善化籍的兵。他们俩共同的老乡和朋友曾国藩居中调解，也没起作用。为人厚道通达的胡林翼看来是真的伤心了。

如果当时坊卒下手重一点，把胡林翼给打死了，那会怎样呢？若真的如此，那么大清的历史可能会改写。

其一，曾国藩带领湘军与太平军交战，失去最重要的后援，支撑不下去。胡林翼做湖北巡抚时，一心一意巴结湖广总督官文，尽心尽力为湘军筹款。曾国藩在给皇帝的折子中评价胡林翼的功绩："以湖北瘠区养兵六万，月费至四十万之多，而商民不疲，吏治日懋，斯又精心默运，非操切之术所得与也……咸丰四年曾奏胡林翼之才胜我十倍，近年遇事咨询，尤服其敬德之猛。"[1]

其二，左宗棠可能终老山乡，即使出山当了湖南巡抚的师爷，也因为被官文上书皇帝指控其为"劣幕"而被处死。左宗棠考运不佳，人到中年还是个举人，胡一生七次向关键人物举荐左宗棠，他早在贵州当知府时，就对云贵总督林则徐推荐左宗棠，

----

[1] 梅英杰：《清胡文忠公林翼年谱》，台北：商务印书馆，1878年，第277页。

说左才胜于他。当左宗棠因与樊燮之纠纷而被官文参其为劣幕，咸丰帝下诏调查左宗棠，若真有不法之事，可"就地正法"，又是胡林翼和郭嵩焘穿针引线，请探花出身的潘祖荫上书皇帝，说是"国家不可一日无湖南，而湖南不可一日无宗棠也"①，左不但转危为安，而且从此飞黄腾达，直至底定西北，收复新疆。

咸、同年间，两位刻薄爱骂人的文人李慈铭和王闿运对胡林翼的评价很高。李言："老谋深识，烛照不遗，固中兴第一流人。"②王则说："看咏芝奏牍，精神殊胜涤公（曾国藩字涤生）。有才如此，未竟其用，可叹也！"③咸丰皇帝真该感谢京城的坊卒下手比较轻，没把胡林翼往死里打，否则清朝可能会短五十年的寿命。

别让恩师成为自己的下属

清朝末年，在西方科技与军事的冲击下，一些本来要沿前辈读经应科举的书生，选择学习军事的职业之路，最后成了清朝皇室的掘墓人。蔡锷将军便是如此。

---

① ［清］潘祖荫：《奏保举人左宗棠人材可用疏》，《潘文勤公奏疏》，清光绪年刻本，第2526页。
② ［清］李慈铭：《越缦堂日记》。
③ ［清］王运：《湘绮楼日记》，长沙：岳麓书社，1997年，第644页。

蔡锷出生在湖南宝庆府的一个贫穷家庭，父亲是个穷裁缝，母亲是一位孤儿，他的童年在宝庆府所属的武冈州山门镇度过。这样的家庭，如果没有特殊的机遇，再聪明也很难有出头之日。蔡锷能从偏僻山区的穷小子成长为护国大将军，和两位恩师的鼎力相助分不开。

蔡锷的第一位恩师是当地秀才刘辉阁。蔡松坡（蔡锷的字）幼时即显露出了天资聪颖、有胆有识的特质，秀才刘辉阁认为此儿非池中物，在蔡四岁时，将侄女刘侠贞许配给他——是蔡的原配夫人。蔡六岁时，刘资助蔡锷在自己开办的私塾开蒙读书，亲自督导其课业。

蔡的第二位恩师是宝庆府赫赫有名的维新派人士樊锥。樊锥自幼好学。据刘泱泱编的《樊锥集》所载：其十三岁时"通群经，旁及诸子，工为文，奥折自熹，师抑之，益奇恣不受制科轨范"。十五岁时，他遍访城邑藏书，"悉读之"。戊戌变法前，出面组织强学会邵阳分会，并上书湖南巡抚陈宝箴，倡议变法维新。蔡锷十二岁考中秀才，入县学。樊锥"一见奇之，携而授之读，衣之食之，有所适，辄徒跣从，昕夕讲授不辍"。[①] 松坡跟着樊锥，通习周秦诸子之学，打下了坚实的国学功底。

樊锥是典型的"宝古佬"（代指居住在宝庆地区的人，引申

[①] 刘泱泱：《樊锥集毕永年集秦力山集》，长沙：湖南人民出版社，2011年，第77页。

为倔强好斗又精明）性格，倔强而骄傲。后来因在宝庆倡导变法，为地方的劣绅所不容，不得不带着蔡锷去了长沙，入时务学堂。戊戌变法失败后，蔡锷和樊锥先后逃亡日本。可以说，此时，两人已是亦师亦友的关系。

樊锥年长蔡锷十岁，当两人离开故乡浪迹天涯后，或许是年纪大了，或许是性格的原因，樊锥过得并不如意，而蔡锷成为一颗冉冉升起的新星。

光绪三十年（1904）初，蔡锷从日本士官学校毕业归国。先后应聘任江西随军学堂监督、湖南教练处帮办、广西新军总参谋官兼总教练官、广西测绘学堂堂长、陆军小学总办等职。年轻的蔡锷英俊潇洒、威风凛凛，正在广西陆军小学就读的少年李宗仁和同学们对蔡锷"敬若神明"。而樊锥的生活状况近似于落魄，于公于私，蔡锷都觉得应该帮助老师，于是礼聘樊锥来到桂林的广西陆军小学担任教习。

蔡锷当时的行为合乎中国传统道德，滴水之恩当涌泉相报，何况樊锥曾经是他的人生启蒙者。可是他忘记了，一个人角色转换是不容易的。他受业于樊锥门下时，才是个十二岁的少年，自然对老师言听计从，亦步亦趋；而今他成了校长，恩师成为他手下的教师，学生变成老师的上司，关系当然很难处，何况樊锥又是那样狂傲的个性。果然，据《樊锥传略》所载：

> 锷返湘任职军务处，教练新军。暮年（按：原文似为

"年暮"之讹），以桂抚林绍年中丞电聘赴桂林，设干部小学暨陆军小学，电邀君（按：即樊锥）往任讲席。与锷言事不合，暴怒，呕血数斗。既而为书投署桂抚张鸣岐，终不遇。病亟，以光绪三十一年乙巳（1905年）冬返籍，丙午（1906年）春二月卒，年甫三十有五。①

究竟在哪些方面樊锥与蔡锷意见不合呢？我没有找到详细的记载，但揣度以人情：樊锥恐怕没有完成从蔡锷的恩师到蔡锷的下属的角色转变，还以为蔡锷是当年跟着自己读书的宝庆伢崽，对陆军小学的事务可能多有干涉；而于蔡锷而言，他性格坚毅，办事果断，年纪轻轻就掌管一所新式军校，必须有校长的权威，不能迁就一位"教习"的意见——哪怕是自己的恩师，否则就等于自己上面还有一个"太上皇"，这校务怎么可能正常运转呢？

这位樊锥也是性格过于狷急了，以为当年的学生翅膀硬了，不把自己放在眼里，自尊受到了极大的伤害，竟然气得吐血，不得不回宝庆老家治病，最后英年早逝——他的学生蔡锷也是如此，但蔡锷在短暂的一生中干了改变中国命运的大事。樊锥恐怕至死也没有认识到自己的错误，和蔡锷闹翻后，又上书广西巡抚张鸣岐，希望通过直接找蔡锷的上司，以获得重用。这样的人，巡抚老爷不敢用也是自然之理。

---

① 刘泱泱：《樊锥集毕永年集秦力山集》，长沙：湖南人民出版社，2011年，第76—77页。

百余年后，我们再来分析此事，师生二人，没有谁应该受到责备。樊锥尽管是变法的鼓吹者，但他毕竟是旧式读书人出身，坚持"师道尊严"并不为过；而蔡锷呢，作为一校之长，当然不能由一位教师左右自己的意见，这是起码的职场规则。当旧道德遇到了新的职场规则，于是发生了这样的悲剧。这样的悲剧，是个人的性格和大时代聚合于一起而成的，并无损于松坡将军历史上的光辉形象。

牢骚都不敢发还写什么诗

某年端午节小长假我在家看《曾国荃全集》，读到他的一首七律，很对本人的脾胃。写诗就应该这样，该发牢骚就发牢骚，该说离愁别绪就说离愁别绪，不必管那些温柔敦厚的诗教。

这首诗题曰《自鄂还湘次韵答申夫方伯》：

> 未步金銮上谏坡，曾看吴楚起沉疴。言归此日江之永，但愿来年海不波。鱼美武昌春意薄，雁回衡岳别情多。枣梨姜芥谁相赠，且向涟溪问钓蓑。[①]

[①] ［清］曾国荃：《曾国荃集》（第六册），长沙：岳麓书社，2008年，第293页。

诗应该写于同治七年（1868）春天，他在长沙步原韵答谢湖南布政使李榕。诗中流露出对清廷卸磨杀驴、鸟尽弓藏的不平、愤懑、牢骚之情跃然纸上。

先说说曾国荃写这首诗时的背景。

同治三年（1864）六月，被称为九帅的曾国荃带兵攻陷了被围困数载的天京城，此举标志着太平天国覆灭，此后东南底定，眼看着就要完蛋的清朝又苟延残喘了半个世纪。是为"同治中兴"，他和他大哥曾国藩为此立了首功。曾国藩被封一等毅勇侯，曾国荃被封一等威毅伯。熟谙清廷政治规则的曾国藩，知道慈禧太后对兄弟手握重兵放心不下，主动裁掉湘军（主要是曾国荃的吉字营），曾国荃以生病需要调养为由开缺回家。

同治五年（1866），捻军进击湖北樊城，攻克了黄陂，直接威胁武汉三镇。清廷重新起用了悍将曾国荃，任命其为湖北巡抚，带兵阻击捻军。

当时的湖广总督是掌握两湖军政多年的官场老油子官文，此公是旗人，没什么打仗、治民的本事，但玩官场政治却是一流高手。本来督抚同城就不好处，多有龃龉。当年胡林翼做湖北巡抚时，为了不让官文节外生枝，几乎是以"妾妇之道"对待他，用一切的手段巴结他，使官文不捣蛋，从而能尽力支援湘军。

可曾九帅不是翰林出身的胡林翼，也没有他哥那样的涵养。朱孔彰在《中兴将帅别传》中说曾国荃：

公性爽迈,不屑屑于小节。轻财好义,为人谋衣食常恐不足。推心置腹,任人不疑,故豪杰乐为之用。①

这样一位百战余生、心高气傲的大将,瞧不起官文的油滑与颟顸,两人矛盾加深,官文处处和他作对。清代的巡抚虽然比总督级别低,但并非总督下属,都是向朝廷负责的封疆大吏。于是,曾国荃不和大哥商量,意气用事,于同治五年(1866)八月上疏,弹劾湖广总督官文"贪庸骄蹇、欺罔徇私、宠任家丁、贻误军政"等罪过。②同在武昌城的湖北巡抚如此公然与湖广总督开撕,这当然是一件大事。

清廷袒护旗人高官,先将官文撤任,"听候查办",但实际上只是把他调到北京,不久改为罚俸十年,简任直隶总督——这可是疆臣之首。清代一品官员一年的俸禄不过二百一十五两,罚十年也仅区区两千余两,只相当于一个总督一年养廉银的十分之一。曾国荃也干不下去了,于同治六年(1867)年底免官回湖南老家。

李榕字申夫,四川剑州人,是曾国藩的得意门生,入曾国藩幕多年。此时他是湖南的二把手布政使,当然要尽地主之谊,好好设宴招待九帅。对曾国荃来说,李申夫是自家人,有些话不必

---

① 朱孔彰:《中兴将帅别传》,长沙:岳麓书社,2008年,第116页。
② [清]曾国荃:《曾国荃集》(第一册),长沙:岳麓书社,2008年,第61页。

回避。李申夫对曾国荃受到朝廷的不公正对待,也免不了同情。

古代士大夫之间的交际是很雅的,宴会上酒酣后,主宾之间会有诗词酬答。于是就有了这首《自鄂还湘次韵答申夫方伯》。

曾国荃在诗的首联说,大功告成后,作为封疆大吏的他来不及去北京金銮殿面圣做专门的谏官,却上了奏折弹劾同僚。唐时称谏议大夫为"坡",宋代张孝祥有诗云,"此老才堪上谏坡,南州留滞意如何"。[①] 原因无非是曾目睹了吴楚大地久患重病,出于对国家、黎民的责任心。颔联说今天在浩荡宽阔的长江边说归来吧,用的是《诗经·汉广》的典,"江之永矣,不可方思"。但愿来年大海不再扬波,表面上是祈求从此天下太平,其实这是一句怨怼之语。意思是说仗打完了,巨寇剿灭了,我也归田了,只希望以后不需要再用我来带兵了。

颈联则说,武昌鱼虽然鲜美,但春意太薄我无福消受,此是指责朝廷的薄情,而雁归衡岳的家乡别情殷殷。尾联的"枣梨姜芥"用明朝宁王朱宸濠的典故。他决意在南昌起事,但担心右副都御史巡抚江西的孙燧坏他的事,派人赠送孙燧枣梨姜芥,谐音乃"早离疆界",让他快点滚蛋离开江西。曾国荃在此反问,到底是谁要让我离开湖北呢?最后他自我安慰,我也不管这么多了,回到涟水河畔做一个蓑笠钓翁罢了。涟水流经曾国荃的故乡

[①] 〔宋〕张孝祥:《于湖居士文集》,上海:上海古籍出版社,1980年,第98页。

湘乡县,是湘乡人的母亲河。

曾国藩也爱作诗,但他经过多年的官场历练,早就养成了喜怒不形于色,怨恨不流于笔端的性格。他走的是怨而不怒、哀而不伤的路子,绝对不会像曾国荃这样毫不掩饰自己的情绪。

我更喜欢曾国荃这样的诗。作诗不是写公文,如果还要掩饰自己的喜怒哀乐,那有什么意思呢?孔夫子说过:"诗可以兴,可以观,可以群,可以怨。"

曾九帅这首诗,分明有屈子《离骚》之旨趣,如"世溷浊而不分兮,好蔽美而嫉妒。朝吾将济于白水兮,登阆风而绁马"这样的忧伤与叹惋。

每个两湖文人心中大约都住着一个屈原,这位杀人盈城的曾九帅亦不例外。

"庶出"的儿子早当家

谭延闿,字组庵,湖南茶陵人。他是中国近世政坛上的一位"不倒翁",其出身恐怕是同时代高官中最优越的。——这"出身"既包括家庭的,也包括个人的。

从家庭而言,谭延闿是名宦之子,父亲谭钟麟做过清代的总督;从个人而言,他是1904年中国科举史上最后一次会试的第一名(会元)。据说,本来在后来的殿试中可以得状元的,但对戊戌变法失败后被杀头的谭嗣同耿耿于怀的慈禧太后不喜欢盛产"乱党"的湖南士子，何况还姓谭。于是为了图个口彩，钦点了直隶肃宁籍的刘春霖为状元。谭延闿成为二甲第三十五名进士，入翰林院。这个科考成绩创造了湖湘科举史的纪录。此前，湖南士子得过状元、榜眼和探花，独独缺会元。

按照庸俗的成功学标准来衡量，谭延闿也是个不折不扣的成功人士。清末，他做了湖南"咨议局"首任局长，和张謇、汤化龙等人同为"立宪派"领袖。武昌起义后，湖南首先宣布独立以响应，但正、副都督焦达峰、陈作新这两位年轻的革命党人让湖南士绅寝食难安，后被刺杀，谭延闿出任湖南都督。国民党北伐成功后，他又和蒋介石关系甚密，做过南京国民政府主席、行政院长。但让他今天仍闻名于世的不是他的政治作为，而是他的书法造诣和美食家名头。他的颜体正楷，在民国时代的官员中可称为第一，孙中山先生的遗体葬于南京钟山后，"中国国民党葬总理孙先生于此"的碑文就是他写的。而有关他精于膳食的轶事趣闻更多，"湘菜"在他手中真正发扬光大，成为八大菜系之一。

与清末民初多数性格刚烈、宁折不屈的湖南士人不一样，谭延闿表面上是个八面玲珑的玻璃球式的人物，其"混官场"的本事是一流的，左右逢源，随波逐流，尽量不得罪人，被称为"人中甘草"。这种性格和本事的形成，恐怕也和他的出身大有关系。一是在高官家里长大，从小见多识广，对官场各类明规则、潜规则很熟悉；第二个恐怕是因为他是庶子，从小在大家庭里要学会察言观色。他的母亲李氏是谭钟麟的小妾,在家中地位很低,从来都是站着伺候老爷和夫人吃饭的,直到谭延闿中了"会元",母以子贵,谭钟麟宣布李氏可以坐在正厅里和老爷、夫人同桌进餐。

清末民初,政坛上还有一位更为有名的庶出子,他的性格与处事风格和谭延闿颇为相似。这个人就是民国大总统、后企图登基当皇帝的袁世凯。他俩的前辈,乾隆朝历任云南、川陕、两江总督,官至文华殿大学士的尹继善也是庶出子。这三个庶出子都很能干,且青少年时代十分勤奋,远比大夫人生的兄弟有出息。我认为这绝不是偶然的。

庶出子容易出两类比较极端的人才,要么是自强不息、克绍箕裘的贵子,要么是自暴自弃的败家子。原因和他们在大家族中的地位息息相关。无论从社会学角度还是生理学角度来看,小老婆生的儿子有出息的可能性较嫡出的更大。

庶出的子女,其在大家族中的地位无法和嫡出子女相比,看过《红楼梦》的人当有直观印象。王熙凤时常惋惜聪敏、能干的探春不是王夫人生的,而是赵姨娘生的。

庶出的儿子和嫡出的兄弟相比,总是低人一等,而且大夫人怕姨娘恃子而傲,总是千方百计地打压小妾。苦于家族礼法,这些庶出子有苦难言,唯一的办法就是发愤图强,努力读书或做事,混出些名堂来,给生母争地位。而他们在大家庭里由于没有嫡出儿子的崇隆地位,从小必须学会察言观色,其在复杂情势下的生存能力远非嫡出之子能比。

另一方面，大户人家的庶出子又有穷苦人家的儿子难以比拟的优越条件。虽然是小老婆生的，在大家族中受太太和嫡出兄弟的气，但终归生活优渥，无饥寒之忧。更为重要的是，他们有机会接受良好的教育，而且又比嫡出子更珍惜受教育的机会。以谭延闿为例，年少时随父亲进京师，拜访帝师翁同龢，其作文和书法得到了翁氏的指点。翁同龢曾对谭钟麟夸赞谭延闿是伟器也，笔力可扛鼎。一般人家的子弟，哪有这样的机会？

我觉得还有一个原因可以从生理学方面分析。古代的年轻人娶老婆，靠"父母之命，媒妁之言"，自己是做不了主的。而大家族的父母替儿子择偶，最讲究门当户对，以通婚和其他大家族结成利益同盟。至于所选择的小姐本人的身体素质、儿子是否喜欢则不是重要的。因此，许多大户人家子弟娶的正妻，纵是齐眉举案，到底意难平，甚至有的正妻还病恹恹的。而纳妾则不一样，多由自己做主，一定是漂亮（至少端庄）、健康、自己喜欢的女子。如此，生出来的子女，基本的身体素质多比和大老婆生的孩子强。

在古代社会，家法和国法各有管辖领域，国法许多时候无法代替家法。比如，大夫人和姨娘的名分决不能搞混，哪怕姨娘所生的儿子再有出息。袁世凯在当直隶总督兼北洋通商大臣时，生母去世了。他赶回河南项城老家奔丧。为了替死去的生母争一份哀荣，他和族中长老及大夫人生的长兄商量灵柩能否从大门口抬出去。其长兄坚决不同意，说姨娘出殡应走侧门，绝没有走大门的道理。袁世凯那时候官居一品，替袁氏光宗耀祖，但也无法突破家族的礼法，只能听任长兄安排。从此，他对老家很是意难平，宣统登基摄政王载沣掌权后，他被排挤出政坛，开缺回籍，也不愿意回到项城，而是隐居在安阳。

宣统帝退位后，袁世凯当上了民国大总统，仍不满足，想称帝，让万众百姓跪下来高呼万岁。这是不是庶出子的心理隐隐作怪呢？当了皇帝，便可彻底告别庶出子的阴影？

谭延闿也曾遇到过与袁世凯一样的难题。其生母李氏去世时，谭延闿是湖南督军，湘省最高军政长官。生母的灵柩要从祠堂抬出去，按照规矩只能走侧门。谭延闿一着急，也不顾督军的气度了，趴到母亲的棺材上面，大叫"我谭延闿死了，抬我出去！"翰林出身的督军老爷当然有资格出正门，族内大佬一看此情形，明白再坚守那个旧规矩，难以收场，于是便同意从祠堂正门抬出李氏的灵柩。

这一刻，玻璃球一样圆滑的谭延闿显出了天不管地不管的"湖南骡子"的劲头，为生母争得了一份死后哀荣。这一点，袁世凯不如他。

大家族内部，嫡出子和庶出子地位的差别，唐宋两代并没有明清时期那么巨大，其中原因，需另外撰文分析。

身处历史旋涡,许多事都身不由己

我在网上曾看过由某报刊发的一篇奇文。这篇探讨陈启迈与曾国藩恩怨的文章认为,曾国藩与陈启迈并非曾国藩自称的"三同"(同年、同官、同乡),曾国藩参劾陈启迈,很有可能出自个人恩怨。

陈启迈是湖南武陵人(今为常德市市区),乃常德乡贤。地方媒体想替乡贤说句公道话是可以理解的,这篇文章提出的很多问题值得商榷。陈启迈于1796年出生,曾国藩于1811年11月出生,陈大曾十四岁不假,但他和曾国藩都是道光十四年(1832)湖南乡试中举,当然是货真价实的"同年"呀。显然,这篇文章的作者不理解古代"同年"的意思。曾国藩和陈启迈都在同一时期于翰林院里任职,当然是"同官",在同一个衙门做官呀,也许他们级别有差。湖南湘乡人和湖南常德人怎么就不是同乡呢?谁说一定要是一个县的才算同乡?

作者希望以"三同是假"来为陈启迈辩冤,进而指责曾国藩虚伪,我觉得毫无必要。曾国藩奏折中强调"三同",是一种作文的方法,以此来显示自己大公无私,为公事不惜参劾交情很深的熟人,使奏折更能打动皇帝。

这篇文章说:"正是在办团练、建湘军、镇压太平军的问题上,身为江西巡抚的陈启迈和他(曾国藩)意见相左,不与他合作,遭到他的嫉恨与报复,直至向皇帝上书,把陈启迈削职为民。"这是简单而武断地评判古人的是非。

无论陈启迈还是曾国藩，都是在传统文化中成长的士人精英，是那个时代湖湘俊杰的代表，他俩的道德学问在当时已受到士林的公认。后人要判个谁是谁非，是一件很难的事。评论古人历史事件，应该设身处地，回到历史的场景，以"同情之理解"的心态来看待。

回到历史的场景里分析曾国藩参陈启迈这件事，此乃势在必然，是曾国藩不得不做的事情，与两位湖南同乡的个人恩怨关系不大。"人在官场，身不由己"的俗语或许能道出办理公共事务中的某些无奈和不得已。

咸丰二年（1852），曾国藩因母丧回家守制，正值太平军大举进攻湖南，皇帝任命在籍丁忧的曾国藩为团练大臣，操练湘勇。咸丰三年（1853），湘勇第一次出省作战即在江西战场。江西成了湘军和太平军前期相持、拉锯最重要的地区，在江西领军作战的日子也是曾国藩一生最难熬的时光。

原因无他，皇帝既要曾国藩做事，又不给他钱和地盘。湘军本是民间办的武装，没有朝廷经制之师的"法律地位"，更没有稳定的粮饷来源。湘军粮饷靠曾国藩和他的伙伴们自筹，清廷只给政策。方法主要有三种：一是请求某个省将应交给国库的银子截下来，"转移支付"给湘军做粮饷；二是朝廷给纳捐的名额，让湘军去劝募地方有钱人赞助；三是允许湘军在战区设厘金局，自己收税。

这是没有办法的办法，内忧外患、国库空虚的清帝国要曾国藩养那么一支部队，国库不发饷已经很过分了，怎么可能连政策也不给呢？

作为领军作战的大臣，曾国藩在江西地面设厘卡收钱，当然只需要皇帝同意就行了，和江西地方最高首长巡抚商量，怕是得不到自己想要的结果。毕竟谁愿意让自己所辖的地区负担增加呀？这件事不能怪曾国藩，也不能怪陈启迈，根子在朝廷。朝廷不在体制上理顺，把一支野战部队的后勤包揽起来，而是矛盾下放，势必引起野战军统帅和地方长官的冲突。这也是帝王心术，让下面的大臣彼此有争端，皇帝做最终的裁决者。

因为咸丰帝对汉族大臣领兵的忌惮，故意削弱曾国藩的权力，不任命他为战区某个省的地方大员（任命湖北巡抚一职甫发布旋即收回）。古人言"有斯土则有斯财"，没有地盘的曾国藩仅仅头顶一个侍郎的虚衔，以督师办差的名义领军作战，自然处处会被地方官掣肘，他在湖南办团练时和骆秉章的种种龃龉亦是如此。

站在江西巡抚陈启迈的角度，他也没错呀。人常说为官一任造福一方。陈启迈是一个操守不错的官员，做了江西一省的长官，他的屁股当然要坐在江西人这边，要为江西谋利益。本来湘军和太平军在江西开打，就已经给江西人民带来了无穷的痛苦，现在湘军又要就地筹措军费，他不配合，甚至想办法让湘军少收江西民间的钱，也是一种政治伦理上站得住脚的行为。更何况陈启迈年长曾国藩那么多岁,是同在北京做官的同乡年兄,资格比曾国藩老,出任封疆大吏也比曾国藩早,在曾国藩面前他有一种"我是大哥"的心理优势。曾国藩拿着朝廷的尚方宝剑,在江西征粮筹饷,他肯定心里非常不爽。朝廷把两个有脾气的湖南人放到一口锅里争食,二者必然开撕。

于曾国藩而言,带领湘军打败太平军,这是关系帝国命运的大局,为了这个大局,你陈启迈不配合反而给我处处出难题,不赶走你我就没法办事,东南大局必将糜烂。两人势成水火时,就如张居正所言,"所谓芝兰当路,不得不锄"。[①] 万载县县令李皓和办团练的举人彭寿颐因争执相互控诉只是导火索而已。陈启迈支持自己的下属李皓,将彭举人收押并令按察使刑讯治之,曾国藩当然要保护办团练的举人。于是专折"奏为江西巡抚陈启迈劣迹较多,恐误大局"。[②] 这时,在曾国藩和陈启迈之间,咸丰帝必须做出选择。为了自家的江山,他选择了维护"大局"的曾国藩,陈启迈不得不出局。

后人评论此事,既不能简单地说陈启迈"气度狭隘,寸权必争",也不能说曾国藩"挟私报复,冷酷无情"。这是在特殊时期特殊地区的情势使然。

曾国藩后来与他一直器重、迭次保举的林则徐女婿沈葆桢

---

① 〔明〕张居正:《答汪司马南溟书》。
② 〔清〕曾国藩:《曾文正公全集》(第一册),北京:线装书局,2015年,第230页。

的冲突亦是和参陈启迈的原因一样。沈葆桢是道光二十七年（1847）的进士，和李鸿章、郭嵩焘、俞樾是会试同年，选为翰林庶吉士。曾国藩算是沈葆桢的老师，曾国藩领军后，对其倾力栽培，并推荐他任江西巡抚。

曾国藩任两江总督后，规定所辖江西厘金全部充作军饷，田赋和漕折归江西地方使用。但随着军队规模的扩大，湘军常截留江西的漕折以及九江关洋税。沈葆桢做江西巡抚，自己募勇建团，开支大为增加。太平军在浙江战场战败之后，大量残兵败将溃退到江西，江西局面危急，朝廷急忙调湘军的席宝田、江忠义部入赣，沈葆桢趁机将本省团练规模扩大。这样一来，江西地方部队的粮饷支出暴增，于是沈葆桢运作户部（当时户部主事者是翁同龢，他和曾国藩有过节），将供应曾国荃围困金陵的大部队的款项截下来，充作江西军饷。

为此，曾国藩大骂沈葆桢是忘恩负义的小人，并说如果朝廷于博学鸿词科外，再增设一个绝无良心科，应该是沈葆桢得第一名。可站在沈葆桢的角度，他也没做错什么呀。守土有责，他首先要保的是自己负全面责任的江西，蛋糕只有那么大，多给金陵的曾九帅一块，自己这里就少一块。曾国藩此时经过数年的煎熬与修炼，不复参陈启迈的锐气。他没有具折参劾自己保举的沈葆桢，而他恩人的儿子、长沙府同乡李桓却受到了连累。

李桓，字叔虎，湖南湘阴人，系道光间两江总督李星沅之三子。这李星沅可是曾国藩的大恩人。道光二十三年（1843），曾国藩被钦命为四川乡试正考官,路上得了重病,行至西安时,李星沅时任陕西巡抚,他把曾国藩这位同乡后辈接到官署中,请三秦最好的医师诊治。数日后,曾国藩痊愈,才得以启程过秦岭,抵达成都。

如果没有李星沅当时的关照,曾国藩很可能死在途中,就如他挽悼英年早逝的同乡同年梅钟澍那样:"万缘今已矣,新诗数卷,浊酒一壶,畴昔绝妙景光,只赢得青枫落月;孤愤竟如何?百世贻谋,千秋盛业,平生未了心事,都付与流水东风。"①哪里还有后来的功业。

曾国藩带兵在东南作战时,李星沅已逝去多年,其子李桓投奔曾国藩,曾公对这位恩人之子一开始很看重。咸丰五年(1855),李桓出任江西广饶九南兵备道,后调南昌办理省城巡防事务,次年兼署江西省按察使,不久改任督粮道。同治元年(1862)李桓任江西布政使,用现在的话来说,和巡抚沈葆桢搭班子,沈是江西的一把手,他是二把手。这一年年底,沈葆桢母亲去世回福建丁忧,李桓署理江西巡抚。

作为江西布政使,李桓的立场和巡抚沈葆桢是一样的,怜惜江西已民穷财尽,想办法尽量减少本省商民的负担。他任布政使期间,整饬财政赋税,制定抽厘规章,定点设局,凡行商坐贾每

---

① 《曾国藩联语辑注》编辑委员会编:《曾国藩联语辑注》,长沙:岳麓书社,2004年,第69页。

千文只得抽厘二十,在三联单上注明可抵军粮数,以制止湘军随地设卡、滥收厘金之弊。也就是说让收取商业税制度化,但上缴两江总督衙门的厘金也会因此减少。曾国藩为此发牒质询,李桓回书抗辩。两人闹掰了。同治二年(1863)春,李桓奉调陕西布政使,经武昌时登船失足跌倒,左肢中风麻木,请准离职养病。同治三年(1864),曾国藩上疏参劾李桓在江西布政使任上的"过错",受到降三级处分。从此,李桓淡出官场,息影林下。

因为沈葆桢重重地伤了曾国藩,曾几乎和他绝交,沈葆桢给曾国藩写信,曾也不回复。这种关系一直延续到湘军攻占金陵、东南底定以后。陈寅恪的祖父陈宝箴是江西人,亦是曾国藩很看重的能吏,他劝说曾国藩原谅沈葆桢。一次,陈游江南,拜见曾国藩,据黄濬转引朱克敬《瞑庵杂识》所载:

(陈宝箴)从容而言:"舟行遇风,舵者、篙者、桨者顿足叫骂,父子兄弟若不相容,须臾风定舟泊,置酒慰劳,欢若平时,甚矣小人喜怒之无常也。"国藩曰:"向之诟,惧舟之覆,非有私也;舟泊而好,又何疑焉?"右铭(按:陈宝箴之号)曰:"然曩者公与沈公之争,亦惧两江之覆耳;今两江已定,而两公之意不释,其所见不及船人哉?"国藩大笑,即日手书付沈,为朋友如初。[①]

[①] 〔清〕黄濬:《花随人圣庵摭忆》,北京:中华书局,2013年,第325页。

陈宝箴以船夫划船遇险做比喻,说在船只随时倾覆的危险前,驾驶同一条船的哪怕是父子兄弟,也会彼此责怪,不能相容。等船只平安抵岸,一家人又和好如初。真是小人喜怒无常呀。而曾国藩不认同陈宝箴,他认为在狂风暴雨里互相责骂,是大家都担心翻船,不是出于私心,船一旦停泊当然和好如初。于是陈宝箴进一步说,当初大人和沈葆桢的争执,也都是担心两江的倾覆,不是出于私心。今天两江已定,两位大人还是彼此不能原谅,难道见识还不如船夫吗?

曾国藩和沈葆桢后来是否真的和好如初,得打一个大问号,那样的芥蒂,很难完全解除。但以一起划船遇到危险做比喻的道理,曾国藩当然明白。

曾国藩参劾陈启迈和曾国藩、沈葆桢之争,其实是一样的。彼此都忠于职守,想要干好分内的事,但角色不同,立场不同,当然有利益的冲突。

当学霸的成绩成为负担:说说清代状元萧锦忠

有清一代,湖南人才辈出,特别在清季因湘军兴起,使湘人在中国政治、军事、文化诸领域产生了重要的影响。但是就科考成绩而言,湖南并不突出,不如邻省江西、湖北、广东,就是和偏僻的广西比,也无多大的优势。单说科考最高的荣耀——状元这一项纪录，广西出了四名状元（全是临桂人），湖南只有两名：一为嘉庆十年（1805）殿试一甲第一名的彭浚，衡山县人（今属衡东县）；一为茶陵州的萧锦忠，道光二十五年（1845）高中状元。

状元当然是学霸中的学霸，无论如今说科举制度有多大的弊病，但通过县府童试、院试、乡试、会试，再到最后殿试中状元的人，一定是学问、才华出众的人，这一点应无异议。

可是考试成绩好并不等于办事能力强，更不等于情商高。明清两代，状元及第，立马授"翰林院修撰"，是个从六品官，比一般选翰林院庶吉士、分发各部做主事或去地方做知县的进士起点高。可人在仕途，如跑一场马拉松，赢在起跑线的人未必能赢在终点。做官，有许多说不清道不明的因素影响，如出仕的年龄、性格以及运气，等等。

彭浚中状元后，一直是与文字打交道的詹翰官员，为清贵而无实权的职位。他做过一任福建省乡试主考，官至内阁侍读学士（从四品），后致仕回乡，一生平平淡淡。

萧锦忠，字黼平，号史楼，生于嘉庆八年（1803）。今天看他的履历，会觉得不可思议：他一共做了不到两年的官就回老家了。他的家乡流传一个故事，说萧锦忠为什么早早辞官，是害怕仕途险恶，因为他刚中状元时就被皇帝的喜怒无常吓得半死。

故事说，殿试出榜后，照例，皇帝要御赐恩荣宴，成为天子门生的新科进士参加宴会。那一次恩荣宴，皇帝和皇后参加了。

宴会结束后,不懂规矩的萧锦忠离席时回头瞅了皇后一眼。"你瞅啥"酿成悲剧,是为大不敬。皇帝发怒,要将萧锦忠处斩,一些大臣上奏求情。皇帝下令将萧锦忠叫到跟前责问他为何那样放肆,萧锦忠辩解说他生长在湖南乡下,从小一看到诗赋、楹联就喜爱非常,必定默诵并记下来。参加恩荣宴时,看到宫殿那么多名诗佳联,老毛病又犯了,一时忘乎所以,只顾强记这些名诗佳联,便犯了圣驾前不敬之罪。皇帝将信将疑,令他将举行宴会的那座宫殿悬挂的楹联、诗赋背诵出来。于是萧锦忠不慌不忙,把殿上的诗词楹联一字不漏地背出来。皇帝才相信他的辩解,赦他无罪。

这显然是小地方的老百姓根据戏文的桥段编造出来的故事,因为一般人实在难以理解好不容易考上个状元,竟然辞官不做了。

恩荣宴又称琼林宴,清承明制,于殿试传胪的第二天在礼部设恩荣宴,读卷大臣、銮仪卫使、礼部尚书、侍郎,以及受卷、弥封、收掌、监试、护军参领、填榜、印卷、供给、鸣赞各官与新科进士一起赴宴。钦命内大臣一人为主席。主席大臣以次每员一席,受卷以下各官二员一席,状元一席,榜眼、探花一席,其余进士四人一席。可见皇帝不会亲自参加宴会,更别说皇后了。再说,道光帝虽然平庸,但是算得上勤俭之君,对臣工也很宽厚,断不会因为臣工回头瞅上一眼就会龙颜大怒到砍人家头的地步。

也有史料说，萧锦忠中状元后，他的两个弟弟先后病死，伤心的他厌倦了仕途，回到故乡奉养父母。这个解释还是有些牵强，古代医疗条件不好，盛年病死的事常见。两位弟弟病死，中了状元的哥哥理应更有要在仕途上取得一番成就而光宗耀祖的压力呀。

真正的原因恐怕只有萧锦忠自己知道。不过从萧锦忠的长沙府同乡曾国藩家信的两段记载中，可以对其辞官归里的原因做一些推测，或许是状元的荣耀和做小京官的清贫落寞产生巨大的反差。

道光二十五年（1845）五月初五，曾国藩给四位胞弟的信中说：

> 今年新进士善书者甚多，而湖南尤甚。萧史楼既得状元，而周荇农（寿昌）去岁中南元，孙芝房（鼎臣）又取朝元，可谓极盛。现在同乡诸人讲求词章之学者固多，讲求性理之学者亦不少，将来省运必大盛。①

曾国藩用几位同乡士人取得的佳绩来勉励几位弟弟，希望弟弟以他们为榜样。信中"省运必大盛"只是随口一说，没想到日

---

① 〔清〕曾国藩：《曾文正公家书》（上），北京：线装书局，2015年，第089页。

后真的应验了。今天再来评价这句预言，我以为康熙年间湖北、湖南分省，雍正年两湖再分闱、长沙单设乡试考场是重要的促进因素。湖南人才在大环境下得到较好的培植，至此开花结果了。三人都是长沙府人，为此，曾国藩在北京长郡会馆里题写了一副霸气的楹联："同科十进士，庆榜三名元。"①道光二十五年会试，长沙府八位举子中进士，寄籍贵州的新科进士黄辅相、黄彭年叔侄原籍长沙（似乎有高考移民之嫌疑）。

道光二十六年（1846）七月初三，曾国藩当时任从四品的内阁学士，他在给父母的家信中谈到为祖父母、父母所请的朝廷诰封及即将为祖父母的祝寿：

> 寿屏请萧史楼写。史楼现未得差，若八月不放学政，则渠必告假回籍，诰轴托渠带归亦可也。一切男自知裁酌。②

从这段话可以看出萧锦忠的字写得真的好，曾国藩在京的同乡好友中，善书者不少，包括近代第一大书家何绍基，可曾国藩还是请萧锦忠为祖父母写寿屏。我以为一则是借重状元的名头来增加喜庆；二是能得状元的人，必定能写一手工整、清丽、雍容

---

① 《曾国藩联语辑注》编辑委员会编：《曾国藩联语辑注》，长沙：岳麓书社，2004年，第3页。
② 〔清〕曾国藩：《曾文正公家书》（上），北京：线装书局，2015年，第102页。

的"馆阁体",更适合写寿屏。曾国藩还透露了另一个信息,萧锦忠已做好告假回籍的准备,只是等待八月三年一次的学政简放,若放了学政便继续做官。

萧锦忠实在是心急了点,此时距离他中状元步入仕途才一年三个月,就是状元再风光,也不能在这么短的时间简放为掌管一省文教的"提督学政"呀!当然,萧状元着急是有原因的,他进士及第时已经虚岁四十三,时不我待。可清朝四十岁左右才出仕的大官不少,骆秉章中进士时已经四十岁了,起点是翰林庶吉士,需三年散馆后才授职,起点比一中状元就是从六品翰林修撰低得多,可人家后来做到了四川总督、大学士。

萧锦忠回到茶陵老家后以卖字写文为生,状元公的文章和书法,当然好卖。因为写得太多,当地有个说法:"萧状元的字是宝,就是笔太贱。"

咸丰二年(1852)曾国藩回故乡丁母忧,后奉旨操办团练,他想到了萧锦忠这位曾让其十分钦佩的状元公,写信请他出山给自己帮忙,萧锦忠婉拒了。不过想想也正常,这位不得学政就辞官回老家的状元公,年长曾国藩八岁,让他给曾做幕僚,情何以堪呀?如果是个秀才或者举人,给曾侍郎做幕僚,心理上没有落差。状元公,成了萧锦忠一个难以卸掉的负担。

咸丰四年(1854)冬,萧锦忠在家烤炭火一氧化碳中毒身亡,享年五十二岁,崔珏哭李商隐的诗"虚负凌云万丈才,一生襟抱未曾开",亦可以用在他身上。

钦差大臣出使前最担心的竟然是这件事

光绪四年（1878），曾纪泽被清廷委任为出使英法的钦差大臣，接替饱受守旧士大夫攻讦的郭嵩焘。出使前，他聘请了在中国多年、通晓汉语的法国人法兰亭为助手，一同前行。

曾纪泽从京城出发，先到天津拜见李鸿章等人，处理一些事务，再坐海轮到上海，采办出洋的物资，招募一些随行人员并在沪会集。十月十五日，他给法兰亭写了一封信，主要是为一件大事委托法兰亭与法国有司沟通。信中曰：

现有极要之事，须与台端一商者：贵国为秉礼之邦，泰西各处礼仪，大半依据贵国所行，以为榜样。中国遵至圣孔子之教，亦以礼仪为重。然道途太远，风俗亦异，是以彼此仪节，迥然不同。一切细故末节，尽可通融办理，惟宴会一端，尚须商酌。

泰西之例，男女同席宴会，凡贵重女宾，坐近主人，贵重男宾，坐近主妇，此大礼通例也。而中国先圣之教，则男女授受不亲，姑姊妹女子，既嫁而返，兄弟不与同席而坐，不与同器而食。至亲骨肉其严如此，则外客更可知矣。中国妇女若与男宾同宴，将终身以为大耻。现在中国与泰西各国通好，将成永久之局，将来国家遣使，亦必常行不断，公使挈眷，事所常有。鄙人此次挈携妻子同行，拟请足下将鄙人之意，婉达于贵国议礼大员之前：中国公使眷属，只可间与西国女宾往来，不必与男宾通拜，尤不肯与男宾同宴。即偶有公使至好朋友，可使妻女出见者，亦不过遥立一揖，不肯行握手之礼。中西和好虽殷，吾辈交情虽笃，然此一端，却是中国名教攸关，不必舍中华之礼，从泰西之礼也。各国公使驻于中国北京者，其眷属亦并未与中国官宅往来，可见彼此礼教不同，尽可各行其是。若蒙足下从中委曲商酌，立有一定规矩，则将来中国公使挈眷出洋者，不至视为畏途，实于彼此通好长久之局更有裨益。①

原来，曾纪泽最担心的是，中国外交官带女眷与外国官员见面，按照欧洲的礼仪，要坐在一桌吃饭，而且"贵重女宾，坐近主人，贵重男宾，坐近主妇"。那还了得，这是中国"名教攸关"的大事。所以他希望法兰亭向法国外交部负责礼仪的官员转达："中国公使眷属，只可间与西国女宾往来，不必与男宾通拜，尤不肯与男宾通宴。即偶有公使至好朋友，可使妻女出见者，亦不过遥立一揖，不肯行握手之礼。"法国外交部获悉曾纪泽此意后，充分理解中国的文化和特殊国情，同意了这一要求。

曾纪泽出使前如此郑重地提出预案，今天看来可能是笑话，

---

① ［清］曾纪泽：《使西日记》，长沙：湖南人民出版社，1981年，第30页。

可在当时是未雨绸缪、有言在先、事关国格的大事,而且此前有惨痛的教训。

郭嵩焘是曾国藩的好友,算是曾纪泽的父执辈。作为中国首任驻外大使出使英国、法国,因为带着如夫人梁氏参加各种公开活动,成为政敌和清流派攻击他的一大罪状。

副使刘锡鸿写信回国向总理衙门告郭嵩焘的状,说郭嵩焘崇拜效仿洋人,出门用伞不用扇子,穿洋服,令姨太太学英语,败坏中国的闺教等一大堆"罪状"。清流派骨干、翰林院侍讲张佩纶接连上书,指责郭嵩焘带家眷出使外洋,且在外国一心效仿夷人之礼,专为取悦洋人,请求将郭撤回,来维护礼教,尊崇国体。张佩纶是有名的嘴炮爱国者,坚决主战。后来慈禧太后遂他的愿,命其以三品卿衔会办福建海疆事宜,兼署船政大臣。1884年7月15日,法军舰侵入马尾港,8月23日,法舰发起进攻,福建水师覆灭,马尾船厂被毁。张佩伦则仓皇逃跑,腾笑于士林。

到了法国后,曾侯爷果然大开眼界。光绪五年(1879)正月二十八日,曾纪泽于日记中载:

> 亥正,至吏部尚书马勒色尔处赴茶会,始见男女跳舞之礼。华人乍见,本觉诧异,无怪刘云生之讥笑也。①

---

① 〔清〕曾纪泽:《曾纪泽日记》(第二册),北京:中华书局,2013年,第887页。

刘云生即刘锡鸿,他在日记中如此记载初次看到的外国舞会:

> 跳舞会者,男与女面相向,互为携持。男以一手搂女腰,女以一手握男膊,旋舞于中庭。每四、五偶并舞,皆绕庭数匝而后止。①

在上千年受儒家教导"男女授受不亲"的中国士大夫看来,如此跳舞不啻当众宣淫呀。

毕竟曾纪泽眼界开阔,思想维新,他对西方的舞会倒是没有刘锡鸿那样厌恶,且有他自己的一番见解。他在二月初二的日记中记载:

> 申初二刻,至伯理玺天德格勒斐家谒其夫人,前数日发帖约期者也。……子初,至跳舞场,观男女跳舞极久,亦前数日下帖迎请者。西人婚姻,皆男女自主之,跳舞会之本意,盖为男女婚配而设。官民常设公会劝捐,以拯困穷,多以跳舞为题。本日跳舞会,系法国兵部尚书主政,其题则捐钱以助义

---

① 〔清〕刘锡鸿:《英轺私记》走向世界丛书,长沙:岳麓书社,1986年,第151页。

塾，中国使馆亦捐一百佛郎，约银一十三两有奇也。①

看来，在曾侯爷的眼里，西方人男女跳舞，类似中国偏僻之处的山野民族，青年男女通过对山歌、跳舞结识，彼此心仪者淫奔不禁。他能看到西方常以舞会为由头为公益事业捐助实属难得。

当然，这位开明的侯爵大使，对洋人男女相互搂着跳舞，可以从礼仪各殊的角度理解。但中国人是决计不能下场跳舞的，捐点银子倒没关系，以示友好亲睦之意。更不用说让自己的女眷被洋男子搂腰贴胸，"旋舞于中庭"，这是中华礼教之大防呀！

性情、境遇完全相反的两父子

因为近些年的"曾国藩热"，汤鹏的名字才为更多的人知道。

今人讲述曾国藩的功业和早年的趣事时，汤鹏经常作为一个颇具喜剧色彩的配角出现。其实，他的人生是一场不折不扣的悲剧。

---

① 〔清〕曾纪泽：《曾纪泽日记》（第二册），北京：中华书局，2013年，第888页。

汤鹏，字海秋，自号浮邱子，湖南益阳人，清嘉庆五年出生。他是道光年间有名的诗人，自幼聪敏好学，二十二岁中举，道光三年（1823），二十三岁的他连捷进士及第——乡试和会试连捷是很难的，即前一年秋天参加乡试中举，第二年春天进京参加会试考取进士。

曾国藩中举后考了三次才中进士，和汤鹏齐名并同年中举的同乡魏源，二十二年后即道光二十五年（1845）才中进士，此时汤鹏已去世一年了。

广西马平人王拯（原名锡振）是汤鹏的科场晚辈和户部同事，亦是道光年间的知名诗人，他在汤鹏去世后为其撰写了《汤君行状》（见《益阳汤氏五修族谱》）。文中曰：

> （海秋）道光二年举于乡，次年成进士，年甫弱冠所为《海秋制艺》数百篇已风行天下，中朝显达咸乐推奖，前协办大学士汪文端公、汤文端公推一时名德，皆拭目俟君将有为于世。[①]

这可真是少年得意。彼时汤鹏还没有痴迷于写诗，他是靠做八股文闻名于世。二十三岁就有优秀作文选集风行天下，成为全

[①] 汤允欢等：《益阳汤氏五修族谱》，1936年石印本卷首（下），第12页。

国考生的学习范本,那风头哪是现在靠一篇满分文章而被报道的高考牛人所能比的。有这样的才华,朝廷的大佬纷纷看好这个年轻人。

可哪知道早年太得意的汤鹏,仕途之路很不顺,兜兜转转四十多岁才是户部郎中、俸满简用知府(就是说在部里做郎中做到一定的年限后,可以简派到京外去做知府)。可还没有等到外放知府,汤鹏就暴病而亡。

除了短暂地出京做过陕西乡试正考官外,汤鹏一直在做京官。初官礼部主事,后被选入军机章京当值。军机大臣曹振镛器重他,将其调到户部任浙江司郎中——从清水衙门的礼部到了最肥的户部浙江司,后升任贵州司员外郎。乙未年(1835),汤鹏被委任会试同考官,不久升任山东道监察御史。

在礼部、户部的重要岗位做过官,又在军机处做过章京(俗称小军机),然后又担任监察御史,此时汤鹏才三十五岁。

这是一份何等亮闪闪的履历?王拯的《汤君行状》说同僚们"皆谓君不日月跻津要得美仕矣"!

汤鹏年长曾国藩十一岁,早十五年中进士,同在北京为官,算是曾国藩不折不扣的同乡前辈。两人在京过从甚密,曾国藩在日记和家书中对汤海秋多有提及,想必汤对曾国藩这位小老弟也多有照顾。

两人后来闹掰了,缘由成为代代相传的一个"段子"。曾国藩喜欢写对联,特别是挽联,挽联是哀悼死者的,可一年到头里，哪有那么多亲朋近友去世呀。于是，无用武之地的曾大人没事就给还活着的朋友草拟挽联。某一年春节期间（应当是1844年），汤鹏来曾府串门，因为太熟了，不用仆人通报，直接闯入了曾国藩的书房。

这位涤生老弟正在写一幅字，见海秋兄来了后马上慌慌张张地要藏起来。真是好奇害死猫，汤鹏见此，一把抢过来，一看，这是给汤公海秋兄也就是自己写的挽联呀。大正月的这不是咒一个人快死吗？他又是一个眼里揉不得沙子的急脾气，于是两人绝交。

真是一联成谶，就在那年，才四十四岁身体倍儿棒的汤鹏竟然死了！原因竟然是和人赌气。几位哥们儿在一起闲聊，有人说大黄有毒，为治病才能吃。汤鹏就和这人抬杠，说这是胡说，哪有此事，我没病常常吃着玩，不信我吃给你看。硬是当场吃下一两多大黄，很快就腹泻不止，第二天凌晨便暴卒。

吾友谭伯牛考证曾国藩和汤鹏闹翻并非生挽，而是曾对这位同乡前辈说话不靠谱早就不满，因为他在道光二十二年（1842）的家书中说："汤海秋久与之处，其人诞言太多，十句之中仅一二句可信。"但生挽也未必不存在，因为汤海秋死后，曾的祭文中充满着内疚。其中一句"一呷之药，椓我天民"是对这位天才诗人的惋惜，也是对其孟浪行为的痛心。

一位少年科第、才华出众的大才，怎么会干出这样的蠢事？今天看来确实令人难以相信，似乎参与这种弱智打赌的人，只能是不读书、没见识的乡间匹夫。但以他的人生履历和所写的诗来看，似乎又可以理解。这是个才华横溢而任性使气的人，这种性格说白了就是孩子气、"不成熟"。这样的人诗写得好，但未必适应官场。

王拯为其写的行状对其为官的不成熟、处事的不圆滑多有着墨。汤鹏一担任监察御史，就上书弹劾工部尚书、宗室载铨。新官上任，拿一个普通官员试手倒可以理解，但他直接针对努尔哈赤的后代，正宗的黄带子。这一下可是得罪了重要人物，皇帝又把他调回户部，先后任陕西司郎中、江南司郎中。王拯的文章说他：

> 夫盖君始由军机得御史，人皆以为将大起。继浮湛曹司，汶汶颇自侘傺。然时时义气感激，抗言天下事，则愤义形于颜色……君修髯美貌，顾盼雄鸷，言词侃侃，声若钟簴，乐交天下豪俊。……独性伉直，于人有不合不宿中，必尽言以质之，或相执以忿争。①

这就是一位典型的性情中人，仗义疏财，和人交往时想到什么说什么，大嗓门滔滔不绝，不怕得罪人。爱和人抬杠，为一点事必须争个是非曲直。这种做派和曾国藩的谨言慎行完全相反，

---

① 汤允欢等：《益阳汤氏五修族谱》，1936年石印本卷首（下），第12页。

在官场上怎么能混得开呢?

与汤鹏性格和命运相近的另一位大诗人龚自珍在《己亥杂诗》中称颂了汤鹏:"觥觥益阳风骨奇,壮年自定千首诗。勇于自信故英绝,胜彼优孟俯仰为。"诗人才是最能理解诗人的,他们俩是秉性相近、志趣相投的知己。

钱基博先生在《近百年湖南学风》中提到近世湖南人才辈出,说:"汤鹏尚变以自名一子,魏源通经而欲致之用,胡林翼、曾国藩、左宗棠扶危定倾以效节于清,郭嵩焘、谭嗣同、章士钊变法维新以迄于革命。"对其评价相当高。

因为他的负气,吃大黄自己戕害自己,死早了,没能等到太平天国起事后湘系人物喷薄而出的大时代。多数人以事功、官位论英雄,不了解汤鹏,而津津乐道其同乡晚辈曾国藩、胡林翼等人,是可以理解的事。

汤鹏遽然早逝,留下了五儿五女,大半还没有成年,而他当了那么多年京官,也没有积攒什么钱财,家庭一下子就败落了。

好在汤鹏出仕很早,结交的朋友很多,他的墓志铭是其座师、军机大臣、文华殿大学士、上书房总师傅穆彰阿填的讳。他留下了一笔巨大的无形资产——人脉,让子孙受到绵绵的余荫,其中最有成就的是第四子汤寿铭。也许是吸取了父亲的教训,汤寿铭倒是在官场混得如鱼得水。

汤寿铭,字小秋,道光十六年(1836)生。此人没有父亲的诗才,科考记录更差,国子监学生出身,连个举人也不是,可最后官至广西布政使。

父亲汤鹏死时,汤寿铭还是个八岁的少年。年幼丧父的汤寿铭恐怕就如鲁迅在《呐喊》自序中所言"从小康人家而坠入困顿"。好在后来湘军崛起,他父亲当年的同乡晚辈特别是曾国藩手握大权,对这位老朋友的遗孤很是照顾。

汤氏族谱中有《布政公事略》,记录了汤小秋如何在老爹的朋友的关照下一路高升,当然,他本人也很争气。文章说:

> 洪杨之势方张,家计日匮。母罗太夫人在堂,亟谋菽水之奉,不暇攻苦笔砚为举子业,乃援例纳捐府经历,指省江苏,年方十八。

这种文章当然多溢美之词。说是因为父亲死得早,家境穷困,急需早点工作奉养老母,没办法再费时费力地去考举人走正途,十八岁就捐了个小官,指派到江苏。

府经历是知府的属官,主管出纳文书事,是个正八品的小官,属于佐杂之流。家里没有巨款的人一般捐个这样的低起点官。但是捐官都是候补,一些候补知县、候补知府指派到省后,十几年都得不了一个差使。

然而汤寿铭不一样,能在十八岁捐了个小官后,指派到湘军的盘踞之地江苏省,这绝对不是靠好运气就能做到的,必定少不了贵人相助。《布政公事略》说:

（其父）身殁时公尚幼，萧山文端公以宗人之谊，尝抚而教之。

这位萧山文端公就是《汤君行状》中"前协办大学士汪文端公、汤文端公推一时名德"的第二位大佬汤金钊（1772—1856）。其字敦甫，浙江萧山人，当年非常看好他爹汤鹏，两人大约联了宗。汤鹏赍志而殁后，汤金钊抚养并教导其儿子汤寿铭。

此公在道光七年（1827）任左都御史，礼部尚书，不久充上书房总师傅，调任吏部尚书、工部尚书、户部尚书之职。道光十八年（1838）以协办大学士调回吏部。汤寿铭捐官的时候，汤金钊还在世，一个当过礼部尚书的协办大学士，给侄子辈谋个好去处太容易了。

汤寿铭进入官场后的表现和他爹完全两个样子。《布政公事略》说他：

与同僚无酒食征逐之会，人亦不乐与之交，每谒长官，默坐听事不语，群呼为"汤独坐"。

这样的沉默寡言，和其父汤鹏年轻时喜欢侃侃而谈、语惊四座的表现，反差实在太大。以汤寿铭的背景，到江苏后自然不用坐多久的冷板凳，很快有了实职，署理泰兴县知县，在任上办理了一个疑难杂案，马上声名鹊起，尔后入安徽巡抚乔松年幕，不久后署理凤阳府知府。

乔松年是谁？山西清徐人，是汤鹏的门生，曾为恩师的遗著《海秋诗集》作序。

乔松年调任陕西巡抚后，汤寿铭没有跟过去，仍然留在两江的地面做事。这时候，曾国藩回任两江总督。同治十年（1871），汤寿铭被委派到江宁（南京）城外上新河木厘局任委员——木材税务稽查局局长，这是个肥差。曾国藩去世后，先后担任两江总督的刘坤一、左宗棠、曾国荃等人对这位小同乡继续关照，委以重任。"曾忠襄公继左文襄公督两江，甫受事即委公办筹防总局兼营务处"，也就是说两江辖区的陆军、水师的后勤、装备都由他负责。

汤寿铭的办事能力极强，曾国荃很满意，"奏保请以海关道记名简放，旋委署苏松太道，是缺兼海关监督"。苏松太道——管辖今天苏州、上海一带，在洋务运动兴起时，这一地区是中国最富庶的，苏松太道兼管上海海关，可是第一肥缺呀。

汤寿铭为官生涯中还有一件事值得大书特书。他在调任云南安开广道（驻蒙自）后，按照驻英法大使曾纪泽书信中提供的资料，与英国殖民者交涉，划定了中缅边境线，中国并未吃亏。光绪二十一年（1895）汤寿铭任云南按察使，步入省部级高官序列；二十三年（1897）升任云南布政使；二十八年（1902）六月改任广西布政使；二十九年（1903）闰五月，被慈禧太后身边的第一红人、有"官屠"之称的两广总督岑春煊参劾，革职养老，此时距离他父亲死去已六十年。

岑春煊参其的理由是"吏治废弛"。他从云南接收到调令，赶到广西省会桂林，一共才做了几个月的广西布政使，怎么可能澄清吏治呢？当然，岑春煊动辄参劾同僚，被他碰上了，也无说理之处。同时被参的还有广西巡抚王之春（湖南衡阳人）、广西按察使希贤、广西提督苏元春。苏元春是毗邻湖南的广西永安人，早年以武童入湘军，一直跟着湘军大佬席宝田（湖南东安人）转战南北。懂朝廷游戏规则的人能看出，这其实是清除湘系势力的一次"战役"。

汤寿铭于光绪三十年（1904）逝于金陵，享年六十九岁，寿禄皆远甚乃父。性格决定命运，信然，而为人子者善于吸取父亲的经验与教训，善于利用先父的人脉，也算是一种孝道吧。汤寿铭能干不假，可如果没有其先父余荫，他的仕途能那么顺利？所谓"能力之外的资本等于零"，恐怕汤寿铭也不好意思说出这样的话呀。

李鸿章是拼命做官，俞樾是拼命著书

中国古代社会十分重视丧葬，挽联是中国丧葬仪式中对死者致敬的一种方式。一个人死后，有名望的人所送的挽联，往往是一字之褒荣于华衮。那些优秀的挽联则在社会上长久流传,哪怕陵谷变迁,死者墓木成拱。

写挽联,当然需要撰者有较好的文字功底,能掌握对仗、声韵等基本知识。但这还远远不够,写出好的挽联需要才华,更需要对人情世故的了解,能够恰当恭维死者而不过分,表达情感真诚而不越位,而撰者与死者的私人情谊,是挽联所要表达的重点。可以说,写挽联,成为士大夫显露才华、强调交情的重要艺术形式。

俞樾是清代同治、光绪年间的大学者,字荫甫,自号曲园居士,后世称其为"曲园老人"。他生于1821年,卒于1907年,活了八十六岁,在那个时代是真正的高寿了。曲园老人是楹联高手,又活得长,因此他所撰的挽联数量大,且多是精品。

曲园居士和李鸿章都是曾国藩的门生,曾国藩对俞樾颇为看重,俞樾也以身为曾门弟子而自豪,因此他与曾氏一家人交情匪浅。据俞樾的《春在堂楹联录存》记载,曾国藩、曾纪泽、曾国荃去世后,俞樾都送过挽联。

同治十一年(1872),曾国藩殁于两江总督的任上,清廷赐予的谥号为"文正"。曾国藩生前也是挽联高手,此时轮到诸位亲友、门生送挽联了。俞樾挽恩师联是:

是名宰相,是真将军,当代郭汾阳,到此顿惊梁木坏;

为天下悲,为后学惜,伤心宋公序,从今谁诵落花诗。①

俞樾在《春在堂楹联录存》中为这副联做了一段注释:余受知文正最深。庚戌进士复试,公充阅卷官,以余诗有"花落春仍在"句,期许甚大。余以"春在"名堂,识感亦愧也。山颓木坏,吾将安仰?于挽联仍及此意,追惟昔欤,曷胜泫然。

上联很好懂,和其他挽者一样,对老师的道德和功业做了很高的评价,将其比作郭子仪,能出则为将,入则为相。先生的逝世,犹如朝廷栋梁毁坏。

下联便道老师对他的知遇之恩。大臣故去,为天下悲。但曾国藩不仅是一位立下赫赫功勋的大臣,还是一位学问家。"伤心宋公序,从今谁诵落花诗"则是指俞樾平生最为自得的一段佳话。

道光三十年(1850),二十九岁的俞樾会试及第,此时身份是"贡士",接下来还要经过礼部的复试、皇帝主持的殿试,才能成为进士。虽然"贡士"成"进士",不会有人被淘汰,但关系到排名,贡士们当然非常重视。会试的试卷是由专门人士誊写(如此避免考官认出考生字迹从而舞弊),复试和殿试,考官所阅的是考生自己书写的试卷,因此楷法很重要,写不出一手秀丽端庄"馆阁体"的考生,名次很难靠前。俞樾的楷法不算好,他后来以隶书而闻名。

---

① [清]俞樾:《春在堂楹联录存》(一),古籍影印版。

复试时，时任礼部侍郎的阅卷官曾国藩力主俞樾为第一。其他考官说这个考生文章写得确实不错，但恐怕是"宿构"——即考前背熟数篇已做好的文章，考试时恰好和题目碰上了，和现在高考许多考生背了上百篇范文一样。曾国藩反驳说，文章可能宿构，但诗（试帖诗，会试三场考试必考科目）不可能宿构。因为试帖诗的题目与限韵，非常随机，不像八股文命题范围很窄，故而很难押中考题。诗题为《淡烟疏雨落花天》的五言八韵诗，曾国藩对俞樾的诗特别赞赏，尤其喜欢其诗首句"花落春仍在"，以为"咏落花而无衰飒之意"，格调高昂，因而预测其"他日所至，未可量也"。

公序是宋代大诗人宋庠的字，他和弟弟宋祁齐名，两人同科登第。兄弟二人都写过《落花诗》，宋祁诗中名句："将飞更作回风舞，已落犹成半面妆。"曾国藩当年看俞樾的试帖诗时，就说"花落春仍在"与这两句相似。宋庠有句："汉皋佩冷临江失，金谷危楼到地香。"

复试取得第一的俞樾殿试时为第十九名进士，入翰林院任庶吉士。曾氏对他的褒奖传出去后，他当然是感激莫名。这个人书读得好，文章写得好，但性格并不适合做官，当过一任河南学政，被御史弹劾罢官后，回到江南，从此潜心学术。为了表示对恩师的感谢，他的书房名为"春在堂"。现在老师仙逝了，谁还能吟诵那首"落花诗"呢？

曾国藩曾评价他的两大得意门生，李鸿章是拼命做官，俞樾是拼命著书。俞樾后来刻一图章"拼命著书",盖在自己的藏书上。他的"拼命",可不是闹着玩的,他一生对群经诸子、训诂小学、小说笔记颇有研究,撰著甚丰,著作辑为《春在堂全书》,共五百多卷。他的儿子死得早,他将长孙俞陛云(俞平伯之父)一手抚养、教导成人。这俞陛云也很为祖父争气,参加秀才考试得了第一,即俗称"案首";参加浙江省乡试考中举人第二名;殿试以第三名即俗称"探花"成为进士。俞樾不无得意地写了副对联夸耀自家学风之优:

  念老夫毕世辛勤,藏书数万卷,读书数千卷,著书数百卷;
  看吾孙更番侥幸,童试第一名,乡试第二名,殿试第三名。①

光绪十六年(1890)四月,曾国藩(其长子早殇)的次子、袭一等毅勇侯的曾纪泽病逝,年仅五十一岁,俞樾挽曾纪泽曰:

  论世务有心得,论经术有家传,参中外以独成其学;
  为朝廷惜重臣,为师门惜令子,合公私而一恸斯人。

---

① 蒋竹荪:《分类名联鉴赏辞典》,上海:上海辞书出版社,2004年,第4页。

曾府家教甚严，曾纪泽兄弟从小就无官宦子弟的浮浪习气，用心于经史子集。曾纪泽壮年时奉命出使英国和法国，又在总理衙门当差多年，对西学颇为精通，这也是他能根据国际法与沙俄力争让伊犁回归版图的重要原因。据考证，他在总理衙门时，总署春节招待各国使节，他是第一位用英语问候各国使节的中国官员。可惜英才不寿，俞樾心情沉痛地"为师门惜令子"。

曾纪泽死后未及半年，湘乡曾氏最后一棵大树曾国荃和当年他兄长一样，亦在两江总督任上逝世。俞樾又送了一副挽联：

耀旃常虎武龙文。溯始事于楚，告成功于吴，又有大造于晋。至去年霖雨奇灾，仁粟义浆，兼施两浙；

钟灵秀三湘七泽。予谥法者五，建专祠者四，晋赠太傅者二。数列代凌烟盛迹，玉昆金友，足冠千秋。①

上联叙述的是曾国荃的功绩：年轻时在湖南老家募兵入江西支援兄长；攻陷太平天国的都城金陵；任山西巡抚时正逢晋省"丁戊奇荒"，他积极赈灾救活了灾民无数；临死前一年浙江洪水泛滥，他作为两江总督积极地援助邻省。

下联则是说曾家的门第之盛，曾家五兄弟加上曾国藩长子曾纪泽，除长年在老家管事的曾国潢外，其余五人逝后都得到了

————
① 〔清〕俞樾：《春在堂楹联录存》（三），古籍影印版。

朝廷的谥号：曾国藩谥"文正"，战死在三河的曾国华谥"愍烈"，病逝在围困金陵军营的曾国葆（贞干）谥"靖毅"，曾国荃谥"忠襄"，曾纪泽谥"惠敏"。有大功勋或相当职位的大臣才能有谥号。其中，曾国藩四兄弟死后，皇帝下旨在他们的家乡或战斗过的地方修建纪念馆。而曾国藩、曾国荃死后都追赠"太傅"——虽是虚衔，但却是官场最高的荣誉之一，位列三公（太师、太傅、太保）。

俞樾为曾国荃所撰的挽联，是对曾氏门第之盛最后的总结。此后，曾家子弟归于平淡，遵循祖训，在官场上没什么作为，倒是在科技、教育方面人才辈出。

用挽联送走了老师，又送走了老师的儿子，再送走老师的弟弟，曲园老人不知有何感想。长寿的人，总是要经历着师友们一个个先行离世的痛苦。

第四编

乡愁：离乡即望乡

文化的延续必须建立在生命延续的基础上

邓守之之子解，字作卿，于本日寅正在公馆内去世，完白先生之孙也，余派人料理殓殡，未刻异出。其父曾谆托我教训培植，余以公私繁冗，久未一省视，不知其一病不起，有负重托，殊为歉仄。①

同治二年（1863）五月初十，身任两江总督、已移驻安庆的曾国藩在日记中沉痛地记下这么一笔。为何一位年轻部属的死让见惯了流血与死亡的大帅如此内疚？这位死者邓解和其父亲是何等人物？

邓氏父子出自安庆府首县怀宁邓家大屋，怀宁邓家是安庆府乃至皖省数一数二的文化家族。曾国藩日记中提到的"完白先生"即邓石如。邓石如是清代乾嘉年间的大篆刻家、书法家，是中国篆刻史上一座难以逾越的高峰，完白先生的篆书和篆刻影响至今。曾国藩出生时，邓石如已经去世六年，二人不可能有交集，曾是邓石如的隔代铁粉。

---

① 〔清〕曾国藩：《曾国藩日记》（中），北京：九州出版社，2014年，第635页。

曾国藩年轻时就对安庆府的文化前辈非常崇拜，他的文章师法桐城派古文大家姚鼐，书法推崇邓石如。曾氏带兵在皖南等地与太平军作战时，戎务之余，托人用心收集邓石如的遗墨，加以细心揣摩，并乐于与亲朋好友分享。如他写信给儿子曾纪泽：

> 邓石如先生所写篆字《西铭》《弟子职》之类，永州杨太守新刻一套，尔可求郭意城姻叔拓一二分，俾家中写篆者有所模仿。①

邓传密，字守之，是邓石如晚年所生的独子，其父去世时他才十岁。他年少时师从李兆洛（字申耆）学习，并不遗余力地收集、整理父亲的书法作品，敦朴能诗，篆、隶有家法，学问精湛。清代大书法家何绍基称赞邓传密的书法："上客有邓子，法绍斯冰严。""斯"指小篆的整理人、篆书大家李斯，"冰"则是唐代篆书家李阳冰，"严"就是邓传密的父亲邓石如了，古人称别人父亲为"令严"或"令尊"。

湘军攻陷太平军占领的重镇安庆后，开始合围天京城，曾国藩将两江总督衙门迁到安庆，安庆便成了清廷在东南的军事、政治中心。礼贤下士的曾国藩对皖地的英才自然是想办法延揽，邓

---

① 〔清〕曾国藩：《曾文正公家书》（下），北京：线装书局，2015年，第797页。

传密入曾国藩的幕府,他年长曾氏 16 岁,曾对他以长者待之,发一份薪水养着,不可能像年轻人那样派活。邓传密把他的独子邓解推荐给曾国藩,父子两人都成了曾的幕僚。

显然,邓传密知道自己年迈,希望曾中堂能对儿子多加栽培,委以重任,从而光大邓氏门楣。可邓解的身体不争气——那个年代医术落后,现在看来稀松平常的病也足以要人的命。邓解在公馆里病亡,其父邓传密的伤心可想而知,而曾国藩深深地自责,是出于一种律己甚严的"圣人情怀"。邓传密当然不会因儿子病亡责怪曾国藩。

好在邓解还留下了一个男孩。同治二年(1863)十二月三十日,正是除夕,曾国藩在当天的日记中记载:

> 午刻,邓守之来,携一幼孙,仅八九岁,盖完白先生之子孙仅存此耳,相对凄然。[1]

"相对凄然"一词读之让人落泪,两位白发老人相对,曾国藩没法安慰独子新丧只剩下一幼孙的邓传密。这位男孩叫邓绳候,字艺孙,是邓石如三代单传的子孙。他在老迈的祖父教导下读书,七年后他的祖父邓传密也逝世了。

---

[1] [清]曾国藩:《曾国藩日记》(中),北京:九州出版社,2014 年,第 635 页。

邓绳候肩负着一个家族重振的希望，他也果然不负众望，后来成为安徽省近现代教育的开创者之一。他才华出众，又因为父亲、祖父的余荫庇护，先后任两江总督的曾国藩、左宗棠、曾国荃对他很关照。光绪末年时，他被委任为芜湖安徽公学监督；宣统时，任安徽优级师范学堂教务长。武昌起义后，出任省维持统一机关处议长，并奔走南京、上海，为完成全省统一出力不少。民国后任安徽省教育司司长，为起草新教制贡献巨大。在任期内他创办了几所中学及女师和省立图书馆。1913年秋，出任安徽高等学堂校长。

对邓氏家族而言，邓绳候最大的贡献是一改几代单传的宿命，他生了四个儿子，其中二、三、四子长大成材。

邓绳候的三个儿子与陈独秀是同乡，情同手足。其次子邓仲纯、三子邓以蛰在日本留学时，与陈独秀、苏曼殊的租屋相邻。邓仲纯学医，后来当过青岛市人民医院院长。他性格豪爽仗义，好喝酒，在山东大学任校医时号称"酒中八仙"之一。1937年全面抗日战争爆发后，邓仲纯携全家从青岛逃难到四川江津，在江津城内黄荆街83号开办延年医院。1938年8月3日，陈独秀应邓仲纯邀请，从重庆到达江津。邓仲纯把陈独秀一家接到延年医院，住在一起。他待陈独秀如兄长，几乎成了陈的义务保健医生兼通讯员，陈独秀死后，也是他帮忙料理了陈的后事。

邓季宣是邓绳候的第四个儿子，1919年赴法留学，先读中学，继而在里昂大学文院肄业，后在巴黎大学哲学系毕业。回国后历任复旦大学、光华大学、四川女子师范学院、安徽大学教授，安徽省督学，安徽省立高级工业职业学校、宣城师范学校校长。

邓以蛰1907年到日本留学，毕业于早稻田大学，获文学博士学位。1911年回国，在安庆陆军小学教授日文。1917年赴美，入纽约哥伦比亚大学学习哲学。1923年回国，他曾在清华大学、北京大学、燕京大学、厦门大学任教授。他是中国现代美学的奠基人之一，与同时代著名的美学家宗白华享有"南宗北邓"之誉。

邓以蛰生了一个很杰出的儿子，其名字为今天的中国人所熟知。他就是中国科学院院士、"两弹元勋"邓稼先。邓稼先的贡献与成就在此就不需要赘述了。

邓稼先的叔叔邓季宣在自传中说：

> 家居怀宁北乡大龙山之麓，上溯祖先七代，皆属知识分子，多从事于文艺及教育工作，故命堂名为"守艺堂"（指文艺技艺而言，为清名学者李兆洛书匾，悬为庭训）。恪守明末遗老之民族思想，从不参加有清一代之科举考试。乾嘉之际，朝野上层知识分子，多称先高祖邓石如为高士，或称江南布衣。先曾祖守之公，长湖南衡阳书院多年，与张皋文、刘太古、龚定庵、魏默深、何子贞诸人相交游。先父生平亦仅服务教育，为清末之维新分子，在安徽方面，对辛亥革命，致力殊多。如此家庭传统，对

本人少年意识，影响颇深——养成个人清高思想，不求仕进，故于政治意识，亦较为淡薄。①

这是一个真正的文化家族，从邓石如开始，完全靠文艺、学术服务社会，报效国家，而不是从政做官。不过，在医学欠发达的时代，人的生命很脆弱，这种家族文化香火的传承也是十分艰难的。如果曾国藩当年见到的那位八九岁的小男孩没有长大成人，没有生育那么多儿女，这个文化家族也就消亡了。文化的延续确实必须建立在生命延续的基础上。

家乡味道，游子至死难忘

陈寅恪曾说他本人"议论近乎湘乡南皮之间"②，这里的南皮指张之洞，湘乡指曾国藩。中国古代以某人的家乡邑名代称其名，乃是表现一种尊重。1951年由湘乡县析分出双峰县，县城设在永丰镇，曾国藩的故乡而今属于双峰县。

我的姐夫是双峰县人，有一年他回双峰探望其伯母，临走前伯母馈赠几袋自己制作的土茶叶。他拿回家后搁到一边，说茶叶

---

① 何诚斌：《怀宁邓家：群鸟唱中鹤一声》《安庆晚报》，2016年7月21日。
② 陈寅恪：《金明馆丛稿二编》，台北：里仁书局，1981年，第252页。

没什么名气，没人喝。我回乡后喝过一次，感觉味道很好。姐夫说："你若觉得不错，就全部拿走吧！"

因为读过曾国藩的家书，我知道自己喝的那些双峰土茶，是曾国藩在家信中多次提及的"永丰细茶"。

曾国藩自道光十八年（1838）中进士、入翰林后，宦海中浮沉三十余年，除母亲和父亲去世后在家短暂丁忧外，他大部分时间都在他乡做官或带兵。无论其仕途早期在北京做京官，还是后来带领湘军在东南一带与太平军鏖战，或任掌管东南膏腴之地的两江总督，曾国藩在与父母和兄弟的家书中，一次次提到故乡的土特产，其中食品主要是茶叶、腊肉、腊鱼、干笋、烘糕等。

道光二十二年（1842）正月初七，曾国藩在致父母的信中说：

> 此间现熏有腊肉、猪舌、猪心、腊鱼之类，与家中无异。如有便附物来京，望附茶叶、大布而已，茶叶须托朱尧阶清明时在永丰买，则其价亦廉，茶叶亦好。①

从这段话中可见那时候湖南人在外，故乡亲人给邮寄或让其探亲返程携带的土特产和现在差不多，其中烟熏的腊肉和猪的下

---

① 〔清〕曾国藩：《曾文正公家书》（上），北京：线装书局，2015年，第026—027页。

水是大宗。曾国藩在北京住的是四合院,自然可以仿照故乡的法子熏制腊肉。湖南人该有多么喜欢吃熏制品呀!其在此封信中特意强调要到永丰一带购买的茶叶即产于双峰的"永丰细茶"。

此时,曾氏在京为官第五个年头,官职是翰林院检讨,一个从七品的穷京官,日子过得很苦。不过在翰林院的官员是潜力股,仕途前程看涨。他在信中特意强调"永丰细茶"价廉物美。

同年的十二月二十日,曾国藩在与父母书中提到:"同乡黄莘卿兄弟到京,收到茶叶一篓,重廿斤,可供二年之食。"可见,曾氏进京有年,仍不愿意买其他地方产的名茶——或因太穷,或因口味不对,喝的仍是老家的茶。

在清代,邮寄信件、银钱、财物多分官民两途,官方邮寄用的是驿递,一般是官府或军队行文多用之。早年曾国藩官职不高,除了书信外,其他重物如土特产,其家人不可能用官方的邮寄系统,只能靠老乡进京捎带——替同乡带信或家乡特产,亦是官场同乡联络感情的一种方式,而这些家乡特产显然不可能由一家人独享,一般会分一些给交情不错的同乡。

在道光二十四年(1844)和二十五年(1845)的两封写给几位弟弟的家书中,曾国藩分别提及收到老家让人捎来的特产:"所付诸物,已接脯肉一方,鹅肉一边,杂碎四件,布一包,烘笼二个,余皆彭雨苍带来。"[①]"芸皋所带小菜、布匹、

[①] 〔清〕曾国藩:《曾文正公家书》(上),北京:线装书局,2015年,第063页。

茶叶俱已收到。"①

道光二十五年（1845）曾国藩已经是从四品的翰林院侍讲学士，而家乡托人捎带来的无非是一些腊肉、腊鹅——而且不是整只，只有一边；小菜应该是腌制的老家萝卜丝、豆角之类；当然还有他念念不忘的家乡茶叶。而烘笼是什么，可能今人知道的不多，此物在二三十年前的湖南乡下仍多见，是用竹篾或木板做成外壳，内有陶钵盛燃烧的木炭，随手携带用来取暖。这样的物件都要从故乡带来，可见当时一般官员若无灰色收入，生活可称之为艰难。

咸丰元年（1851）闰八月十二日，曾氏在京都写给诸位弟弟的信中，除要求继续寄茶叶外，还提出了一个非常有意思的要求："茶叶将近吃完，望即觅便再寄。做饼药巴巴之法，此间为之不善。澄弟可问明做法，写信来告知。"②

这"饼药巴巴"是何物？湘中叫"饼药"，是一种草药捣碎做成酒曲，再和糯米混合在一起做成的一种饼糕。咸丰元年（1851年）曾国藩已经是从二品的礼部侍郎，竟然还在北京的寓所里自己动手做这种家乡特产。前文提到他在京城宅中熏腊肉，妥妥的"自力更生，丰衣足食"呀。可是酒曲这东西需要的草药

---

① 〔清〕曾国藩：《曾文正公家书》（上），北京：线装书局，2015年，第085页。
② 〔清〕曾国藩：《曾国藩家书》（最全本）（上），长沙：岳麓书社，2015年，第199页。

在北方很难找到，估计曾氏失望了。无家乡的饼药，怎么能做出有家乡味道的粑粑呢？

晚年，曾国藩做过大清地方官第一肥差的两江总督和疆臣之首的直隶总督，依然喜欢故乡的风味。同治九年（1870）四月，曾国藩时任直隶总督，驻节保定。在家乡养病的九弟曾国荃在给长兄的信中说："弟宅因叶亭北来之便，寄呈细茶一箱，曝笋一箱，乞查收。二味似可口之至，但不知到保定其味如常否。"[1] 曝笋，即暴晒而成的笋干。

"南味至北，其味美如常否？"曾国荃这一问大有异趣。同治十年（1871）十月二十三日，又回到南京再任两江总督的曾国藩在给两位弟弟曾国潢、曾国荃的信中写道：

> 茶叶、蛏干、川笋、酱油均已领到，谢谢！阿兄尚未有一味之甘分与老弟，而弟频致珍鲜，愧甚愧甚。川笋似不及少年乡味，并不及沅六年所送，不知何故？[2]

此时，曾国藩的另两位弟弟曾国华、曾贞干（曾国葆）先后战死和病故，活在世上的三位老兄弟也日渐老去。曾国藩和曾国

---

[1]〔清〕曾国荃：《曾国荃全集》（第五册）长沙：岳麓书社，2008年，第290页。
[2]〔清〕曾国藩：《曾国藩家书》（最全本）（下），长沙：岳麓书社，2015年，第575页。

荃可谓名满天下，功勋盖世，但兄弟之间仍然像早年时那样馈赠故乡的特产，手足情尽在其中矣。

这可能是两位弟弟最后一次给位极人臣的兄长寄送家乡土特产了。其中"永丰细茶"必不可少，而蛏干是晾干的蛏子，怎么也成了湖南湘乡的土特产呢？此物产于海，曾国藩管辖的两江就出产此物，那么是什么原因非要从湖南寄来呢？原来在清末，湖南办酒席并不以辣为主，穷人家才靠辣椒下饭，做酒席海鲜是上品。湘中农村做酒席，上等是"海参席"，次之为"蛏干席"，两位弟弟寄给曾国藩的蛏干应当是照着老家的法子加工过的。至于川笋，其实就是湘中所产的曝笋，四川多出此物，其他地区如湖南、贵州出产的笋干，有时也称"川笋"。

曾国藩的疑问是"川笋似不及少年乡味"，他"不知何故"。这位大儒兼大臣，那一刻可能没有意识到他已进入人生的暮年，味蕾已经退化了，胃口当然不如少年时期。再好的老家食品，怎么可能吃出少年时的味道呢？

这是人世间无可避免的悲哀。就在曾国藩写这封家书的四个多月后即同治十一年（1872）三月一日，他在两江总督衙门中逝去。曾国藩至死不忘故乡的味道，遗憾的是，他无福再回到故乡消受家乡的风味了。

为家乡争利益,天经地义

明正德年间,有一位大学士名焦芳。在正德皇帝的爷爷宪宗为帝的成化年间,焦芳受到一个案子的牵连被外放,他怀疑此案是江西安福人彭华等官员在背后策划的,于是对江西人恨之入骨,后来复官并做到了大学士,便开始进行报复。

恰好,当时有一个南洋的小国满剌加(位于今天的马六甲一带)派使团来大明朝贡。其中一个叫亚刘的使臣,本是江西万安人,原名萧明举,犯了罪流亡海外,改名换姓,没想到在外面混得不错,还当了使臣。这个人品行不好,他和另一个满剌加土生土长的使臣端亚智同来大明。途中,他密谋到渤泥国索取财物,端亚智认为这破坏了国家的外交政策,不同意擅自行动,他便把端亚智杀死了。这当然是件大事,作为宗主国、使臣前来朝贡的明朝不能不过问。

焦芳获知此事后如获至宝,把萧明举的犯罪行为和他的籍贯联系起来,说:"江西土俗,故多玩法,如李孜省、彭华、尹直等,多被物议。且其地乡试解额过多。"[①] 于是奏请皇帝批准,减少了江西五十个乡试名额。他还把古人拉出来给自己的地域歧视作理论根据,他说:"王安石祸宋,吴澄仕元,皆宜榜其罪,戒

---

① 张廷玉:《明史·列传·卷一百九十四》,北京:中华书局,1974年,第7836页。

他日勿滥用江西人。"①

这个荒谬的说法连另一个老资格大学士杨廷和都看不惯,替江西人抱不平说,因为一个奸民的行为而波及一方,是不正确的。江西已经被裁减乡试举人录取名额,难道还要把宋元的古人拉出来审查惩治吗?

而焦芳为什么要对付江西籍官员呢?除了个人情感因素,还有一个原因是明朝时期,江西人太能读书,也太能考试了,不能不引起嫉恨。《明史·儒林传》中收录一百一十五人,其中江西占三十五人,全国第一,浙江二十六人,南直隶(今天江苏加安徽部分)十八人,而整个湖广省(今日湖北、湖南)只有两人。

焦芳是河南人,他当时所依附的大太监刘瑾是陕西人,于是他把从江西那儿削夺的名额,补加到河南、陕西等北方省。这样做当然不地道,但对河南、陕西的乡亲来说,焦芳大学士是心系故土的"好官"。

古代中国是农耕社会,官府所管辖的社会事务有限,没什么国家投资的大项目,连修桥铺路都常常依靠民间集资。京官给家乡争利益主要是两方面:一是想办法给家乡蠲免赋税;二是关照故乡的士子,为故乡多争取生员(以县为单位)或举人(以省为单位)录取的名额。

---

① 张廷玉:《明史·列传·卷一百九十四》,北京:中华书局,1974年,第7836页。

京官照顾家乡几乎是一种传统的政治文化。皇帝自称受命于天，各级官僚的权力是皇帝授予的，普天之下的老百姓是皇帝的子民。一切来自朝廷的恩惠，都体现着皇恩浩荡。特别是明清两代中央集权得到空前加强，更是如此。京官替家乡争利益，不但可以理直气壮，而且是士大夫的一种责任。

再以晚清第一中兴大臣、亦是清代"立德立功立言"做得最好的高官曾国藩为例。他三十八岁就做到二品大员侍郎，但在他刚刚做了从七品官的翰林院检讨时，就乐于联络在京湘籍官员，为家乡百姓的疾苦呼吁。湘军崛起前，清朝多年来官员选拔主要通过科举，湖南的京官和地方大员数量和重要性远不如文风鼎盛的江苏、浙江、江西等省，因此虽为翰林院小官，但曾国藩对造福桑梓责无旁贷。

如其在道光二十二年（1842）十一月初二的日记中所载："丑正起，为蠲缓华容钱粮，同乡公去园子谢恩。"[1]那一年，洞庭湖周边的华容等县遭受水灾，曾国藩等湖南籍京官多处奔走、呼吁，让华容县蠲免部分钱粮，其余钱粮也蒙恩缓缴。这些同乡京官在凌晨两点（丑正）就爬起来，一起赶到郊外的圆明园拜见皇帝谢恩。可见那时候京官为故乡说话根本不是潜规则，而是明规则。

---

[1]〔清〕曾国藩：《曾国藩日记》（最全本）（一），长沙：岳麓书社，2015年，第124页。

《曾国藩全集·年谱》中记载:

（道光二十八年）正月初八日，领同乡京官具折谢恩，为上年水灾借给籽种。①

（道光二十九年）正月初九日，率同乡京官具折谢恩，为灾区借给籽种。②

（咸丰元年）正月初十日，领同乡京官具折谢恩，为上年灾区借给籽种。③

咸丰元年（1851）十二月，曾国藩的岳父欧阳沧溟在给他的信中说：

道光十五年前，我衡清（按：衡州府两附郭县衡阳、清泉，后来清泉并入衡阳）钱粮都差倒折；自十五年后倒折归里甲，而两邑之士民凋瘵日甚矣。捧读吴御史奏章，无不欢腾，蔀屋控告，官长不肯允行。仁婿为国家兴利除弊，或另请御史奏，或面禀皇上，酌定章程，钱粮系都差倒，永不归里甲倒，颁诏煌煌，为两邑群黎造福，即为一己子孙造福，

---

① 〔清〕曾国藩：《曾国藩全集·年谱》，北京：京华出版社，2001年，第12页。
② 同上，第13页。
③ 同上，第16页。

切祈切祈。①

曾的老丈人是位学问不错的秀才，他受衡阳的百姓委托，给这位已是礼部右侍郎兼署兵部右侍郎、工部左侍郎、刑部左侍郎的女婿去信，让朝廷下文改变钱粮征收的"倒折"方式，以减轻衡阳、清泉两县农民不合理的负担。清代在各地征收皇粮国税，以路途中损耗为名要在正税之外加征一定比例的折色，有些地方加征的部分还大于正赋，地方官吏以此来谋私。

可见，从曾国藩当了礼部侍郎开始，他已是湘籍京官的领头人，为家乡谋福利是他义不容辞的责任。后来，曾国藩在湖南训练湘军，他的故乡湘乡县随之从军的很多，伤亡也较大，朝廷几次下诏增加了湘乡县的生员录取名额。

皇帝为什么允许各地官员如此做？在京官员一定程度上是各地的利益代表，皇帝掌握着最重要的资源，取之或予之，由皇帝说了算，应各地官员之奏请给予某地一些利益，换取的就是效忠。同时，作为一个疆土广阔、人口众多的大国统治者，最大限度地掌握资源并进行再次分配，也是为了损有余补不足，来维持国家的统一。

在古代政治的运行中，利益总是大于是非。

---

① 锺叔河：《锺叔河评点曾国藩家书〔孝亲编·教子编〕》，北京：中央编译出版社，2011年，第95页。

一百多年前的"争路"往事

铁路刚进入中国时,蒸汽机轰隆隆地冒黑烟,被多数士大夫和老百姓视为恐怖之物。1875年,英国人在上海至吴淞之间修了一条铁路,后来在中国官民的反对下,灰溜溜地拆掉了。为了将开滦煤矿的煤炭运出来,洋务派官员筹划建造一条铁路,被守旧派指责铁路机车"烟伤禾稼,震动寝陵",铁轨铺设后,有好一段时间内,都上演着用数匹马代替蒸汽机拉车厢的奇观(电影《让子弹飞》开头的一幕)。

可过了些年,越来越多的官员和群众看到了铁路的好处,朝野上下掀起了一股"铁路热"。坐镇武昌的湖广总督张之洞倡议修通"腹省干线",即修一条铁路连接北京和广州,这等于把广袤的国土南北最重要的两座城市连接起来,而且经过中国的腹地,其经济、军事价值不言而喻。当时许多人批评张之洞好大喜功,这个规划实在太超前了。

在张之洞等人的推动下,这条铁路动工了。最先修成的是北段,即北京南郊的卢沟桥到汉口,称"卢汉铁路"。接下来修南段,即连接武汉三镇和广州的粤汉铁路。这段路怎么走,引起了争议。

在有铁路前,北京到广州的驿路是这样走的:一路南下,到长江北岸的湖北黄梅县,然后过江到江西的九江,再一路南下,翻越大庾岭进入广东。现在修铁路了,按照古驿道的走向规划路线是顺理成章的事——最初的规划就是如此。这样的话,粤汉铁路即今天的京广线就要经过江西南昌、赣州,而不是湖南的长沙、衡阳。

那时候,因镇压太平天国而湘军兴起,湖湘士人在朝野势力很大,民气强悍更是为诸省之首。湖南人马上不干了,开始了一场"争路"运动,其中的急先锋是后来为变法而流血的"六君子"之首的浏阳人谭嗣同。

凡做大事,首先要造舆论。晚清变法中湘省最为活跃,其中一个重要标志就是兴办了一些现代报馆,这就比江西有更好的舆论工具。

谭嗣同在《湘报》上发表《论湘粤铁路之益》,称铁路"道江西有不利者六;道湖南,则利铁路者九,而利湖南者十",这"十利"是:"复利权""杜外患""收海口""作士气""振商务""运矿沙""尽地力""组新兵""兴工艺""拯穷黎",他认为把铁路经由江西改为经由湖南,更有利于整个国家。

湖南的变法"教父"、巡抚陈宝箴是江西义宁人(今修水),他抱着"为官一任,造福一方"的想法,舍家乡而为湖南力争,坚持粤汉铁路必须经过湖南。时务学堂的负责人、翰林熊希龄带人直接跑到武昌与张之洞交涉,要求将粤汉铁路"折而入湘"。湖南是张之洞的管辖之地,他当然愿意向皇帝力陈铁路过湘的必要性。粤汉铁路终于确定从湖南经过。

粤汉铁路确定取道湖南后,接下来湖南省内的人开始争了。规划最初并不经过岳阳,负责勘察线路的是一位浏阳人,姓孔,他倡议经平江至长沙——平江和浏阳相邻,地处长沙东北,过平江必过浏阳。他将勘探结果上报并经核定后,这一规划几乎成为定局。消息传来,引起了岳阳人的愤怒。岳阳士绅李澄宇认为这个走向不合理,他不顾路线已核定界桩,力主粤汉铁路应伴两江(长江、湘江)南下,并就地理环境、自然资源、人流物流、线路远近、开凿难易、耗资多寡、水陆运输之衔接及政治、经济等重要意义详细论述,洋洋万言,呈送朝廷,据理力争,并组织一帮岳阳籍人士集资,到处公关,终于促成了粤汉铁路改线经过岳阳。

这一决策,可以说改变了湖南、江西两省的运势。我曾写过一篇文章《水运衰败铁路兴,误了江西一百年》,感叹京沪杭线在东,京广线在西,把江西夹在中间,当年水运兴旺、人文荟萃、财货辐辏的江右之地,成了被铁路遗忘的角落。

在宋代和明代,甚至清代,因为水运为王,整个江西的经济、文化较全国其他地区而言,是相当发达的。江西经济地位的衰落,和处在长江与大运河交叉处的扬州经济地位衰落的原因是一样的。而今,高速铁路在经济建设中的地位越来越重要。当京广高铁全线贯通,北京经合肥再到福州的高铁通车时,南北高铁干线,又绕过了江西。

而今,京九高铁终于开始修建了,这条高铁贯穿江西南北,江西人当然高兴。因为，铁路经过之重要性，已被众多的史实证明。当然，今天的经济、交通之形势远非一百多年前能比，交通方式呈现了多样化，但高铁的重要性仍然毋庸置疑。

这个世界的繁华和喧嚣已与他无关

同治十一年（1872）三月十二日，曾国藩殁于两江总督的任上。对朝廷来说，曾国藩的去世是大事，身系东南安危的柱石折断了；对曾氏家族来说，是更大的事情，普通人家的男女主人去世了都是"当大事"，何况这是天下景仰、为曾氏乃至故乡带来无比荣耀的一等侯。

人死后，孝子贤孙们最重要的事就是营葬。远在湘乡老家的曾国潢和曾国荃接到长兄的讣告后，做了分工：曾国潢立即赶赴金陵城协助两位侄子纪泽、纪鸿料理丧事；而九帅曾国荃则留在老家，准备迎接灵柩等事宜，其中最大一端是为曾国藩寻找一个万年吉壤。

曾府上下，其实对曾国藩的遽然而逝并没有多大的心理准备，因为此前一年他还出金陵北上去自己的辖区检阅军队，而且他在给两位弟弟的信中一再提到妻子欧阳夫人的病情，担忧夫人可能活不长了。谁知他却走在了夫人的前头。

在其后的一段时间，曾国荃就文正公的墓地频频和曾纪泽兄弟通信，感叹湘乡已无好墓地，寻找的范围便扩大到整个长沙府乃至大界曾氏发源地衡州府。找来找去，都不理想。但灵柩必须尽快运回故乡埋葬。于是，这一年，家属搭货轮将曾国藩的灵柩运到了长沙南门外的金盆岭，暂时入土。今天的金盆岭已经是长沙市非常繁华的通衢之地了。

第二年，曾的棺木改葬于善化县平塘伏龙山之阳，1951年此地归属于新设立的望城县，现属于长沙市岳麓区坪塘镇桐溪村。又过了一年，欧阳夫人去世，与文正公合葬于此。

2016年清明节过后，从老家邵阳祭祖扫墓返京的我路过长沙，接到朋友的邀请，去参加4月6日在曾国藩墓地举办的"祭祀曾文正公大典"。对平塘的文正公墓，我早有去拜谒的心愿，但每次经停省城，来去匆匆，此番有了闲暇，又碰上此等缘分，自然乐意参与。

6日清晨，我搭乘群友志大少爷的便车前往平塘。据他介绍，数年前他去过文正公墓，那时候道路崎岖，极为不便。而此时我们走在一条新修好的大道上，大道直通曾国藩的墓园。两边到处在大兴土木，这一片已划归新成立的湘江新区，前有碧波浩荡的湘江，后有层峦叠嶂的群山，自然是房地产开发的佳地。

半小时左右，我们来到了墓园的前面，看到的是一个大工地，好几栋楼宇已拔地而起，前面挖了一口半圆形的池塘，类似传统文庙的"泮池"。去拜谒文正公墓之前，志大少爷带我在工地的左侧找到了一个被围起来的断碑，驮碑的赑屃和碑体已经分离，石碑的文字漶漫难辨，只依稀能认出碑首的十几个篆字："大学士毅勇侯曾文正公神道碑"，碑文由清代大书法家、安化籍的黄自元所书。神道碑旁边坍塌的土砖屋，据志大少爷说那是曾侯墓守墓人的住房，最后一任守墓人周老先生已于几年前故去。墓园的甬道已不复存在，我们找到了一匹石马的残身。

文正公墓下方的空地上，已是旗帜招展，从祭祀仪式的工作人员统一着装的标识来看，这次活动应该是由几家文化企业操持的。走过一段很陡峭的坡路，我才爬到墓前。墓的主碑高约三米，刻碑文"皇清太傅大学士曾文正公／一品侯夫人欧阳夫人之墓"。附碑均为龙纹浮雕。墓前有拜台和墓坪，拜台下有一个用青石建成的平台，约二百平方米，东、西两侧各立石阙一个，分别镌刻"曾太傅墓东阙"和"曾太傅墓西阙"。

曾国藩因为敉平太平天国有功，被赐封一等毅勇侯的爵位，官至武英殿大学士、两江总督，明清两代大学士可称为"相国"，因此他生前常被人尊称为"爵相"。死后被朝廷赠太傅，位列三公，谥文正，故又常被人尊称为"曾文正公""曾太傅"。

祭拜仪式持续一个多小时，我也随着人流在墓前进献了三炷香。仪式后，由桐溪寺的僧人诵经慰灵，舒缓的诵经声在青翠的树丛中回荡，很是好听。

据曾文正公的一位直系后裔介绍，几十年前站在墓前，视野开阔，还能看到千米开外的湘江。而今可以想见的是，再过两年，曾文正公墓前将是一片气势恢宏、由水泥钢筋筑成的庙宇。这一片，据说要建成"湘军文化园"。

曾国藩死后的一百多年里，中国颇不平静，他的后裔飘零到各地。

这些年，"曾国藩"又热起来了，成了其故乡的一大文化名片，许多人从中看到了商机。可以预料到的是，曾国藩在双峰的故居"富厚堂"和在坪塘镇的墓园，将会越来越热闹。

只是，这个世界一切的繁华和喧嚣，已与曾国藩无关。

读《申报》的湘西少年

1917 年，蜚声中外的大文豪沈从文还是一个十五岁的少年——这个年龄，搁在今天应该是一位在校的中学生。而沈从文循着那个年代多数湘西少年的谋生道路，过早地去阅读那本"社会大书"，当了"娃娃兵"。

在封闭的湘西大山里，沈从文随着部队在沅江流域的一个个小城镇中辗转换防，目睹了太多的杀戮与人生悲剧，多情而忧郁的沈从文讨厌这种生活，却不知道如何终止这种生活，不知道山外的世界是什么样子。

来自大上海的一张报纸和一套辞书改变了他的人生轨迹。

在《从文自传·姓文的秘书》中，沈从文回忆，部队驻扎在怀化镇时，沈从文因为通文墨，办事认真，已经被提拔为军队的文书。为了显示一种军人的豪气与不羁，沈从文学着其他的老兵，故意行为粗鲁，说话满嘴脏字，"不拘什么人，总得说，'那杂种，真是……'"。而军队新来了一位温和文雅的文姓秘书，劝说沈从文不要以粗鄙为荣，"莫玩这个，你聪明，你应当学好的。世界上有多少好事情可学！"

沈从文与年长的文秘书结为朋友，文秘书充当了他的人生导师。

在此之前，沈从文的书本知识主要来自中国传统的典籍，如私塾时读的"四书五经"和《秋水轩尺牍》《西游记》那类杂书。一个晴天，他在文秘书的行李箱里发现两本厚厚的书，书脊上写着"辞源"两个大字。文秘书告诉沈从文，"这是宝贝，天下什么都写在上面，你想知道的各样问题，全部写得有条有理，清楚明白"。

根据《从文自传》所涉及的年代进行推算，沈从文此次看到的《辞源》，应该是设在上海的商务印书馆1915年发行的第一版。《辞源》于光绪三十四年（1908）开始编撰，直到清室逊位后四年才完成。

当文秘书问少年从文"看不看报"，从文答曰"老子从不看报，老子不想看什么报"。于是文秘书从《辞源》中翻出"老子"条目给沈从文看，从文才明白"老子"原来就是民间所说的"太上老君"，羞愧的他从此再也不敢自称"老子"了。

受了刺激的沈从文,和文秘书及另一位同袍,三人各出四毛钱,订阅了两个月的《申报》。

通过阅读《申报》和查阅《辞源》,沈从文方才知道外面的世界是那么的广阔,外面的生活是那样的多彩,他知道了以前在大山里闻所未闻的"氢气""参议院""淮南子"等。

可以说,是《申报》和《辞源》种下了沈从文向往外面世界的因子,但他最终下决心离开湘西还得在几年后,促使其成行的又是来自上海的一份报刊《创造周报》(该报由政学系人物控股的泰东图书局出版发行)。

当时,沈从文给统治湘西的军阀陈渠珍做文秘,受到了器重,被派到一个新创办的报馆工作。在报馆里,他和一位来自省城长沙的印刷工头住在同一间房。这位年轻工人推荐沈从文阅读《创造周报》,并鼓励他用白话文写作。他告诉从文,"白话文最要紧处是'有思想',若无思想,不成文章"。

多年后,沈从文回忆这些往事,感慨道:"为了读过些新书,知识同权力相比,我愿意得到智慧,放下权力。我明白人活到社会里应当有许多事情可做,应当为现在的别人去设想,为未来的人类去设想,应当如何去思索生活,且应当如何去为大多数人牺牲,为自己一点点理想受苦,不能随便马虎过日子,不能委屈过日子了。"①

---

① 沈从文:《从文自传》,长沙:岳麓书社,2010年,第113页。

于是，沈从文下了决心，"我想我得进一个学校，去学些我不明白的问题，得向些新地方，去看些听些使我耳目一新的世界"。[①] 于是离开了他熟悉的，有老长官、旧同事关照的家乡湘西，去外面闯荡了。

沈从文选择走出湘西的第一个落脚点不是顺江可达的上海，而是古老的北京城。原因很简单，当时他的舅父——大艺术家黄永玉的祖父黄老先生，正跟着凤凰县所出的大人物熊希龄先生在北京办香山慈幼院，少年去陌生的地方闯荡，当然要考虑能否有可以投靠的亲友。

沈从文来到北京时是1922年。他出了前门火车站，就如现在一些从小地方到大城市打工的青年一样，他被"黑车"司机骗了一道，这是大城市教给他的第一课。拉排车的北京汉子答应沈从文可以拉他去他要去的地方，却把他拉到了西河沿的一个小客店。

这一年，沈从文二十岁。他去上海还得六年以后。在郁达夫、徐志摩等早有文名的作家的帮助下，沈从文陆续在《晨报副刊》《语丝》《现代评论》《小说月报》上发表作品，其才华得到了文坛的认可。

1928年，沈从文从北京来到上海，与胡也频、丁玲筹办杂志。次年，这位只有高小学历的乡巴佬进入上海公学任教。在上

---

① 沈从文：《从文自传》，人民文学出版社，2016年，第115页。

海公学,他疯狂地追求女学生张兆和。在胡适先生的撮合下,出身名门的张兆和接受了沈从文的爱情。这个鼓足勇气走出大山的湘西少年,终于在大都市占有了一席之地。

如果不是偶然间接触到《申报》、《辞源》和《创造周报》,沈从文的命运将如何?也许他会成为湘西大山中一个俗不可耐的军官,娶几房姨太太,买一些田地,在某个酒席上被仇敌杀害。

从沈从文这一个案或可看出,在清末民初,以上海为基地的新知识、新思想对湘西这类保守封闭的内陆地区的辐射和影响,超过了今天我们的想象。

涟水源头,一只等待游子平安归来的石龟

戊戌年芒种已过,离端午节还有不到一旬的日子,我行进在湘中的山峦和谷地间,映入眼帘的是流动的、妩媚的、深浅不一的绿色。

只有在山野里待久的人,才能敏锐地分辨出水田里的禾苗、池沼里的浮萍,还有高岗上那些叫得出名字和叫不出名字的树木之间绿色的细微差别。而我,在城市里飘荡了近三十年,眼睛对于绿色已经迟钝了,耳朵也辨不出那些不同的鸟鸣声了。

回到故乡,总是令人欣喜的。此刻,正是中午,暑气蒸腾上

来。我站在涟水上游杨市镇的胜梅桥上，静静地观看石板上刻着的一只乌龟，它的头朝着源头，尾巴伸向下游。三百余年过去了，神韵犹在。这只石龟不知道被往来两岸走旱路的游客脚板踏过多少次，也不知听过多少回穿梭在石拱桥下船只的桨声。

而今，胜梅桥下的涟水被改称为"孙水"，涟水的一条支流——发源于新邵观音山的蓝田水，因为穿过涟源的主城区蓝田镇，却被正名为涟水的源头。但考诸史籍，在1951年涟源建县以前，"孙水"才是涟水的正源。

《水经注》云："涟水出连道县西，资水之别。水出邵陵县界，南迳连道县，县故城在湘乡县西一百六十里。控引众流，合成一溪。东入衡阳湘乡县……东入于湘。"康熙《湘乡县志》称"涟水源出龙山西"，同治《湘乡县志》亦云"（涟水）出邵阳县龙山之麓……过杨家滩市"。道光《宝庆府志》则说"龙山之巅有泉分两股，往西流为邵水之源，往东流为涟水之源"。

可见，涟水发源于龙山被千百年来所公认。我的故乡新邵和杨家滩镇所属的涟源都是二十世纪五十年代初析分其他县的乡镇合起来的新县域。涟源主要由老湘乡县（包括今天的湘乡市、双峰县、娄底市娄星区和涟源市一部）和老安化县的乡镇加上老新化县、老邵阳县的少数村落合成。此前，龙山雄踞在邵阳、新化、湘乡三个大县交界处，巍峨高耸，为湘中万山之祖，而涟水则是龙山以东至湘江西岸数百万人的母亲河。

这条今日名不甚著的湘江支流所滋养的人物，左右了湖南甚至中国的近现代史进程。

晚清湘军的代表人物一大半生长在涟水流域。从源头第一大镇杨家滩开始数,刘岳昭、刘连捷、刘岳畯、刘腾鸿、刘腾鹤、刘岳昕家族,李续宾、李续宜兄弟,罗泽南、王鑫师徒,罗信南、罗信东兄弟,曾国藩、曾国荃兄弟,刘松山、刘锦棠叔侄……都是"涟水之子"。

曾国藩曾为湘乡东皋书院题联:"涟水湘山俱有灵,其秀气必钟英哲;圣贤豪杰都无种,在儒生自识指归。"谁能料到涟水两岸,湘山之麓,那些普普通通的农夫子弟,能够成为圣贤英豪,走出故乡,做出轰轰烈烈的大事业。

如果我们再把眼光往前溯,就会发现最晚从宋代开始,涟水就是儒家重要分支湖湘理学向西渐行教化最重要的孔道。涟水两岸,龙山东北,亦是代表思辨与理性的湖湘理学和代表野蛮与血性的梅山文化碰撞、竞争、相互渗透的核心区域。龙山脚下的涟源市三甲乡财溪村,曾是宋王朝防御梅山蛮最西的一道关卡。清同治《新化县志·舆地》记载:"历代防守之地,唐以前无考,宋初,'梅山蛮'为患,置水竹寨于今阳硐村以御之。"阳硐水竹寨就在今天的财溪。

从宋代章惇开梅山,到清代嘉道年间,八百余年来,梅山猎人的血液和湘中农夫、儒生的血融在了一起,生长成一种鲜明而独特的民风民气。此地人敬天法祖、长幼有序,而又尚气好斗,不愿意受拘束。从清代嘉、道年间开始,湘中腹地一批批顺着涟水走出去的子弟，多是这两种气质的混合，他们知书达理，忠君报国，不畏强权，轻死重诺。

走过胜梅桥之前，我在长篇小说《墨雨》（以1927年农民运动为背景）的作者莫美兄的陪同下，拜谒了湘军大将李续宾、李续宜兄弟的故居锡三堂。

锡者，赐也。锡三堂，乃是为纪念皇帝的多次赐封而命名。这是一座三进大院。外墙由青砖砌就，里墙用的则是泥砖。第一进为马厩、长工住房等。一进与二进之间的庭院很宽敞，其实是一个练兵场。第三进的正堂供着祖宗牌位，两边房子是主人的起居、读书、议事区域。住宅占地甚广，建在一个盆地里，背靠葱郁的山丘，门前有三口池塘。夏日的院落非常安静，只有几只鸡走来走去，一些墙壁已经坍塌，但基本结构尚好。

史称李续宾是湘军第一猛将，但他并非鲍超那样不读书的莽夫，而是文才武艺双全。他早年拜同邑大儒罗泽南为师，贡生出身。科举时代，挑选府、州、县生员（秀才）中成绩或资格优异者，升入京师的国子监读书，称为贡生，是诸生中最为杰出的一种。

李续宾长得高大英武，颇有膂力，早在道光十八年（1838），刚刚弱冠之年的李续宾在家乡组织了湘中第一支团练，是年，曾国藩考中进士。李续宾所居之地是湘乡最为偏远的乡村，翻过龙山便是邵阳县（今天是新邵县太芝庙乡），南走宝庆府城比东去湘乡县城要近得多。龙山因为在三县交界，山高林密，各县官府鞭长莫及，常为土匪之渊薮。这些土匪时常出没，抢劫周边的村落。李续宾数次禀告邵阳、湘乡两县官府，说服主事者允许其自办团练，聘请团首，农闲时操练，以资自卫。

太平天国起事后，李续宾协助他的老师罗泽南办团练；咸丰三年（1853）随罗泽南出省作战，解南昌之围；咸丰四年（1854），在湘军攻占湖南岳州、湖北武昌、田家镇等重要战役中，充当前锋，敢打硬仗，以功升知府；次年一月，随罗泽南南下，连占弋阳府、广信府、德兴、义宁府等府县；十二月，随罗泽南驰援湖北。咸丰六年（1856）罗泽南战死后，接统其军，成为独当一面的大将。李续宾的人生辉煌顶点是咸丰八年（1858）攻占太平军重兵把守的九江，扼制住天京的上游。是役，他将湘军的围城、攻城之术运用得娴熟，后为湘军攻占安庆、天京战役中光大。这一年十月，过于轻敌的李续宾带领近六千精锐，孤军深入安徽三河，被太平天国的名将陈玉成指挥大军包围、分割，这支湘军全军覆没。

据《清史稿》记载，李续宾突围无望后，朝北方叩首拜别皇上，烧掉所有的文书，"跃马驰入贼阵，死之"，卒年四十一岁。自军兴以来，他于"七年之间，先后克复四十余城，大小六百余战"。对李续宾的死，咸丰皇帝十分伤心，亲手写诏书曰："惜我良将，不克令终，尚冀其忠灵不昧，他年生申甫以佐予也。"申甫是周代名臣申伯和仲山甫的并称。《诗·大雅·崧高》："维申及甫，维周之翰。"咸丰帝希望李续宾的灵魂不灭,能投胎转世再成为大清朝的忠臣来辅佐自己。

李续宾战殁后,其胞弟李续宜统领旧部,在石达开率军围攻宝庆城时,领兵回湘,在资水西岸与石达开部四次鏖战,大胜,太平军西走入川黔,保住了大多数湘军将士的故乡——湘中数县。同治二年(1863),丁母忧回乡,因肺病而逝世于老家,亦是四十一岁。清廷赐予李续宾的谥号为"忠武",李续宜的谥号为"勇毅",皆恰如其分。

李续宾练兵、作战,颇有心得,曾经总结道:"天下本无难事,心以为难,斯乃真难。苟不存一难之见于心,则运用之术自出。今之时,岂无济变之才?而其心不挚。即有济变之心,而其计不决,所以难耳。"①

从锡三堂走出后,我们来到了相距不远的师善堂,乃湘军另一员大将刘连捷的故居。这是一座同治年间建成的四进院落,建筑面积两万多平方米,院内雕梁画栋,至今留有许多雕花镂刻。

杨家滩刘氏家族,是湘军中出将官最多的,保留至今的宅子数量也多。其中的刘岳昭官至云贵总督。在抗战时期,中国的半壁江山沦落于日寇铁蹄之下,众多不愿意做亡国奴的青年,在老师的带领下,往西部的大后方迁徙。涟水是大中学校西迁的重要通道,曾经一些重要院校和知名学者在今天涟源市所辖的地区有过或长或短的办学时期。人所共知的是《围城》中"三闾大学"

---

① 莫美:《李续宾传》,长沙:岳麓书社,2019年,第167页。

的原型——国立师范学院在蓝田镇办学。西南交通大学曾迁到杨家滩办学,师善堂是该校教职员工的住宅。不知道在烽火连天的岁月里,仍在涟水畔弦歌不断的学子们,是否感受到湘军故里那强悍不屈的气韵?

在过去千百年的岁月里,涟水流域的人理想的生活是半耕半读,他们的人生范式是写在祖宗牌位两边的对联所说的那样:一等人忠臣孝子,两件事读书耕田。这里的许多人兼有三种身份:农夫、儒生、武士。太平时期,他们用锄耙耕种田地,以诗书教导子弟。世道纷乱时,则持干戈保卫桑梓与社稷。

这片土地的子弟,外出闯荡,无论打仗、做官,还是经商,发达了回乡,所做的前几件事一定是修宗祠、建学校。上以告慰列祖列宗,下则开启百代文明,是他们颇为自觉的历史责任感。可以说,近现代湖南文化教育之兴,以及人才蔚起,实在与湘军的崛起有太大的关系。在杨家滩,我们见到了刘氏族人所修建的汲古书院,仍是没有任何修缮的古旧建筑,只是大门紧闭,人去楼空。

从胜梅桥上望见西边青黛色的龙山,我想象着杨家滩镇当年水道的繁忙,街市的繁华。湘中的木材、矿产、稻米以及最大的出产——热血青年,顺着涟水向东走,入湘江,到长沙,出洞庭,走向广阔的天地。而外地的洋货、先进的理念,以及成功或失意的游子,又逆涟水而上,抵达两岸的一个个村庄。

昨夜一场大雨,涟水河暴涨,平时清澈的河面变得有些混浊。有几个人正在训练龙舟,端午节龙舟竞渡,是一年中涟水和杨家滩最为热闹的日子。

莫美兄告诉我,胜梅桥上这只石龟头朝着涟水源头做溯游的形状,寓意祈愿所有外出的游子平平安安归来。他的小说《墨雨》的故事原型的发生地便是杨家滩镇,虚拟出的"平安县",或是从这只石龟获得的灵感?

平安归来,是家乡父老、故里山河对所有游子的祝愿,但仅仅是祝愿,不是所有的人都有这样的好运气。三河之战后,湘乡县几乎是家家哭丧,村村戴孝,数千子弟魂断他乡,归来的只是一口口棺材。曾国荃在《湘乡试馆记》所云,乃是实录:

> 南逾百粤五岭,东暨全楚三吴、两浙七闽,转战关陇、齐、豫、燕、晋,西迄三峡、滇、黔,又西北薄雪山戈壁、五戎百狄之域,固无一不仗湘人师武臣力,挈已失之疆土以还之朝廷,而皆口不言功。吁!何其盛也!窃计三十年之间,乡人出而为士卒,历东、西、南、朔,更番迭代勤劳王事者,为数不下二十余万人。兄战死于前,弟斗伤于后,在外则流为无定河边之骨,在里则时闻老父慈母及垂髫孤寡哭泣之声,几于比户皆是。①

---

① 〔清〕曾国荃:《曾国荃集》(六),长沙:岳麓书社,2008年,第209—210页。

后人谈起历史,如讲评书那般轻巧,而对身历其境的先辈而言,那可是斑斑血泪呀。

我站在胜梅桥上,能看到远处的沪昆高铁,高速列车风驰电掣地驶过。今天这块土地上的年轻人一批批坐着高铁离开故乡,去遥远的大都市寻梦,涟水和胜梅桥真的要被历史遗忘在这个角落里了吗?

附编：山水之助

且向涟溪问钓蓑

清代的湖南湘乡县和邵阳县之间（现为涟源市和新邵县之间）有一座险峻秀丽的大山，名曰"龙山"。此山重峦叠嶂，终年云雾缭绕，其最高峰岳平顶海拔1513.6米，古人认为其与南岳衡山最高处祝融峰齐平，故有此名，其实它比祝融峰还要高200多米，乃湘中第一高峰。

龙山在衡山以西稍微偏北约300华里，其名气远不如被历代帝王封禅的衡山，甚至还不如与之同名的湘西龙山县。然而对湖南地理和历史文化而言，这座山很重要，它是湖南省地图的几何中心，明清两代长沙府和宝庆府以此山分界。同时，它也是湖南两条大河湘江和资江的分水岭。

龙山的西南麓有一股水向南，再向西流，是为西洋江，西洋江与桐江汇合后，称为邵水河，邵水蜿蜒西去，绕过千年古城邵阳，注入资江。龙山东北麓一股水往东流，是为孙水之源，孙水流过古镇杨家滩后,与蓝田水汇合成涟水河,二水分别为涟水的南源和北源——1949年前的典籍如清代的《湖南通志》以今日的孙水为正源。

涟水河流经的地区大部分属于清代的湘乡县,在湘潭的河口镇注入湘江。涟水从西向东流,沟通了资江和湘江流域。如果说资江是西边的一道斜杠,由南向北再折向东流经整个湖南腹地而入洞庭湖,那么湘江就是东边的一道斜杠,亦是从南向北注入洞庭湖。涟水就是资、湘之间的横杠,三条江构成一个不规范的大写英文字母"A","A"的顶端是洞庭湖南面的益阳,底端是湖南与广西交界的永州府零陵、东安和隶属于宝庆府的新宁、城步诸县,这个"A"涵盖之处,大约可称为"大湘中"地区。资江以西,是南北横亘的雪峰山脉,过了雪峰山是大湘西,湘江以东,则是罗霄山脉,过了此山就到了江西。

涟水河贯穿的湘中,有衡山与龙山东西并峙守护,构成一个完整的地理单元和文化单元。这片热土山清水秀,风景如画,民风质朴强悍,崇文尚武。从清末道光年间开始,涟水流域人才辈出,咸丰年间太平军涌入湖南,湘军乘势而起,显宦名将更是灿若群星,且前后相继,一代又一代接力,深度影响了中国近现代的历史走向。

如果说中国近代史半部由湖南人书写,那么也可以说,湖南近代史半部是由涟水流域的人书写的。这条河养育的湘军知名将帅有:曾国藩、曾国荃、罗泽南、王鑫、刘岳昭、李续宾、李续宜、杨昌濬、刘蓉、刘锦棠、蒋益澧、刘连捷、萧孚泗、萧启江……他们成长的村庄在清代都属于湘乡县，顺着涟水的流向划分为上里、中里、下里。70多年前因为行政区域的重新划分，现在分属于涟源、双峰、湘乡三县（市）和娄新区，且分属娄底和湘潭两个地级市。但从自然地理和人文历史而言，包括习俗、方言、饮食，它们仍然可视同一体。

长度185公里的一条河流，在短短的一个时期内，泉涌井喷出如此多的人才，或源于历史的因缘际会，但历史之因缘在一地能开花结果，离不开此地的地理和人文环境。

涟水源头和资江流域相邻，在湖南湘、资、沅、澧四条大河中资江流域处在腹地，是最晚开发的区域。资江流域的上游和中游，即古代的"梅山"，其核心区域是今天的新化和安化两县，此地长期由瑶、苗、侗、土家等山地民族居住，山民们过着自给自足、不与外界交往的生活，直到宋代，这一地区才得以开发，纳入朝廷的管理。后来由于汉族移民的迁入，和当地土著民族的文化杂糅，形成了神秘原始、巫风浓烈、血性刚健的"梅山文化"。

涟水注入的湘江，是湖南第一大河，湘江流域是湖南开发最早的地区。屈原被放逐在湘江下游；秦始皇遣重兵溯湘江而上，在源头开凿了连通漓江的灵渠，使中原王朝的版图跨过了南岭；汉代的贾谊被贬斥到长沙；唐代的杜甫暮年流落到湖湘，最后死在湘江的一条小船上。

中原的文化很早就到达了湘江流域，发展成"衡湘文化"，以衡山、岳麓山为南北两点，湘江乃连接两点的一线。儒学在这片土地生根发芽，到了宋代发展成主导中国主流意识形态达1000年的理学。

可以说，涟水是"梅山文化"和"衡湘文化"之间的血管气脉。清康熙年间两湖分省，长沙成为湖南的省会，涟水的重要性更加凸显，它是众多湘中士子去长沙的必经水路。涟水流域成为"梅山文化"和"衡湘文化"融合、互补的主场域。原始与文明、野性与雅致、反抗与规训的剧烈冲撞，潜移默化地影响了这片土地上的一代代居民。在众多湘军将领的身上，能看到他们有着共同的气质：勇敢坚毅而不莽撞粗野，胸怀天下而能脚踏实地，讲究经世致用又受纲常名教的约束。——或许这些特质，正是得山水之助。

同治六年年底，曾国荃卸任湖北巡抚黯然归乡，在途中写了一首诗，其末句为"且向涟溪问钓蓑"。涟水是这些湘军将领的人生征程出发点，也是抚慰他们疲惫身心的家园。

高嵋山下是侬家

高嵋山下是侬家，岁岁年年斗物华。
老柏有情还忆我，夭桃无语自开花。

几回南国思红豆，曾记西风浣碧纱。

最是故园难忘处，待莺亭畔路三叉。

这是曾国藩于道光十五年（1835）写的一首诗。他正当25岁的好年华，是年进京应会试落第，为了参加来年的恩科，他留在北京度岁。当万家团聚之时，孤身一人的他在京师冷清的会馆里，想起故乡的亲人及风物，回忆童年的往事，无限怅惘。

对于有远大志向的农家子弟来说，离开故土去远方几乎是一种宿命，无论是应科举还是投笔从戎，他们的梦只有在遥远的异乡才能实现，"游子"心态几乎贯穿于终生，即使其人后来身居高位，名满天下。曾国藩28岁中进士、点翰林后，就一直在"宦游"之中，只有翰林散馆后省亲、咸丰二年（1852）母亲去世守制、咸丰七年（1857）丁父忧三次回籍，最终在南京两江总督的衙门去世。在戎马生涯或案牍劳形中，故乡的山水总是不时地涌现于心头，给游子一丝慰藉。

曾国藩兄弟的故乡风景秀丽，民风淳朴。——湘军将帅的故乡皆是如此。嘉庆年间，曾国藩的曾祖父从衡山县迁徙至相邻的湘乡县荷塘二十四都（今属双峰县荷叶镇），这是一个崇山环绕的小盆地，处在衡山与龙山之间，土地肥沃，物产丰富。涓水从北面的高山发源，流经盆地，灌溉两岸的良田，然后蜿蜒东去，在湘潭县汇入湘江。如果就水系而言，曾氏故里在涓水流域。因为湘乡大部分地区在涟水流域，县城即在涟水之滨，曾氏兄弟在涟滨书院读过书,亲戚朋友大多数生活在涟水两岸,亦可说曾国藩、曾国荃是"涟水之子"。

清嘉庆十六年(1811)十月十一日,曾国藩出生在湘乡荷叶塘白杨坪的白玉堂祖宅,多年后曾氏兄弟分家析产时分给了其六弟曾国华(出嗣给叔父高轩公)。白玉堂是曾氏家族在湘乡的发祥地,其北有一座陡峭如刀面的山,乡人称之为"刀面山",曾国藩在诗文中给它起了个雅致的名字——高嵋山。1949年后白玉堂房屋收归国有,后来分给当地村民居住,几十年里多有拆毁和改建,原有建筑受到了破坏。2006年由政府征收,村民全部搬迁出去,白玉堂得到了恢复重建。

曾氏家族发达后,其兄弟五人在当地建造起数座大宅院,其中有长房曾国藩家的"富厚堂"和四房曾国荃家的"大夫第"。"大夫第"在诸兄弟的宅子中最为气派豪华,有"九正十八厅",共148间房。宅院外有护城河,河上有玉带桥,并建有3里长的走廊遮挡风雨和日晒,整个院落占地14万平方米。"大夫第"后来也被分给当地村民,而今已是面目全非。"富厚堂"因为在1949年后被基层政府征用为公共设施,故能完整地保存下来,现在为"全国重点文物保护单位"。

"富厚堂"是曾国藩名下的房子,但他从来没有住过。咸丰七年(1857),曾国藩回乡丁父忧时筑"思云馆"为墓庐,次年在咸丰帝的催促下提前结束守制,重回东南战场统兵鏖战。同治三年(1864),湘军攻陷天京,曾国藩、曾国荃兄弟并封侯、伯，曾家威势达到顶峰。次年以长房曾国藩的名义在此大兴土木，修建了"富厚堂"，其长子曾纪泽题写了门楣上"毅勇侯第"的匾额。富厚堂原称八本堂，取曾国藩"读书以训诂为本，诗文以声调为本，事亲以得欢心为本，养生以少恼怒为本，立身以不妄语为本，居家以不晏起为本，做官以不要钱为本，行军以不扰民为本"的家训，曾纪泽根据《后汉书》"圣德深恩，与人富厚"之典而改成现名。

富厚堂其实就是一座城堡，整个建筑群由半月塘、半月台、宅东门、宅西门、围墙、门楼、求阙斋、归朴斋、艺芳馆、八本堂、思云馆、缉园十景组成，主体建筑群平面呈"凸"字形，坐西朝东，背靠一座半月形的小山。地势西高东低，屋宇依自然地势错落布局。其中的藏书楼曾藏书达30多万卷，不但有中文古籍，还有许多英文原版书。抗战时期，曾国藩的曾孙女曾宝荪、曾孙曾约农等后代回到故乡避乱，还有援华的美国飞行员来此借阅英文书。

功成名就后回老家盖大宅子是中国人的传统价值观体现，即欧阳修《昼锦堂记》所言"仕宦而至将相，富贵而归故乡。此人情之所荣，而今昔之所同也"。然而不仅仅如此，如曾国藩这样的理学家，并不乐意以功名夸耀于乡人。我以为其更长远的考虑是希望把根留住，督训子孙后代亲近故乡，不忘来处。这也是中国农耕社会的制度和文化使然。

在传统中国的社会管理中，一个人的籍贯比出生地或成长地重要得多，籍贯是附着于人身的永恒地域符号。哪怕一位名人死去后，历史书依然会标注其籍贯——也许他并没有在原籍生活过。官员在外生育子孙，其子孙将承继其籍贯，可以回原籍考秀才和考举人；官员不管富贵如何，致仕后多半回原籍养老，即使死在外地也要埋骨于家乡。做官而显达或经商而致富，回老家建房置地不仅是情感的需要，也是生活的需要。故而无论游子在外地多久、距家乡多远，亦不能把故乡抛弃，其子孙后代虽然生长在他乡，也靠祖宅维系着和故乡的关系，而不至于成为断线风筝。曾国藩、曾国荃的孙子、曾孙大多数生长在北京、南京、上海、武汉、长沙等大城市，有些还在英国、美国、日本留学，但他们从不敢忘却故乡，休假或避乱时想到的总是回老家。老家的宅子成为家族凝聚力的符号，也是家风传承的依托。没有这一切，耕读文化也就消亡了。

今天，高嵋山下的富厚堂、白玉堂，对曾氏后人来说恐怕和其他游客一样，仅仅是名胜古迹而已。

汨水乡愁楚国魂

世溷浊莫吾知，人心不可谓兮。
知死不可让，愿勿爱兮。
明告君子，吾将以为类兮。

这是屈原的绝命诗《怀沙》的最后几句。得知郢都失陷而报国无门的屈子，怀着"死不可让"的决绝投汨罗江而死。屈子身殉后，其《离骚》《九歌》等诗篇中奇幻瑰丽的想象、体恤民瘼的悲悯以及虽九死其犹未悔的家国情怀，充溢着楚南大地，代有传承者。

2000多年后，汨罗江畔诞生了两位有着屈子风骨和才华的伟人：左宗棠和郭嵩焘。他俩曾是相互扶持的朋友，后来成了彼此攻讦的冤家。

汨罗江是湘江的一条重要支流，它发源于江西修水县的黄龙山，向西流经湖南平江、湘阴二县。1958年，地方政府兴修水利，改变汨罗江的河道，使其直接流入东洞庭湖。1966年，析分湘阴县部分乡镇，设立汨罗县（今汨罗市）。汨罗江汇入湘江处有一处深潭名河泊潭（乃"河伯"之讹写），据史家考证此乃屈原自沉之处。司马迁在《史记·屈原贾生列传》曰："（屈原）于是怀石，遂自投汨罗而死"，"自屈原沉汨罗后百有余年，汉有贾生，为长沙王太傅。过湘水，投书以吊屈原"。北魏郦道元《水经注·湘水》载："汨水又西为屈潭，即汨罗渊也。屈原怀沙自沉于此，故渊潭以屈名。"古时此处有供奉水神河伯的庙宇，屈原《九歌》中的《河伯》即祭祀之歌。郭嵩焘曾站立在潭畔酹酒祭奠屈原，写下诗句"奔腾九派湘江水，汨水乡愁楚客魂"。

嘉庆二十三年（1818），郭嵩焘出生在湘阴县城。左宗棠年长郭嵩焘6岁，出生于湘阴县东乡左家塅（今湘阴县金龙镇新光村）。两人的家庭环境和青少年经历颇为相近。郭嵩焘曾祖父富甲一方，到他父亲郭家彪当家时已经败落，但郭家对子弟的教育未有一丝松懈；左宗棠出生在一个世代耕读的寒素之家，曾祖父、祖父和父亲都有诸生的功名。其父左观澜做了20多年的私塾先生，并亲自教导左宗棠三兄弟。在科举路上，郭嵩焘比左宗棠顺遂，左宗棠21岁时（1832）乡试中举，此后进京参加三次会试皆落第；郭嵩焘20岁时中举（1837），道光二十七年（1847）第五次参加会试时考中进士，咸丰六年（1856）授翰林编修，并入值南书房，深得咸丰帝的赏识。

两人早年间在故乡即相识，成为挚友。太平天国的军队围攻长沙时，郭嵩焘劝说避乱于深山的左宗棠入湖南巡抚之幕，开启他一生的功业。湖广总督官文参劾左宗棠乃劣幕把持一省之政，咸丰帝大怒，左宗棠性命几乎不保。郭嵩焘和多位同乡好友展开营救活动，他游说苏州大才子潘祖荫上奏陈述左氏之功劳和才能，奏章中的金句"天下不可一日无湖南，湖南不可一日无左宗棠"不胫而走，传遍朝野。左宗棠因祸得福，自此一飞冲天。

后来，两人友谊的小船说翻就翻了。其原因流传最广的一种说法是，同治二年（1863）郭嵩焘署理广东巡抚时，湘阴文庙忽然长出灵芝。——其实在气候潮湿的古建筑中滋生菌类并不罕见，郭嵩焘的胞弟郭崑焘写信给乃兄说这是其开府南粤的吉兆。此话传到左宗棠耳中，他大为不悦，说"文庙产灵芝，若是吉兆，亦当应在我封爵一事上，与郭家何干？"由此怀恨在心。

这种民间传闻不足信，左公虽目无余子但不至于如此狭隘。真正的原因是同治四年（1865）闽浙总督左宗棠奉旨督师入粤，与广东官兵"围剿"太平军最后一支劲旅汪海洋部，左宗棠认为身为粤抚的郭嵩焘没有尽职尽责，在给太后和皇上的奏章中直言不讳地进行批评，郭嵩焘不久后被免职。郭嵩焘本人和他的同情者指责左宗棠此举是恩将仇报，但也有人认为此举表明左公以国事为重，不因私废公。光绪七年（1881），身为大学士、两江总督、二等恪靖侯的左宗棠回湘省墓，去拜访郭嵩焘以表示歉意，郭仍然不原谅他。

细究左、郭二公绝交的真实原因，已无必要。他们在那个列强环伺、国穷民困的时代尽忠竭能，为多灾多难的民族做出杰出的贡献，但他俩亦有普遍的人性弱点，皆个性鲜明、内心骄傲。好友反目这类普通人的人生遗憾，两位杰出人物亦不能免。

湘阴有左宗棠的故居、郭嵩焘纪念园，汨罗有郭嵩焘墓，今日若有人去拜谒、缅怀，请记住两位先贤彪炳千古的功绩，而他们的恩怨，只是汨罗江上浅浅的涟漪。

隔江岳麓悬情久

明正德三年（1508）春天，正是湘江水涨、两岸花开的好时节，三十六岁的王阳明途经长沙作短暂的停留。此段旅程是在其人生的至暗时期，因为他仗义执言，得罪了权倾天下的大太监刘瑾而被贬谪到贵州龙场驿。他的心情大概和李白被流配夜郎途中所吟"鸟去天路长，人愁春光短"差不多吧。

某日阴云密布大雨将至，住在湘江东岸长沙城里的阳明先生遥望河西的岳麓山，写下了一首诗：

隔江岳麓悬情久，雷雨潇湘日夜来。
安得轻风扫微霭，振衣直上赫曦台。

身处困境的王阳明对一水之隔的岳麓悬情已久，应当是想起了340多年前的盛事：大儒朱熹和张栻会讲于岳麓书院。这是湖湘文化史上标志性的事件，在中国思想史上亦有深远的影响。南宋虽偏安于南方，军势不振，然其文教、经济的成就足以傲视世界。朱熹闻张栻重修岳麓书院，主张"成就人才，以传道而济斯民"（张栻《岳麓书院记》），跋涉数千里自闽来湘。二人在书院切磋学问，公开会讲辩论，远近的学子闻讯纷纷赶来听讲，乘坐的骡马将书院门前池子里的水全部喝干了。讲学之余，张栻陪同朱熹登山游览，大清早在山顶上看到一轮红日喷薄，朱熹大呼"赫曦，赫曦"。——那时候，湖湘学派犹如初升的太阳。

王阳明学宗陆象山，是"陆王心学"的集大成者，和朱熹所代表的"程朱理学"在义理、方法上有差别，然皆出自孔孟，传承着自强不息、崇德尚义、济世救民的精神，尤其在逆境中，能坚守"岁寒而知松柏之后凋"的气节。今天,岳麓书院中保存的"忠孝廉耻"四个大字石刻,据称是朱熹所书,亦有一说为文天祥手书。这两位先贤是中华精神的代表人物,他们的人生历程为此四字做了最恰当的诠释。

尽忠孝、尚气节、讲廉耻、求致用,大概可以看作岳麓或曰湖湘精神的概括。岳麓山和岳麓书院所代表的湖湘文化之魂从来不是文弱苟且的,而是刚健血性、勇猛精进的。宋德祐元年(1275)九月,蒙古军队兵临潭州(长沙),岳麓书院的山长尹谷和书院的诸生在围城之前搬到了城内参与守城。潭州军民坚守孤城三个多月,城破前,尹谷全家人举火自焚,岳麓书院的学生皆追随老师,自杀殉国。白云苍狗,陵谷变迁,经历过多次动乱和鼎革,舍生取义的精魂一直扎根于岳麓山和岳麓书院,乃至整个湖湘大地。

到了清季,由于湘系军政、文化人才喷薄而出,岳麓书院再一次为世人熟知和景仰。其实在湘江东岸的长沙城南门外妙高峰下,还有一座历史悠久的城南书院。朱熹来长沙,也曾在城南书院与张栻会讲。岳麓、城南二书院,是长沙隔江并峙的两座文化高峰。用今天的话来说,是"同城德比"高校,如北京的北京大学和清华大学,上海的复旦大学和交通大学,武汉的武汉大学和华中科大,长沙的中南大学与湖南大学。这两大书院之间的教师互相流动,学子也可以自由转学。

许多湘籍名人都有在两大书院学习的经历,如曾国藩、左宗棠、刘蓉等先后在城南、岳麓读过书,郭嵩焘早年在岳麓书院求学,离开官场回乡后主讲城南书院。从湖南各地奔赴岳麓、城南两书院学习的士子,往往是父子相继、叔侄兄弟接踵。陶澍七岁时随父亲陶必铨进岳麓书院学习;左宗棠、胡林翼同一年出生,他们的父亲左观澜和胡达源正好在岳麓书院同窗共砚,两人互致庆贺得子;刘长佑在岳麓书院读书十载,后介绍族叔刘坤一入学;曾国藩中进士入翰苑后,又让他的几位弟弟进岳麓书院读书……在两大书院里,湖湘士人不但获得道德人格的涵泳培育和学问的增进,也形成了声气相通的同学、校友人际网络,在晚清的军事、政治、经济及文化舞台上发挥着重要的作用。

20世纪初,清廷下诏兴办新学,随后科举被废。1903年城南书院改为湖南师范馆,同年更名为湖南全省师范学堂,1907年更名为湖南省立初级师范,1912年更名为湖南公立第一师范学校。从此,"湖南一师"之名延续到今天。也是在1903年,湖南巡抚赵尔巽奏请将岳麓书院改为湖南高等学堂,是为湖南大学的前身,而今岳麓书院仍然是湖南大学的一部分。虽然清末民初中国的教育制度有了巨大的改变,但岳麓、城南两书院培养人才的使命依然延续了下来,可谓"周虽旧邦,其命维新"。

今天游客登上岳麓山顶鸟瞰,看湘江北去,橘子洲如一艘大船停泊江心,两岸高楼鳞次栉比,再静心定神,一定还能找到岳麓书院和湖南一师。长沙,是一座以"山水洲城"而著称的都市,她的美丽与繁华,以雄健气魄为柱、以文化底蕴为础,绝不是"网红城市"这种不无轻佻的词所能形容的。

后 记

  《风雨飘摇》是我写故乡的第三本书。比起前两本《进城走了十八年》《找不回的故乡》，此书写得颇为艰难。

  这艰难，乃是写作时的境地、心态与年轻时大不同使然。《进城走了十八年》是一本对自己上大学前在故乡长大的十八载时光的回忆，记录中国改革开放初期，一个南方乡村少年的经历，这种散文笔法追求的是轻盈而活泼，有画面感。因为是自己的故事，写起来较为流畅。《找不回的故乡》则是记述故乡湘中一带多被历史所湮没的人与事，写作起来亦比较轻松。

  写作本书所收录的文章时，我已是年过不惑，也经历了人生中最为煎熬与痛苦的时期。在这些文稿的写作过程中，父亲和母亲先后患重病，数次住院治疗，且在三年之内相继谢世。父母在世，我从未意识到自己已不再年轻，因为心中尚有一份童真气；父母俱亡，一下子就觉得自己不再是以前的我了，岁月如流、马齿徒长的中年心态日益浓烈。在这样生活状态、情感状态大变动的时期，静下心来写作是一件不容易的事。

因为患病的双亲，我在过去的十年内必须一次次返乡。得益于中国交通条件极大改善，特别是北京到湖南的高铁开通，我的返乡较之以前，变得很便捷。从 2010 年春天父亲患病送市人民医院 ICU 抢救过来，到 2015 年 4 月父亲去世，再到 2018 年 1 月母亲患肺癌去世，这些年中，我每年要回湖南六七次。

频繁的返乡，使我有机会回到已经疏离多年的老家熟人社会，得以观察亲戚、族人、乡邻和老家同学的为人处世。他们身上有一种很明显的性格、气质，我年少时在家乡生活却浑然不觉。

任何一个地区都有不少质朴尚气、坚韧执着的人，但在湖南特别是湘中地区，拥有这类气质的人似乎比例很大。这类人的处世特点褒之可说是爱憎分明；贬之可用我老家的一句俗话形容：喜欢一个人愿意割头给他垫坐，讨厌一个人屙尿也不朝他那方向。做事特点褒之可形容为敢于担当、百折不挠；贬之则是傻大胆，撞了南墙也不回头。

外省份的人看湖南人，大约就是两个字可形容之："霸蛮"。十八岁前我在老家时，对这点没什么感觉；而今离开湖南三十余年，足履踏遍中国，与其他地区的人比较，我深感湖南人里面有这种"霸蛮"气质的确实太多了。和湖南人交往，评价其像不像一个湖南人，似乎就凭是否有这种气质，没有什么统计数据可作支撑。

"佛争一炉香，人争一口气"，在湖湘就很容易演变为斗气。曾国藩曾说过一个"挺经"的故事：湘乡县乡下两个挑担子的人在只容一人过身的田埂上相遇，谁也不愿意下水田让对方先过去。——在那时候的湖南乡下，农民多是穿草鞋或赤脚走路，下水田是常有的事，并不麻烦。两人都不下田让路就是不愿意向对方低头认输，于是两人站立对峙，从早晨耗到中午。对峙一方的父亲见儿子迟迟不回，前来寻找，才打破这一僵局。

这种善"挺"的人如果走出湖南，到有文化差异的其他地区，就未必是件坏事。在艰难困苦时期，做大事或与人比拼，往往是意志力的较量，谁能挺到最后谁就是胜利者。

湖南人这种标识明显的集体气质是什么时候形成的呢？我以为最早不会超过明代中后期。因为从明初开始，才有大批江西等外省移民迁往湖广。洞庭湖以南山区的移民与当地土著在争夺、合作、通婚等过程中，外来的强势文化胜过了当地的苗、侗、瑶等山地民族的文化，但也不知不觉地受到山地文化深深的影响，一种杂糅中原——江右讲忠孝、重秩序的儒家正统文化和重然诺、轻生死、有血性的本地文化的民风民气得以形成。

湖广省在清康熙三年才正式分为湖北、湖南两省。此前湖广北、南两地的民风应该已呈现较大的差异，只是不为外人注意而已。到了清咸同年间，这种原属一省的两地民风似乎已截然不同。湖北人以精明、通达而著称，故有"天上九头鸟，地下湖北佬"之说，当是受湖北大部分地区是一望无际、土地肥沃、河湖密布而交通方便的江汉平原之地理环境影响甚大。而湖南呢？如钱基博先生在《近百年湖南学风》一书中所言："湖南之为省，北阻大江，南薄五岭，西接黔蜀，群苗所萃，盖四塞之国。其地水少而山多。重山叠岭，滩河峻激，而舟车不易为交通。顽石赭土，地质刚坚，而民性多流于倔强。以故风气锢塞，常不为中原人文所沾被。抑亦风气自创，能别于中原人物以独立。"

封闭的地理环境造成湖南人普遍倔强，推崇"胜人者有力，自胜者强"（《道德经》）。小时候在老家常见到父母长辈问年轻人"你出不出得湖呀"，年长后才明白这句俗语是用能越过洞庭湖到外地闯荡来指代已有能力做成一件事。

可否"出得湖"成为湖南民间对一个人能力的衡量标准。然而在农耕时期，对大多数湖南人来说，有没有"出湖"的机会才是最为重要的。明清两代，湖南人不擅长出省做买卖，而能"出得湖"的，几乎只能是少数通过科考出仕的精英，是陶澍、罗绕典、贺长龄、贺熙龄、曾国藩、胡林翼这样的读书种子。真正让湖南人第一次大批"出湖"的是咸丰初年因太平天国起事，湘军应势而起，湖南全省特别是湘中州县的大批农民，扔下锄头，跟着同乡的统兵官出省打仗。他们凭着一股不怕死的精神，去挣钱养家，博取富贵。这是循正常的科举路径不可能做到的事。许多人魂断异乡，活下来的一些人获得了财富和功名，也开阔了眼界，历练了本领。一些原本在乡下平平常常的人，也做出了大事业。如，湘乡的蒋益澧，是一位连秀才功名都没有的文童，后来位列封圻；吾乡邵阳的魏光焘，在老家不过是一名淘金工，入湘军后积功一步步升迁,直至两江总督;还有同族前辈李臣典,在家乡为生计所迫而从军,后立下了攻占金陵的首功……

这些生长在乡野里的普通人,最后进入庙堂,成为名臣,在风雨飘摇的大变局时代干出一番事业。分析其原因难免容易犯幸存者偏差之病,但我依然以为,他们的人生成功与湘人独特的气质是分不开的。从此,湖南人"出湖"基本上循两条路径:读书和当兵。

我年少时,中国的改革开放刚刚拉开序幕,社会开始松动。此前,中国社会有着三十年清贫、平和而少流动的时期,我父母那一代人,绝大多数是没机会"出湖",甚至"出县"的。包括我父母在内,这些人中间不乏聪明坚韧者。回想起儿时目睹乡邻为一只鸡、一棵树、几尺地起争执,直至发生斗殴的场景,我总会设想一下,如果这些人生活在曾国藩练湘军的时代,没准能跟着曾大帅出征,做成一番大事,何必在乡下为蝇头小利争个你死我活?

出于上述种种原因,我在写这些文章时,已不复当初写《进城走了十八年》《找不回的故乡》时的轻快、酣畅,总想把我对湖湘文化特别是湖南人特质的关注付诸行文之中,希望自己述说的那些从湖南乡野进入庙堂之上的"国士"之人生故事,能给读者带来更深入的思考。想法一多,写作时又笔端凝滞,一些问题没说透,一些话欲言又止。这样的写作或许是卖力不讨好,尚祈读者鉴之、谅之。

继湘军兴起之后，湖南人最近一次大规模的"出湖"是改革开放以来，大批年轻人出省打工、经商、读书，这次"出湖"人数之多，远胜历史上任何一个时期。和湘军前辈凭军功博富贵不同的是，这次湖湘青年的"出湖"，我认为必将在经济、文化、科技领域开花结果。姑且待之。

我也想以这本书来纪念先父先母，含辛茹苦地把我们兄弟姐妹养大。他们无机缘"出湖"，他们的三个儿子今天皆已"出湖"，这当然主要是拜大时代之所赐，我不敢因此而自夸不负父母养育之恩。

2024 年初冬于北京